베를린이
역사를
기억하는 법

❶ 나치 과거사

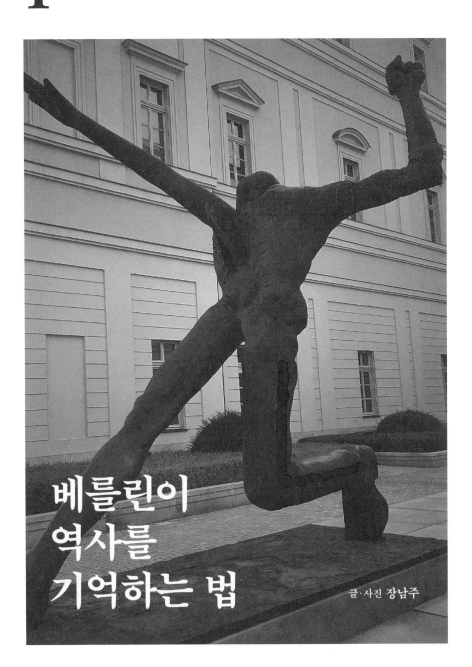

베를린이
역사를
기억하는 법

글·사진 장남주

베를린을 어떤 틈새로 볼 수 있을까. 역사와 문화가 만난 길의 풍경들이 빼곡히 들어찬 베를린. 베를린을 산책한다는 건 과거와 미래가 조응하는 길 어디쯤에서 현재를 걷는 일이라는 게 그다지 틀리지는 않을 듯싶다. 낯선 조형물 또는 기념물들이 마치 역사의 디딤돌처럼 곳곳에 자리해 있다. 광장 바닥에 새겨진 글귀를 읽다 보면 얼마 전 '독일 민주주의 100인'에 선정된 로자 룩셈부르크의 '자유' 얘기다. 햇살에 반짝이는 황동빛 정사각형의 발바닥 표지 앞에 멈춰 서면 아우슈비츠에서 살해된 누군가의 생애가 적힌 '걸림돌'이다. 어떤 길에 남겨진 '축구공'은 이곳에서 절멸 장소로 이송된 고아원 유대인 아이들이 차고 놀던 슬픈 역사의 추념물이다. 이렇게 의도하지 않아도 문득 앞에 다가온 길의 모퉁이, 광장, 숲마다 마냥 지나치기 어려운 기억들이 내장되어 있다.

부서진 장벽 철골 사이로 보이는 장면과 그 너머의 일상은 단지 풀밭 위의 나른한 점심식사같이 편안하지만은 않다. 과거 분단과 대립의 시대, 목숨을 건 어두운 탈주의 자리 위에 깔개를 펼치고 앉아 밝고 따스한 햇살을 만끽하는 휴식의 자리처럼 곳곳의 중첩된 이미지들은 단순한 풍경으로만 읽히지 않기 때문이다. 뜨거웠던 68운동으로부터 치열했던 89평화혁명을 거쳐 힘겨웠던 통일 30년을 보낸 베를린은 한때 장벽 경계에서 넘겨다보던 '화해교회'처럼 어느 날 폭파되어 사라진 냉전의 흔적들 사이 상실과 상처로 내상을 입은 시간의 둘레들을 조금씩 다듬고 깁고 있는 통합의 길쌈 현장이다. 하지만 가라앉은 장벽이 잔영을 남기고 그 잔영 위에 새로운 장벽이 떠오르는 그 이중적 현재가 박물관 창고에 들어앉은 과거의 영광만큼이나 파란만장한 내일을 암시하고 있는 것도 사실이다.

베를린을 걸으며 보았던 길에 대한 작은 스케치들이 모여 한 권의 책이 되었다. 우연히 들어가 앉은 길의 자리가 반성과 평화의 자리였음을 뒤늦게 발견하기도 하고, 무심코 올려다본 길 위의 반짝이는 네온등이 나치에 저항한 누군가의 얼굴 실루엣이었음을 한참 뒤에야 이해하기도 하면서 다시 걷는 베를린의 길에 대한 단상과 그 길이 간직한 기억의 편린들이다. 지우고 싶고 잊고 싶은 과거, 그걸 굳이 들추어내 기억하게 하는 현재의 갈등은 이제 베를린에선 미래를 위한 기억으로, 민주주의를 위한 망각의 거부로 어렵사리 매듭지어졌다. 나치가 책과 사람들을 불태우던 재의 역사는 독일 국민들의 트라우마를 넘어 반성과 성찰의 은유적 추념물로 일상에 들어왔고, 보다 나은 내일을 위한 다양한 목소리들이 발원되는 샘터가 되었다.

베를린이 어떤 곳이냐고 묻는 사람이 있다면 화가 볼프강 마토이어의

베를린장벽 공원에 남겨진 장벽 틈새로
보이는 관광버스. 사라지고 얼마 남지 않은
장벽의 살점 없는 앙상한 철골이 냉전과
분단의 깊은 상흔을 드러내며,
이쪽과 저 너머를 관통하는
관광객들의 시선 속에 부식해 가고 있다.

목숨을 건 탈주의 현장,
그 땅굴의 흔적 옆에서 휴식을 취하고
있는 시민의 모습. 손에 잡힐 듯한
'저쪽'을 향해 밝게 빛나는
징검다리처럼 꾸며진 흔적만큼이나
대조적이다.

동상 〈세기의 발자취〉(1984)*를 함께 소개하고 싶다. 20세기 독일의 현대사를 가장 잘 압축해 놓은 작품으로 수많은 메타포들이 함축적으로 숨어 있다고 생각되기 때문이다. 〈세기의 발자취〉처럼 베를린이라는 도시의 매력은 비단 문화의 다양성과 독일 수도로서의 면모에만 있는 것이 아니라, 지난 세기가 걸어온 그 격동의 발자취를 길의 곳곳에 수많은 흔적으로, 때론 공공역사로 드러내고 있는 데 있다. 그래서 이 책은 눈에 보이지 않는 또 다른 전쟁 같은 베를린의 기억문화를 둘러보는 이야기이면서, 베를린이라는 거울을 통해 역사를 망각하지 않고 어떻게 민주주의 가치를 확장해 갈 수 있는지를 들여다보기 원하는 작은 틈새 이야기이다.

이 책은 두 권에 걸쳐 총 10개 장으로 구성되어 있다. 1차 세계대전 이후부터 100년간의 독일 현대사가 촘촘히 새겨진, 여러 면에서 세계적으로 유례없는 도시 베를린을 시기별, 주제별로 산책했다. 1권(1~6장)은 20세기 전반 이성의 상실과 극단적인 폭력으로 점철된 나치 과거사의 흔적과 그 반성의 자리를 위주로 둘러보았다. 나아가 나치에 저항한 여성들과 나치의 대척점에 있던 '문제적' 여성 두 명의 사례(로자 룩셈부르크, 케테 콜비츠)를 통해 오랫동안 소외되어 온 여성에 대한 기억(문화)이 어떻게 재해석되고 확장되어 가는지도 함께 되짚었다. 2권(1~4장)은 베를린장벽 건설과 68운동, 89평화혁명과 장벽 붕괴, 그 이후 통일 30년의 흐름을 따라 냉전 반세

---

* 볼프강 마토이어Wolfgang Mattheuer(1927~2004)의 작품 〈세기의 발자취〉는 독일의 현대사를 인체를 통해 구현해 낸 조형물로 오른손은 '하일 히틀러'를 외치던 나치 파시즘을, 왼손은 주먹을 불끈 쥔 노동자들의 투쟁을, 왼발은 양차 세계대전을 이끈 군복을, 맨발의 오른발은 긴 다리를 뻗어 어딘가를 향해 나아가고 있는 불안한 미래를 암시하고 있다.

기의 흔적, 그 갈등과 통합의 자리들을 찾았다. 가능한 대로 냉전의 반쪽 당사자였던 동베를린을 시야에서 놓치지 않으려고 애썼다.

그러나 무엇보다 이 책은 각 자리에서 망각을 거부하며 그 역사가 잊히지 않도록 지난한 기억하기의 길을 걸어온 많은 이들의 헌신과 노력, 이른바 기억(하기 위한)투쟁을 조금이나마 드러내고, 그에 힘입어 발전해 온 독일 기억문화의 현재와 앞으로의 방향을 엿보고자 했다. 이미 비슷한 주제의식을 갖고 동일한 시기나 장소를 국내에 소개한 글들이 적지 않음에도 베를린 기억문화의 현장을 다시 산책한 이유이기도 하다. 아울러 그 노력이 담고 있는 자유(베를린장벽, 89평화혁명, 로자 룩셈부르크 광장)와 평화(베벨광장, 콜비츠 광장), 인권(그루네발트역 선로 17, 꽃무덤 베를린)과 평등(젠더와 기억문화), 그리고 정의와 통합(베를린의 68기억, 통일 30년의 기억)의 메시지를 전달할 수 있기를 희망했다.

그리하여 이 책은, 베를린을 조금은 천천히 걷는 걸음으로 함께 산책하며 마주치는 길에게 기억의 한 자락을 물어보는 조금은 낯선 역사기행 안내서이면서, 어쩌면 나도 모르게 다가오는 길의 은유를 함께 궁금해하고 그것이 품은 사연을 함께 훑어보는 페이지들이라고 할 수 있다. 이 페이지들이 바람에 어떻게 흩어질지 모르겠으나 누군가 날아가는 한 페이지쯤 손에 잡는 것이 있으면 좋겠다는 생각을 잠시 해본다. '우리는 어떻지'라는 자문과 함께 말이다.

2023년 7월
베를린에서 장남주

PART I.

PART II.

떠나간 자들과
돌아온 노래들

— 그루네발트역 선로 17

1

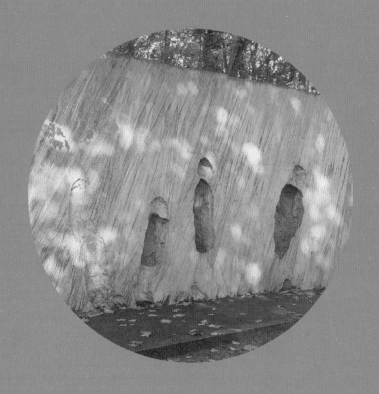

🏰 브란덴부르크 문 ❶ 그루네발트역 Am Bahnhof Grunewald, 14193 Berlin ❷ 모아비트역 추모 조형
물 An der Putlitzbrücke, 13353 Berlin ❸ 모아비트역 추모 공간 Ellen-Epstein-Str. 10559 Berlin

주요 강제이송 기억장소

❹ 안할트역 Askanischer Platz 6. 10963 Berlin **❺** 기억·책임·미래재단 Friedrich Str. 200, 10117 Berlin

❻ 나치 강제노동 자료센터 Britzer Str. 5, 12439 Berlin

떠나간 자들

추방의 길

힘없이 흔들리는 나뭇잎 사이 그림자를 뒤따르는 사람들. 이들은 모두 어디로 가는 것일까. 떨어진 낙엽처럼 바람에 쓸려, 그들은 모두 어디로 떠나갔을까. 베를린 그루네발트Grunewald역 17번 선로의 철길에는 자작나무들이 서있다. 녹색 숲을 뜻하는 역과 동네 이름 때문인지 무심한 눈길엔 온통 자작나무와 고색창연한 철길만이 펼쳐져 있다. 그러나 이곳 자작나무는 어느 날 끝없이 긴 행렬의 사람들이 사라져간 잔인한 시대의 풍경을 나이테에 새겨놓고 있다.

이 자작나무들 가운데 역사 바로 앞 열댓 그루는 특이하게 모여있다. 아우슈비츠-비르케나우Auschwitz-Birkenau 지역에서 자라던 것들이다. 자작나무를 이곳에 옮겨 심은 폴란드 작가는 이미 320그루를 아우슈비츠에서 베를린으로 옮겨와 베를린 곳곳에 나누어 심었다.[1] 그래서인지 이곳의 자작나무는 더 처연하고 눈부시다. 더 이상 이 선로에서는 아우슈비츠로 열차가 떠나갈 수 없다는 듯 철길을 막아선

베를린 그루네발트역 입구에 설치된 폴란드 조각가
카롤 브로니아토프스키Karol Broniatowski(1945~)의 음각 부조 작품.
나치에 의해 강제수용소로 끌려가던 사람들의 행렬을 형상화한
추념 조형물로 1991년 역에서 첫 이송 열차가 떠난 지
50년째 되는 날 제막되었다.

베를린 그루네발트Grunewald역 17번 선로의 철길에는
나치의 악명 높은 절멸 장소였던 아우슈비츠에서 옮겨다
심은 자작나무들이 처연하게 서있다.

자작나무가 무성하게 자라고 있다. 단풍이 들면 주변 철로 길은 온통 자작나무에서 떨어진 잎들로 가득하다.

1941년 10월 18일 베를린에서는 처음으로 1,000명이 넘는 유대인을 실은 열차가 그루네발트역 17번 선로를 떠나 강제수용소로 향했다. 이날 처음 출발이라고는 했지만 많은 이들을 한꺼번에 옮기는 일은 단숨에 되는 일이 아니다. 나치는 이미 3년 전 폴란드 출신 유대인들을 갑작스럽게 체포해 약 1만 7,000명을 특별열차에 실어 강제로 내쫓았던 이른바 '폴란드 액션'이라는 시범연습을 했던 터다. 더욱이 그 이후에도 몇 번의 추가 집단이송을 실시했다. 그리고 결정적으로 1940년 '바그너-뷔르켈 액션'을 통해 나치와 독일제국철도는 일종의 예행연습을 마치고 대규모 철도 이송의 마스터플랜을 마련했다.[2]

베를린 반제회의Wannseekonferenz를 통해 유대인 말살로 이어진 '최종해결책Endlösung'이 결정된 것은 1942년 1월 20일이었지만, 히틀러가 생각했던 계획에 따라 1941년 중순부터 추방은 본격화되었다. 이런 과정을 거쳐 결국 자작나무 단풍잎이 떨어지던 10월 18일 베를린에서 나치의 계획적이고 체계적인 추방이 개시되었음을 알리는 첫 '죽음으로 가는 열차'가 17번 선로를 출발한 것이다.

그루네발트역을 떠난 열차는 처음엔 리즈만슈타트Litzmannstadt, 리가, 바르샤바와 같은 동유럽의 게토로 향했다. 몇몇 도시로 옮겨진 이들은 즉시 살해되지는 않았다. 당시 나치는 유대인들을 모아 추방하면서 난민, 피란, 이민이라는 용어를 사용했고, 심지어 '이주'라고도 불렀다. 하지만 하루아침에 체포되거나 날벼락 같은 퇴거 명령과 이송 통지를 받고 삶의 모든 걸 송두리째 빼앗긴 이들에게 열차는 다시 돌아오지 않았다.

게다가 1942년 말부터는 대부분의 열차가 곧장 아우슈비츠-비르케나우와 테레지엔슈타트Theresienstadt로 향했다. 그루네발트역에서만 1만 7,000명이 아우슈비츠-비르케나우 절멸수용소로 이송되었다. 1945년 3월 27일 마지막 열차가 테레지엔슈타트로 떠나기까지 베를린에서 약 5만 명의 유대인들이 이송되었다. 추방 인원이 늘어나면서 그루네발트역 한 곳만으로는 감당하기 어렵게 되자 시내의 모아비트Moabit 화물역과 안할터Anhalter역까지 동원되었다. 안할터역에서는 주로 유대인 고령자들이 테레지엔슈타트로 추방되었고, 모아비트역에서는 더 많은 유대인들이 여러 곳의 강제수용소로 보내졌다.[3]

대개의 이송 열차는 화장실조차 갖춰지지 않은 말 그대로 화물차들로 꾸려졌고, 추방되던 사람들은 '인간화물'로 취급되었다. 그러나 더 기막힌 것은 독일제국철도Reichsbahn가 이런 상황 속에서도 유료 운행을 했다는 사실이다. 3등칸 기준으로 1인/km당 2페니히의 운임을 받고, 심지어 4~10세 어린이들에게도 1페니를 받았다고 한다. 당시 독일제국철도가 실비 수준으로 운임을 파격적으로 할인해 나치에 적극 부역했다는 주장도 있지만, 이때의 운임만큼은 당시 요금제에다 400명 이상에 대한 단체 할인요금을 적용했던 것이다.[4] 죽음으로 가는 열차에 여비까지 낸 셈이다. 운임은 이송을 담당한 나치친위대SS 산하 제국보안청이 일괄 선지불한 뒤 추방 대상자나 유대인협회를 통해 다시 거둬들였다.

물론 이것이 독일제국철도의 나치 사업 전부는 아니었다. 점령지에서 수백만 명의 외국 강제노역자들을 운송해 오는 일 역시 큰 사업이었다. 독일제국철도처럼 나치의 추방과 격리, 대량 학살에 편승·부역해 직·간접적으로 이득을 챙긴 사례는 도처에 널려있다. 나치 사업으로 직접 이익을 취한 경우 외에도 기술 축적과 같은 간접적인 방식도 많았다. 베를린 인근만 해도 라벤스브뤼크Ravensbrück 여성 강제수용소에서 운영된 텍스레트Texled 공장은 훗날 독일의 유명한 섬유·가죽 공장 설립에 중요한 기반이 되었다.[5] 또 작센하우젠Sachsenhausen 강제수용소에서는 가죽신발의 내구성 측정과 개량을 위해 온갖 울퉁불퉁한 돌길을 만들어놓고 선발된 수용자들을 "멈추면 쏜다"고 위협하며 하루 40킬로미터 이상 "쓰러질 때까지 계속" 걷게 한, 피비린내 나는 신발 테스트 트랙도 운영했다.[6]

독일제국철도 외에 많은 여행사들이 이 시기 최대 호황을 누렸다. 다른 유럽 지역 유대인과 강제노역자들을 대상으로 이송 승차권 발행을 대행하면서 2~7퍼센트의 수수료를 얻었기 때문이다. 당시 최대 여행업체인 중유럽여행사MER는 이 '죽음의 열차' 사업을 통해 수백만 마르크의 수익을 올렸다. 독일철도Deutsche Bahn가 후일 나치에 부역한 역사를 사과하며 박물관에 그 역사를 전시하고 강제노역 배상기금 조성에 참여한 것도, 또 그루네발트역에 '선로 17' 기념 조형물을 기증하고 관련 전시회를 개최한 것도 한편으로는 당연해 보이지만, 늘 그렇듯 당연한 반성이 오랜 기다림보다 결코 빠르지는 않았다.[7]

죽음으로 가는 열차, 기억으로 오는 열차

죽음으로 가는 열차가 떠난 지 수십 년 세월이 흐른 한참 만에 기억으로 오는 열차가 베를린에 도착했다. 2008년 1월 23일 베를린 독일철도 본사 바로 앞 포츠담 광장역에서는 아주 특별하고도 특이한 전시회가 열렸다. 제목은 〈죽음으로 가는 특별열차Sonderzüge in den Tod〉였다. 나치 정권이 독일제국철도를 통해 수백만 명을 강제수용소와 절멸 장소로 '빠르고 효율적으로 차질 없이' 이송했던 '죽음으로 가는 열차'의 역사를 기억하는 첫 번째 순회 전시회였다. "철도가 이송에 협력하지 않았다면 유럽 유대인들에 대한 체계적인 살해와 집시(신티·로마) 학살은 불가능했을 것"이라는 독일철도의 고백과 함께, 많은 아이들이 낡은 사진 속에서 해맑게 웃고 있는 사진이 전시되었다. 사진 옆 조그맣게 붙여진 아이들의 짧은 약력, 그 끝은 모두 아우슈비츠였다.

　3주간의 전시를 마치고 〈죽음으로 가는 특별열차〉는 베를린을 떠나 프랑크푸르트, 뮌스터, 뮌헨 등을 거치며 7년간의 긴 여행을 시작했다. 죽음으로 떠난 아이들의 얼굴을 싣고 2015년까지 44개 도시의 기차역에 정차하는 여정이었다. 그렇게 열차는 창문 너머의 시간들을 되밟아 침묵의 기억들을 실어 날랐다. 열차가 멈춰 선 곳마다 기차역을 떠난 뒤 결코 돌아오지 못했던 그 지역 아이들의 웃는 얼굴들이 전시되었다. 앞으로 펼쳐질 운명을 알 수 없었던 아이들의 천진난만한 표정들이 역사驛舍의 통로와 기둥에 한동안 머물렀다. 과거 인종법이 발효되었던 뉘른베르크 지역의 독일철도박물관에서도 2002년부터 유사한 상설 전시회가 개최되고 있었지만, 〈죽음으로 가는 특별열차〉는 박물관에 박제된 기억이 아니라 일상의 현장에서 역사를 대면하고, 잊어서는 안 될 과거를 현재의 기억으로 돌아오게 하려는 '기억의 열차'였다.

이보다 꼭 한 해 앞선 2007년 아우슈비츠 해방일인 1월 27일엔 더 오래된 그때 그 열차가 중부 뷔르츠부르크 기차역에 서있었다. 노후한 증기기관차에 달린 객차 안에는 유럽에서 100만 명 이상의 어린이와 청소년들이 머나먼 강제수용소와 절멸 장소로 이송되었던 기억이 실렸다. 〈기억의 열차Zug der Erinnerung〉는 그해 11월 8일 프랑크푸르트로 옮겨져 다음 날부터 6개월 동안 1만 킬로미터의 여정을 시작했다. 목적지는 폴란드 아우슈비츠. 출발일은 1938년 11월 9일 나치가 유대인 회당과 상점들을 일제히 습격하고 약탈한 날, 그래서 바닥의 깨진 유리 조각들이 불타는 건물의 불길에 반사되어 반짝이던 그 '수정의 밤'에 맞췄다.[8] 독일 전역 60개 이상의 기차역에서 2~3일 동안 '달리는 전시회'를 가지며 이듬해 5월 8일, 나치가 마침내 항복을 선언한 날 아우슈비츠에 도착했다.

먼 길을 달리는 동안 〈기억의 열차〉는 기관차도 바뀌고 전시 객차도 교체했다. 그러나 중요한 손님은 바뀌지 않았다. 폴란드 국경에 인접한 독일의 마지막 정차지 괴를리츠Görlitz에서 탑승한 80명의 독일 청소년들이 그들이다. 자라나는 세대에게 아우슈비츠행 '죽음으로 가는 열차'를 체험케 하는 이른바 '기억의 훈련'을 위해서였다. 학생들은 아우슈비츠에 도착해 역사적 책임과 더불어 기억해야 할 책임을 배웠고, '노동이 자유케 하리라'는 문구를 매단 수용소 철문을 지나 발길 닿는 곳곳에서 가해자와 피해자들에 관해 듣고 읽고 느꼈다. 이

　　　　　　　　　　　　　1. 떠나간 자들과 돌아온 노래들

후에도 〈기억의 열차〉의 달리기는 독일 곳곳과 폴란드를 오가며 2013년 6월까지 계속됐다.

　〈죽음으로 가는 특별열차〉와 〈기억의 열차〉가 달리기를 마칠 때까지는 숱한 논쟁의 중간역을 지나야 했다. 민간단체의 자발적인 이니셔티브였던 두 열차 모두 독일철도 측의 반대를 뚫고 통과해야 했기 때문이다. 〈죽음으로 가는 특별열차〉는 2005년부터 프랑스에서 개최된 전시회를 독일에서도 함께 연계해 열자는 제안을 두고 1년 가까운 논란 끝에 겨우 개최가 결정되었다.[9] 〈기억의 열차〉 역시 마찬가지였다. 시민단체 '기억의 열차협회'가 뜻을 같이하는 이들의 기부를 받아 운행을 시작했지만, 독일철도가 주차료에 더해 전기료와 상수도 요금까지 부과해서다. 2년간 지루한 공방이 오갔고, 2009년 정치권이 나서 〈기억의 열차〉를 지원하라고 요청하기에 이르렀다.[10]

　또 하나의 중요한 쟁점이 있었다. 어렴풋한 죽음으로의 이송 역사를 실제 이송 기차역에서 구체적인 기억으로 불러오기 위해 반드시 필요했던 베를린의 기차역 선정 문제였다. 〈기억의 열차〉에는 특별히 한 역이 중요했다. 독일철도가 안전 문제를 들어 이 역에서의 정차를 거부했을 때 여론의 거센 반발에 부딪혔다. 베를린 시장이 직접 독일철도에 지원을 촉구하고 나서면서 결국 타협책으로 이 역의 운행 가능한 옆 선로가 선택되었다. 이곳이 바로 그루네발트역이었다.[11] 〈기억의 열차〉가 비껴갈 수 없었던, 반드시 머물러야 했던 정차지였다. 이 〈기억의 열차〉가 역사로 들어올 때 역의 자작나무는 어떻게 흔들리며 떨었을까.

• 강제이송의 역사를 박물관에 박제된 기억이 아니라
일상의 현장에서 다시 대면하게 하려는 움직이는 전시회
〈죽음으로 가는 특별열차〉의 플라이어 표지.

•• 〈기억의 열차〉 플라이어 표지.
열차는 유럽에서 100만 명 이상의 어린이와 청소년들이
머나먼 강제수용소와 절멸 장소로 이송됐던
기억을 싣고 달렸다.

신속한 이송, 느린 기억

문화적 기억 개념과 《기억의 공간》으로 우리에게도 잘 알려진 알라이다 아스만Aleida Assmann은 홀로코스트 이후 그 기억이 독일 사회에 다시 돌아오는 데 40년이 걸렸다면서 진실을 얻기까지 얼마나 오랜 시간을 싸워야 하는지 애써 강조했다.[12] 그녀의 지적대로 어떤 사건이나 장소가 기억의 공간이 되는 것은 지속적으로 기억하려는 사회적·문화적 노력과 실천에 좌우된다. 그 기억의 공간이 지속가능한 생명력을 갖는 것도 마찬가지다. 그루네발트역 '17번 선로' 자체도 역사적 진실을 잊지 않고 기억으로 불러오려는 많은 노력의 산물이었다.

역 앞에 놓인 '1941년 10월 18일'이 적힌 작은 표지 침목枕木만 해도 그렇다. 첫 이송 열차가 떠나던 날을 기억하며 46년째 되던 날인 1987년 10월 18일, 한 여성단체가 이곳에 가져다놓은 것이다. 철로의 침목을 상징하는 이 표지는 '우리는 이곳을 기억'하고 있음을 표현한 작은 행동이었다. 그러나 이마저도 오랫동안 몇 번에 걸쳐 설치와 제거가 반복되었다.[13] 1953년과 1973년에 설치되었던 표지는 바로 사라졌고, 1980년대에 들어서서야 비로소 오랜 망각 속의 17번 선로가 기억으로 돌아오기 시작했다. 그간 계속되어 온 피해자 유가족·친지들의 요구에 더해 많은 이들의 동참이 이어지면서 기억을 위한 싸움이 새롭고 폭넓게 전개되었기 때문이다. 특히, 1985년 5월 8일 바이츠제커Richard von Weizsäcker 대통령의 나치 항복 40주년 기념 의회연설은 사고의 전환을 만드는 중요한 계기가 되었다. 항복의 날, 패전의 날, 그래서 잊고 싶은 날이 아닌 해방의 날이자 기억의 날이라고 선언해

그루네발트역에서
첫 이송 열차가 출발한 날짜
'1941. 10. 18'이 새겨진
표지 침목.

모아비트역에서 이송된 유대인 추념 조형물.
추방된 사람들이 대부분 살해되었기에
작품은 여러 번 구부러지고 변형된
천국의 계단을 은유하고 있다.

서다. 눈과 귀가 열린 사람이면 이송 열차가 운행되었다는 사실을 모를 리 없었다며 개개인의 책임과 역사의식을 촉구했다. "내면의 정의의 표준을 바로 세웁시다. 5월 8일 오늘, 최선을 다해 진실을 직시합시다."[14] 이어 1년 뒤 전개된 독일 지식인들 사이의 이른바 '역사가 논쟁'은 나치 범죄와 홀로코스트에 대한 독일인들의 인식과 태도에 변화의 동력을 더했다. "독일인들이 늦게 기억하기 시작"한 것이다.[15] 그중 하나의 사례가 이 작은 표지 침목이었다.

같은 해 관할 구청이 역을 통해 추방된 이들을 기리기 위한 조형물을 공모했고, 폴란드 조각가 카롤 브로니아토프스키의 작품이 선정되었다. 역 입구 20미터 콘크리트 블록에 끌려가는 듯한 사람들의 형상을 음각 부조로 만든 이 작품은 1991년 역에서 첫 이송 열차가 떠난 50년째 되는 날 제막되었다. 또 모아비트 화물역 인근에도 1987년 추념 조형물이 설치되었다. 휘어지고 구부러진 하늘로 가는 계단상이었다. 기차를 타고 떠난 이들이 대부분 살해되었기에 천상으로 오르는 계단으로 추방과 박해를 상징했다.[16] 그러나 이 작품에도 험난한 수난사가 뒤따랐다. 페인트 칠과 파손을 반복적으로 경험해야 했고, 1992년에는 아예 폭약 공격을 받아 대파되는 바람에 해체와 수리를 거쳐 이듬해 다시 세워지는 우여곡절을 겪어야 했다.

그러나 정작 더 늦은 것은 당사자였던 독일철도였다. 1985년 독일철도 150주년을 맞이했지만, 동서독의 각 철도청은 나치 치하 독일제국철도의 과오를 전혀 언급하지 않았다. 독일제국철도 명칭을 그대로 사용했던 동독 측은 나치와 파시즘에 맞서 싸운 자신들은 나치시절 독일제국철도와는 전혀 무관하다는 입장이었고, 서독의 독일연방철도 역시 나치와의 연관성에 부정적이었다. 그러나 통독 후 1994년 동독 독일제국철도가 공식 흡수 합병되어 현재의 독일철도가 출범하면서 이 문제가 재차 불거졌다. 무엇보다 2+4조약[*]에 따라 폴란드 등 주변국과의 관계, 특히 나치의 강제노역에 대한 배상 문제가 다시 부각되면서 많은 기업들이 나치시절 자사의 과거사를 다시 들여다보지 않을 수 없었기 때문이었다.

1998년 1월 27일 아우슈비츠 해방일에 독일철도는 드디어 나치 이송 부역에 대한 공개사과와 함께 그루네발트역을 기념관으로 지정했다. '1941~1945년 독일제국철도에 의해 죽음의 수용소로 이송된 이들을 추모하며'라는 '17번 선로' 표지판이 부착되었고, 공모 당선작도 선보였다. 17번 선로 양측 플랫폼 바닥에 깔린 186개의 강철판. 각 판의 선로 쪽 모서리엔 이송 열차의 출발일과 인원, 목적지가 적혔다. 1941년 10월부터 한 달에 세 번쯤 1,000명씩 이송하던 빈도 수가 1942년 봄부터는 테레지엔슈타트 또는 아우슈비츠로 거의 매일 100명씩 추방한 흔적이었다. 영원히 각인된 죽음의 숫자들이 철로에 남겨진 것이다.

그리고 이듬해 독일철도는 6,000여 개의 독일 기업들이 참여해 조성한 강제노역 배상기금재단인 기억·책임·미래재단에 수백만 유로

---

[*] 베를린을 분할했던 4개국(미국, 영국, 프랑스, 소련)과 서독/동독이 체결한 조약으로 독일 통일에 핵심적인 사안이었던 영토와 군사 문제 등에 대한 최종 합의사항을 포함하고 있다.

1. 떠나간 자들과 돌아온 노래들

를 출연했다.[17] 그로부터 10년 뒤 2017년에는 모아비트역 69번 선로의 일부가 옛 역 부지에 재현되었다. 비로소 추방의 장소들이 후대를 위해 여러 곳에서 부각되기 시작한 것이다. 반세기가 넘는 진실 투쟁의 결실이었다.

이름 없는 아이들로 남겨두지 않으리

늦은 만큼 '17번 선로'는 죽음으로 가는 화물열차에 실려 절멸 장소로 끌려가던 수많은 이들을 기억하는 가장 대표적인 추모의 장소, 기억의 공간이 되었다. 침묵의 절규와 절망의 한숨이 비로소 포용과 인권과 평화의 외침으로 되돌아왔다. 2011년 이래로 이곳에선 매년 10월 18일 기억과 경고의 추모 행사가 열리고 있다. 특별히 생존자들의 증언이나 희생자들의 일기 등을 낭독하는 일은 행사의 일부가 되었다. "이송에 대한 기억은 또한 오늘을 위한 경고"라면서 다시 커지고 있는 우익 포퓰리즘과 민족주의적 목소리에 공존과 자유, 평화가 도전받지 않도록 계속 싸워나가자는 호소가 단순한 정치적 수사, 기억의 정치만은 아닐 것이다.[18] 다만, 기억의 현재적 의미는 조형물 설치나 1년에 한 번 개최되는 공식 행사만으로는 만들어지지 않는다. 시민들의 자발적이고 다양한, 그리고 지속적인 관심과 세대를 잇는 기억의 연대가 필요한 일이다. 그래서 이곳은 꽃이 멈추지 않는 선로가 되었다. 누가 놓고 갔는지 한 번씩 꽃이 쌓이고 못다 한 사연이 이어지는 곳이 된 것이다.

　역을 걸어 빠져나오는 길은 아주 먼 곳을 돌아가듯 여러 생각들이 뒤따라 내려오는 경사로다. 한때 그들이 올라갔던 길을 따라 다시 마

'17번 선로' 추모 행사에
헌화된 꽃(2019). 플랫폼 양쪽 모서리
강철판엔 이송 열차의 출발일과
인원, 목적지가 새겨져 있다.

그루네발트역에서 열린
'17번 선로 북박스'시민모임의
'걸으면서 책 읽기' 행사(2022. 1. 27).[19]
나치의 만행과 범죄를 밝히는 책,
당시 추방되거나 망명한 작가들의
저서들을 낭독하며 시민들이
역사驛숨 통로로 걸어가고 있다.

음을 끌고 내려와야 한다. 이곳을 천천히 걸어나오면 바로 역 앞길에 특이한 전화부스 하나가 보인다. 전화기는 없고 그 속에 책들이 가득하다. 사용이 끝난 공중전화 부스를 작은 '거리의 도서관'으로 탈바꿈시킨 것이다. 이름하여 '17번 선로 북박스'다. 꽂혀있는 책들은 주로 나치의 만행과 범죄를 밝히는 책, 당시 추방되거나 망명한 작가들의 저서들이다. 나치를 신랄하게 조롱했던 투홀스키와 케스트너의 비평서들이나 안네 프랑크의 일기 등. 2018년부터는 선반 한켠에 오디오박스도 장착되어 있다.

이 북박스는 인근 학교와 연계해 지역 내 문화·역사와의 소통과 지속가능한 계승을 위해 베를린 15개 지역에 설치된 것 중 하나다. 북박스가 설치되는 지역의 역사와 미래를 새로운 기억문화—정치교육이라는 틀로 통합하고, 참여하는 학생들에게 지속가능한 방식으로 지역사의 문제를 대면하고 미래를 고민하게 하는 정치교육의 기회를 제공한다. '17번 선로 북박스'는 '유대인의 삶, 박해, 나치, 인종차별, 저항'이라는 주제의 책들과 그로 인해 배척된 작가들의 얘기에 특화되어 있다.[20]

2020년 1월 아우슈비츠 해방 75주년을 기념해 시민들이 직접 북박스의 책들을 꺼내 그루네발트역 역사 안에서 낭송하는 '책 읽기로 기억하기Erinnern durch Lesen' 행사가 열렸다. 행사 준비와 진행을 도운 학생들에 의해 17번 선로 북박스의 책들이 세상으로 나와 어른들과 학생들이 함께하는 책 읽기로 시민들 앞에 낭독되었다. 한 할머니가 낭독한 책은 《아우슈비츠의 아이들》이었다.[21]

〈기억의 열차〉는 오늘도 달리고 있다. 최근엔 외연을 넓혀 유럽 이웃나라에서 '죽음으로 가는 특별열차'를 주제로 전시회를 열고, 희생된 아이들을 이름 없이 남겨둘 수는 없다며 아이들의 흔적을 추적해 이름을 찾고 사진과 자료를 모아 데이터베이스화하고 있다. 베를린에서만 약 4,512명(2022년 4월 데이터)의 아이들 이름을 다시 찾을 수 있었다. 잊힌 아이들의 이름이 기억의 열차 안에 하나씩 채워지고 있다.[22] 행사에 참여한 학생들에겐 역사를 배우고 기억하는 법을 익히는 시간이다. 기억을 공유하는 세대 간 연대, 망각에 맞선 시민들의 자발적인 '기억문화운동'인 셈이다.

돌아온 노래들

〈브룬디바〉, 아이들의 꿈이 되다

이렇게 추방된 아이들. 갑자기 떠밀려온 곳에서 그들에게 남겨진 시간들은 어땠을까. 떠나감과 죽음 사이의 간극에서 한편으로는 '고통'의 장소였으며, 다른 한편으로는 아이들의 '꿈'마저 머물렀던, 어디에도 찾아보기 힘든 기이한 공간이 있었다. 그곳은 아우슈비츠로 향하기 직전 거치는 '중간 정거장', 테레지엔슈타트의 게토Ghetto다. 나치 강제수용소 내의 한 아버지와 아이 이야기를 감동적으로 다룬 영화 〈인생은 아름다워〉에는 극적인 슬픔의 순간들조차 아이의 눈을 통해서 이 슬픔이 어떻게 불안한 기쁨으로 바뀌는지 보여주는 장면들이 있다. 마찬가지로 테레지엔슈타트에서도 아이들의 눈을 통해 빚어지고 만들어진 눈부신 오페라가 있었다.

1942년 초 반제회의 이후 독일과 다른 유럽 점령국 내 이송 열차들이 주로 테레지엔슈타트(강제수용소/게토)와 아우슈비츠–비르케나우 절멸수용소로 향하면서 테레지엔슈타트에는 각국에서 추방된 유대인들로 넘쳐나기 시작했다. 1942년 가을과 1943년 말 사이에만 4만 명이 넘는 사람들이 이곳에 수용되었다. 당연히 열악한 위생환경과 식량 부족, 질병 등이 만연했다. 많은 이들이 낯선 곳에서 비참한 죽음을 맞이해야 했다. 게다가 언제 어떻게 절멸수용소로 옮겨질지 모르는 공포와 두려움이 지배했다.[23]

반면 나치에게 이곳은 악랄하고 참혹한 만행을 아무런 제약 없이 저지를 수 있는 '법 없는 천국'이었다. 도시에서 멀리 떨어져 고립된 테레지엔슈타트는 이들을 가두고 감시하기에는 이상적인 곳이어서 "아마도 히틀러에게는 선물이었을 것"이라는 증언도 있다.[24] 하지만 나치도 세계의 이목을 완전히 무시할 수는 없었다. 눈속임이 필요했다. 테레지엔슈타트는 외부에 '고령자 게토'로 선전되었고, 짧은 기간 동안 '유대인들의 정착지 모델'로까지 치장되었다. 1945년 국제적십자위원회 조사단이 2차 방문했을 때 관람했던 당시 다큐멘터리 〈테레지엔슈타트〉는 실제 추방자들의 삶과는 전혀 다르게 왜곡된 것이었다.[25]

어린이들도 예외는 아니었다. 성별과 연령에 따라 이른바 '어린이집'에 수용된 약 1만 5,000명의 아이들은 나치로부터 해방되었을 때 불과 1,000여 명만 생존해 있었다. 죽음으로 스러져 갈 아이들조차 나치에게는 선전의 도구였다. 당시 테레지엔슈타트를 관할하던 나치 사령부는 국제적십자위원회와 덴마크 조사단 방문 일정(1944년 6월)이 정해지자 7~8개월 전부터 대대적인 '미화' 작업에 들어갔고, 조사단을 기만하기 위한 방편의 하나로 아이들의 오페라를 이용했다. 아이들이 좋은 교육환경에서 음악활동을 하며 자라고 있다고 선전하기에

1. 떠나간 자들과 돌아온 노래들

●
〈브룬디바〉 공연을 위해 무대에 선 아이들.
아이들과 동물들이 함께 거리의 악당 브룬디바를 물리치는
줄거리의 어린이 오페라로 약자들이 힘을 합쳐 히틀러에 대항한다는
저항적인 메시지를 담고 있다.

●●
테레지엔슈타트 어린이 오페라 〈브룬디바〉 CD 표지.
철조망 뒤편 무대 그림은 당시 공연을 준비했던
화가가 그린 것이다.

안성맞춤이었기 때문이다.

나치 선전용의 어린이 오페라가 아이러니하게도 죽음을 앞둔 아이들에게 꿈을 키워줬다는 증언은, 그래서 무대에 오른 아이들의 짧지만 행복해하는 사진들은 역사의 슬픈 아이러니다. 공연 시간만큼은 아이들에게 "'노란 별'을 가슴에서 떼어내는 해방과 자유의 시간이었다."[26] 아이들에게 테레지엔슈타트는 공포의 수용소였지만, 최소한 이 오페라에 참여한 아이들에게는 '찰나적 꿈의 장소'이기도 했다는 사실이 가슴 시리게 아프다. 공연을 통해 일시적이나마 죽음에 대한 두려움을 극복하고 적어도 정상적인 삶을 꿈꾼 아이들. 꿈을 꾸었던 아이들은 공연이 끝나자 대부분 아우슈비츠로 끌려가 살해당했다.

이 오페라는 체코 작곡가 한스 크라사Hans Krása가 1938년에 작곡한 〈브룬디바Brundibár〉였다.[27] 아픈 어머니를 돕기 위해 우유를 사고 싶어하는 불쌍한 형제에 관한 얘기다. 우유 살 돈을 벌기 위해 거리로 나간 형제가 거리의 악당 브룬디바를 만나지만 다른 아이들과 동물들의 도움을 받아 마침내 함께 브룬디바를 물리치고 거리의 합창으로 그 돈을 모은다는 줄거리다. 약한 아이들이 서로 돕고 단결해 악당에 맞서 싸워 이기는 권선징악의 〈브룬디바〉는 곧 히틀러에 대항해 승리하는 아이들을 빗댄 우화로도 해석될 수 있었다. 일면 저항음악이었고, 또 음악을 통한 저항이었던 셈이다.

크라사는 프라하의 한 유대 고아원에서 몰래 초연된 〈브룬디바〉를 지켜보지도 못한 채 1942년 8월 테레지엔슈타트 게토로 이송되었고, 1943년 9월 23일 이곳 아이들과 다시 무대를 꾸렸다.[28] 선전용으

로 활용된 덕분에 1년여에 걸쳐 55차례나 공연되었다고 한다. 공연
기간에도 아이들은 차례로 절멸수용소로 끌려갔고, 그 빈자리는 다
시 다른 아이들로 채워졌다.[29] 크라사 자신도 1차 조사단 방문 후 몇
개월 지나지 않은 1944년 10월 아우슈비츠-비르케나우로 끌려가 살
해당했다.

그 뒤 오랫동안 잊혀졌던 〈브룬디바〉는 독일 베네딕트회 그뤼터스
Maria Veronika Grüters 수녀가 자신의 가족사를 찾는 중 우연히 발견하
면서 1970년대 후반부터 다시 공연되기 시작했다. 독일에서는 1985
년 김나지움 학생들에 의해 첫 공연이 이루어졌고, 1992년 독일어 번
역작(원작은 체코어와 히브리어)이 빌레펠트 시립오페라단에 의해 초연된
뒤 각 도시에서 공연이 이어지면서 테레지엔슈타트 아이들의 운명이
본격적으로 알려졌다. 베를린에서는 2005년 테레지엔슈타트 해방 60
주년을 기념해 23명의 아이들이 콘체르트하우스Konzerthaus에서 3일
간 〈브룬디바〉 공연을 하였고, 2010년에도 재공연되었다.

2014년 베를린 청소년들이 〈브룬디바〉 공연을 준비해 가는 과정을
그린 〈브룬디바와의 재회〉 영화가 상영되었다.[30] 2020년 아우슈비츠
해방일에는 "순간의 자유였던 그러나 행복의 무대였던" 아이들의
〈브룬디바〉가 다시 테레지엔슈타트에서 울려 퍼졌다.[31] 죽음의 문턱
에서 아이들에게 잠시나마 꿈을 꿀 기회를 주었던 이 역설적인 오페
라가 아이들이 사라진 뒤 한참 만에 다시 돌아와 지금까지 곳곳에서
때론 그 또래 아이들에 의해, 때론 전문 오페라단에 의해 공연되고 있
는 것이다.

그루네발트역을 떠나 결국 돌아오지 못했던 아이들이 이렇게 〈브룬디바〉로 살아 다시 돌아왔다. 〈브룬디바〉 노래는 너무나 아름답지만, 돌아온 아이들의 노래는 그래서 더 애닳다.

돌아온 '소녀들의 방 28호'

〈브룬디바〉를 통해 함께 전해진 또 다른 '꿈'이 있다. 〈브룬디바〉에 출연했던 소녀 폴락Helga Pollak이 전한 특별한 소녀들의 방 얘기. 아우슈비츠에서 "우연히" 목숨을 건질 수 있었던 폴락은 1943년 1월 테레지엔슈타트에 도착한 후부터 1944년 10월 아우슈비츠로 끌려가기 직전까지 함께했던 12~14세 소녀들의 삶을, 그리고 그때 그곳의 죽음과 삶의 경계에 머물던, 상상하기 어려운 '꿈'을 전했다.

폴락의 얘기는 60명의 소녀들이 "생존과 희망, 인간다움을 위한 투쟁"으로 함께한, 테레지엔슈타트의 소녀수용소 L 410동 28호실의 기록이다.[32] 30평방미터 크기의 방에 30명을 수용했던 28호실에 머물렀던 60명의 소녀들 중 15명만이 살아남았다. 자고 나면 친구들이 아우슈비츠로 끌려가는 끔찍하고 절망적인 상황 속에서도 소녀들은 더 애틋한 우정과 인간적인 삶에 대한 희망을 잃지 않았다. 다가올 죽음을 감지하고 있으면서도 소녀들은 무언가를 만들고 창조하려는 의지로 굶주림과 공포, 절망을 함께 견디며 이겨나갔다고 한다. '공포 속에도 잠시 멈춤', '완벽'을 의미하는 "마아갈Maagal"로 하나가 된 소녀들은 시와 에세이를 쓰고, 그림을 그리고 춤을 만들었다. 〈브룬디바〉 공연도 그중 하나였다.

폴락이 전한 '소녀들의 방 28호'가 독일에 다시 알려진 데는 〈브룬디바〉와 마찬가지로 한 사람의 노력이 중요했다. 작가 한넬로레 브렌너Hannelore Brenner가 1996년 〈브룬디바〉에 대한 라디오 피처를 준비하다 공연에 참여했던 폴락을 알게 되었고, 1998~2004년 매년 다른 생존자들과 함께 모임을 가지면서 '소녀들의 방 28호'를 비로소 세상에 알렸다. 그리고 기억의 공간으로 재현했다. 기억의 사회화에 희생자나 생존자의 가족이 아닌 제3자의 역할이 컸던 이례적인 사례다.[33]

기억의 공간 '소녀들의 방 28호'는 당시의 방을 그대로 재현하고 소녀들의 그림과 시 등을 벽면에 채워놓은 복제 공간이다. 이미 독일 60개 이상의 지역에서 전시되었고, 외국에서도 순회 전시회를 가졌다. 테레지엔슈타트에서의 아이들의 삶과 일상생활을 소녀들의 방을 통해 기억하고 공유하는 게 이 전시의 의도지만, 이에 못지않게 중요한 또 다른 목적도 있다. 그렇게 열악한 조건에서도, 자신들도 언제 아우슈비츠로 끌려갈지 모르는 상황에서도 소녀들에게 배움의 기회를 제공하고 예술과 희망과 삶의 가치를 일깨워주기 위해 헌신적으로 노력했던 이들에게 바치는 헌정이기도 하다는 것이다.[34]

각별한 전시 기회도 많았다. 2008년 독일 연방하원 의사당에서의 전시회가 한 예다. 연방하원은 1996년부터 매년 1월 27일 아우슈비츠 해방일을 기념해 의회와 정부 수반이 참석한 가운데 나치 희생자 추모 행사를 개최하고, 독일과 주변 나라, 이스라엘 등의 청소년들을 초청해 추념과 기억을 위한 공동 프로젝트의 장을 마련해 주고 있다. 2008년 행사의 주제 '나치 희생자로서의 아이들'에 따라 추모 행사 전

'소녀들의 방 28호' 전시 장면.
테레지엔슈타트에 머물다 아우슈비츠 등에서
살해당한 소녀들의 방을 그대로 재현해
당시 게토 내 일상사를 기억하고 공유하는
순회 전시 공간이 되었다.

2008년 작가 브렌너Hannelore Brenner는
테레지엔슈타트 '28호 소녀들'의 우정, 희망,
생존에 관한 이야기를 책으로 엮었다.

후 3주간 '소녀들의 방 28호' 전시회가 열렸다. 초청된 청소년들은 테레지엔슈타트를 방문하고, 생존자들을 만나 당시 얘기를 듣고, 또 전시회를 둘러보았다. 마지막 날에는 의사당 본회의장에서 개최된 추모 행사에 참석한 뒤 하원의장과 초청 연사인 생존자와 함께 토론 시간도 가졌다. '소녀들의 방 28호'는 이외에도 브뤼셀의 유럽연합 집행위원회, 제네바의 유엔기구 등에서도 전시되었다.[35]

이제 '소녀들의 방 28호'는 '갇힌' 곳이 아닌 '열린' 곳으로 돌아왔고, '비좁음'이 아닌 수많은 사람들과 함께하는 '넓은 세계'가 되었다. 반성이 만들고 경청과 공감이 열어놓은 소통의 방이다. 아울러 극한 상황에서도 인간의 존엄성이 어떻게 문화적으로 승화되고 남겨질 수 있는지를, 그리고 타인을 존중하고 관용하는 민주주의의 기본 가치를 되새기는 좋은 교육 견본이 되었다. 그래서 '소녀들의 방 28호' 전시회와 청소년들이 참여하는 〈브룬디바〉 공연이 함께 개최되는 사례가 늘고 있다. 테레지엔슈타트 아이들의 노래와 삶의 공간이 미래 세대의 가슴을 움직이는 성찰과 민주주의 훈련의 장이 되고 있는 것이다.[36]

아이들이 절망 속에서 뿌린 오래된 씨앗이 이제야 든든한 지원 생태계 안에서 늦은 뿌리를 내리고 있다. 출판과 전시회, 놀이, 교육 프로젝트, 증언자와의 대화, 독서회 등으로 가지를 뻗으며 크고 무성한 기억나무로 자라고 있다.

강제수용소의 노래, 계속되는 저항의 기억

수많은 사람들이 강제수용소로, 절멸 장소로 떠나 돌아오지 못했지만 역사는 이들을 완전히 망각하지는 않았다. 죽음의 현장이기도 했던 그곳에서 살아남은 생존자들뿐만 아니라 머물렀던 이들의 일기들이 발견되고 그들이 부르던 노래가 증언으로 되살아오고 있기 때문이다. 〈브룬디바〉 외에도 이렇게 돌아온, 너무나 잘 알려진 강제수용소의 노래가 있다.

나치는 이미 1933년 정권 장악 직후부터 잠재적 반대자들까지 무차별적으로 체포해 감옥과 강제수용소에 집어넣었다. 때문에 감옥이 넘쳐나 더 이상 수용할 수 없는 지경이 되었다. 그러자 강제수용소를 이곳저곳에 설치하기 시작했다. 이때의 대표적인 강제수용소가 독일 북서부 엠스란트Emsland의 수용소들이다. 이 지역엔 모두 15개의 수용소가 밀집되어 있었다. 그 가운데 가장 먼저 건설되어 1933년 여름부터 약 2,000명의 정치범들을 가두고 강제노역을 시켰던 에스터베겐Esterwegen과 뵈르거모어Börgermoor 강제수용소가 잘 알려져 있다.[37]

노벨평화상 수상자 오시에츠키가 수감됐던 에스터베겐 강제수용소는 후에 소련군과 프랑스군 등 다국적 전쟁포로 수용소로 사용되기도 했다. 뵈르거모어 강제수용소는 주로 라인−루르 공업 지역에서 잡혀온 반나치 활동가들과 노조 관계자들을 수용해 인근 늪지대 등을 개간·경작하거나 군수 공장에서 강제노동을 시켰다. '늪지대 병사의 노래'라고 옮길 수 있는 〈모어졸다텐Moorsoldaten〉이 탄생한 곳이다. 〈브룬디바〉가 추방된 아이들의 노래라면, 이것은 수감되어 강제노역에 동원된 어른들의 노래다. 〈브룬디바〉가 무대에 올리는 가극이라면, 이것은 행진가이고 노동의 노래다.

〈모어졸다텐〉의 '모어'는 늪지대 또는 황무지를 뜻하고, '졸다텐'은 군인과 병사들을 일컫는 단어이니 풀이하면 늪지대 병사들이다. 수감자들 대부분이 반나치 지식인들이다 보니 당시 활발하게 활동하던 젊은 예술가들도 많았다. 베를린 최고의 극장 중 하나인 '독일극장Deutsches Theater Berlin'의 단장을 오랫동안 역임한 볼프강 랑호프Wolfgang Langhoff가 시인이었던 요한 에서Johann Esser와 가사를 만들고 루돌프 고구엘Rudolf Goguel이 멜로디를 붙여 〈모어졸다텐〉을 완성했다.[38]

1933년 8월 27일 '휴머니즘적인 수용소'라는 선전을 위해 마련된 일종의 수감자 공연 행사인 '서커스 콘젠트라자니Circus Konzentrazani'에서 16명의 수감자들이 연극 공연 중 피날레로 처음 〈모어졸다텐〉을 선보였다. 900명의 수감자와 60명의 나치 친위대 앞에서 이 노래를 부른 것이다.[39]

늪지대 병사의 노래

눈을 들어 사방을 둘러보아도,
주위엔 단지 늪과 잡초만 무성하네.
우리를 위로해 줄 지저귀는 새들은 어디에도 없고,
참나무들은 앙상하게 비틀린 채 서있네.

베를린 '독일극장' 앞 〈모어졸다텐〉 작사자 볼프강 랑호프의 동상.
배우이자 연극 감독으로 그의 수감 일기 《모어졸다텐-강제수용소에서의 13개월》이
1935년 취리히에서 발간되었다. 후에 독일극장 단장을 지냈다.

현재 '나치 강제노동 자료센터'로 활용되고 있는 베를린의 한 강제수용소 막사.
나치가 독일 내 강제노역에 투입한 인원은 약 1,300만 명에 이르는 것으로 알려져 있다.
베를린에서도 소련과 폴란드 등 동구권에서 끌고 온 민간인 약 38만 명을 포함해
총 50여만 명이 3,000여 개 수용소에 갇혀 강제노역에 동원되었다.

우린 늪지대 병사들

삽을 메고 늪으로 가네……(반복)

여긴 불모의 들판

우리를 위해 수용소가 세워져 있네,

모든 기쁨에서 멀리 떨어져 있는 곳

철조망으로 싸인 비좁은 공간.

(후렴)……(반복)

아침마다 병사들이 열을 맞추어

노동을 위해 늪으로 가네.

불같이 뜨거운 태양 아래 땅을 파고 있지만

그러나 이는 집으로 돌아가기 위한 방편일 뿐.

(후렴)……(반복)

고향 앞으로, 고향 앞으로, 모두가 갈망하는,

부모님, 아내와 아이들에게로.

(그러나) 수많은 가슴들 속에선 한숨이 흘러나오고 있네,

우리는 여기에 갇혀있으니.

(후렴)……(반복)

위 아래로 움직이는 보초병들,

누구도, 누구도, 그곳을 뚫을 수 없네,

도주는 목숨으로 보답될 것이니

요새는 4중으로 첩첩이 싸여있네

(후렴)······(반복)

하지만 우리는 불평하지 않으리,

겨울은 영원할 수 없으니,

언젠가 우린 기쁘게 외치겠지:

고향아! 너는 다시 나의 것이다!

그때 우리 늪지대 병사들

더 이상 삽을 메고 늪으로 가지 않으리!······(반복)

'그때 우리 늪지대 병사들 더 이상 삽을 메고 늪으로 가지 않으리!'
······후렴구는 몇 번이고 반복되었다. 노래가 끝나자 사람들은 모두 움직이지 못했다. 랑호프는 "사령관을 보았다. 그는 모래 위에 발을 딛고 앉아있었다. 친위대원들은 여전히 미동도 하지 않았다. 나는 동지들을 보았다. 많은 사람들이 울고 있었다.······점점 더 많은 청중이 후렴구를 따라 부르고 있었다. 마지막 후렴구는 심지어 친위대 대원들까지 함께 해 900명의 젖은 목소리가 홀에 울려 퍼졌다.······젖은 눈을 가진 이 남자들이 '언젠가 우리는 다시 내 집에 가겠지! 고향아! 너는 다시 나의 것이다'를 되부르며 천천히 울고 있었다"고 술회했다.[40]

1. 떠나간 자들과 돌아온 노래들

고향으로 돌아가는 날을 기다리며 겨울이 영원히 계속될 수 없다는 소절은 그때 함께 자리한 사람들의 심금을 울렸고, 나치 친위대건 수감자들이건 모두 고향에 대한 그리움으로, 강압으로부터의 해방과 자유에 대한 갈구로 한마음이 되었다. 이 때문에 수용소 소장이 이틀만에 〈모어졸다텐〉을 부르지 못하도록 금지시켰지만, 수감자들은 늪지대를 오갈 때, 강제노동 도중에, 수용소 안에서 틈날 때마다 '겨울은 영원할 수 없음'을 노래했다. 얼마 지나지 않아 친위대 감시병들마저 수용소를 떠나 강제노동 행진을 할 때 노래를 불러달라는 요청을 하고 함께 따라 불렀다고 한다. 그리고 〈모어졸다텐〉은 수감자들이 이감될 때마다 곧 다른 수용소로도 빠르게 퍼져나갔다.[41]

그때 그 노래 〈모어졸다텐〉이 2016년 독일 연방하원 의사당에서 남성 아카펠라로 울려 퍼졌다. "누구도 누구도 그곳을 뚫을 수 없네.……도주는 목숨으로 보답될 것이니……그때 우리 늪지대 병사들 더 이상 삽을 메고 늪으로 가지 않으리!" 노래는 공간을 압도했고 이곳에 참여한 아우슈비츠 생존자는 연신 이 노래를 따라 불렀다. 2008년 '소녀들의 방 28호'를 전시했던 연방하원이 2016년엔 '강제노동'을 주제로 전시회를 개최하고, 본회의장에서 아우슈비츠 생존자의 증언에 이어 〈모어졸다텐〉 합창을 들은 것이다.[42]

연방하원 의사당이 다시 증언의 현장이 됐고, 강제수용소의 노래는 이렇게 독일 정치의 중심으로 되돌아왔다. "베를린 한 도시에서만 50만 명의 강제노동자를 위한 3,000개의 수용소가 있었다. 그러나 강제노동으로 혜택을 본 독일 기업들이 책임을 질 준비가 될 때까지는 수십 년이 흘러야 했다.……기억·책임·미래재단이 2000년에 설립되었지만, 대부분의 강제노동자들을 위해서는 너무 늦은 때였다. 보상은 우리가 그들의 고통을 잊어버리지 않았으며, 그들의 이야기가 우리 이야기의 일부라는 것을 의미하는 최소한의 표시일 뿐이다." 그 자리에서 행한 연방하원 의장의 고백이다.[43]

2006년 마침내 에스터베겐에도 기념관이 설립되었다. 군용 창고 시설로 사용되던 이전 강제수용소 부지가 〈모어졸다텐〉과 함께 수감자들의 고통을 되새기고 기억하는 공간이 되었다. 연방정부와 주정부 그리고 여러 재단이 조성한 기금으로 2011년엔 전시관과 도서관, 문서센터까지 갖춘 종합적인 기억공간으로 발전했다. 물론 〈모어졸다텐〉의 역사도 함께.[44]

추방된 음악 불러오기

나치 치하에서 추방되고 희생된 건 사람만이 아니었다. '독일 정신'에 위배된다고 낙인찍힌 수많은 문학작품과 서적들이 모두 금서로 불태워진 것처럼 나치 이념에 부합하지 않는 모든 예술은 '퇴폐적인' 것으로 배척되고 억압당했다. 스윙과 재즈 같은 새로운 음악장르뿐만 아니라 표현주의와 추상주의 미술, 그리고 영화와 연극, 건축에 이르기까지 '독일 정신'과 나치 이념에 맞지 않는 모든 '퇴폐적' 작품은 금지됐다. 해당 예술가들은 추방되거나 강제수용소로 끌려갔고, 그들의 작품은 불타 없어지거나 사라졌다.

이렇게 사라지고 잊힌 노래와 음악을 기억으로 되살리려는 '추방음악축제Festival Verfemte Musik'. 나치에 의해 퇴폐음악으로 분류되어 추방되었거나 강제수용소에서 살해된 음악가들을 기리며, 그들의 작품을 젊은 연주자와 성악가들이 발굴해 연주하게 하는 국제경연대회다.[45] 경연 참가자들은 마지막 라운드에서 추방된 음악가 중 한 명의 작품을 선택해 연주해야 한다. 이 작곡가들의 작품을 최종 경연작으로 선정하는 이유는 분명하다. 젊은 세대의 음악가들에게 과거의 추방음악가와 그들의 작품을 알리고 기억하게 하는 최선의 방법일 수 있기 때문이다.[46]

2008년엔 로스톡음악·연극대학에 '추방음악센터Zentrums für Verfemte Musik'도 설립되었다.[47] 추방음악에 대한 체계적인 학술적 연구가 병행되는 구조가 갖추어진 것이다. 이제 축제에서는 연주와 경연만이 아니라 생존자들의 증언과 낭독회, 전시회와 같은 다양한 프로그램이 함께 개최되고 있다. 한 예로, 나치에 의해 분서된 책을 낭독하는 시간에 추방음악이 배경음악으로 연주되기도 한다. 문학, 예술이 '추방' 개념으로 엮여 당시의 역사가 청소년의 눈높이로 다시 읽히고 있는 것이다.

더욱이 추방음악에 대한 기억을 진흥하기 위해 국제적인 협력도 이루어지고 있다. 2011년엔 유럽 차원의 '기억진흥전략'을 마련하기 위한 공동 프로젝트가 출범했다. 독일의 '추방음악축제'와 오스트리아의 추방음악센터인 exil.arte를 비롯해 핀란드와 프랑스, 영국의 음악 관련 단체와 대학이 참여하고 있다. 2019년에는 '독재하에서의 음악'을 주제로 학술 심포지엄을 개최했다. 나치 정권 아래에서 음악가들이 시대에 어떻게 대응했는지를 살피면서 특히 나치 선전에 부역했던 음악가들이 소개되었다.[48] 나아가 2015년엔 박해받고 추방된 예술을 전문적으로 수집, 보존하고 전시하는 '추방예술센터'도 문을 열었다.[49] 기억의 공간이 국제음악경연대회로, 상설 예술전시관으로 확대되고 있는 셈이다.

추방의 역 그루네발트역은 이제 쫓겨난 이들과 돌아온 노래를 전하고 알리는 기억의 역이 되었다. 연방하원 의사당이 〈브룬디바〉와 〈모어졸다텐〉과 함께 증언과 반성의 현장이 되었다면, 역의 통로는 기억을 일깨우는 시민들의 책 낭독 소리가 울려 퍼지는 각성과 경고의 장소가 됐다. 추방의 철로를 막아서서 무성하게 자라는 이곳 자작나무는 그래서 더 특별히 강렬하고 아름답다. 앞으로 돌아올 또 다른 노래를 기다리며 세월을 견디고 서있기 때문일 것이다.

1. 떠나간 자들과 돌아온 노래들

망각을 거부하는
책 읽기

— 베벨 광장과 분서작가들에 대한 기억

2

🏛 브란덴부르크 문 ❶ 〈버려진 방〉 조형물 Koppenplatz, 10115 Berlin ❷ 베벨 광장 Bebelplatz, Unter den Linden, 10117 Berlin ❸ 옛 《세계무대》 사무실 Wundtstr. 65, 14057 Berlin ❹ 오시에츠키 종합학교 교정 내 조형물 Blücher Str. 46/47, 10961 Berlin

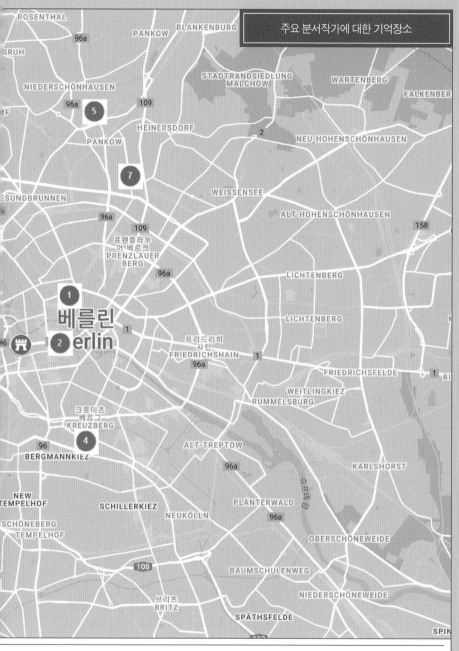

❺ 오시에츠키 거리의 오시에츠키 동상 Ossietzkystr. 24, 13187 Berlin　❻ 투홀스키 어록 동판 Bundesallee 79, 12161 Berlin　❼ 투홀스키 고등학교 Neumannstr. 9/11, 13189 Berlin　❽ 에리히 케스트 너의 《에밀과 탐정》 표지 그림 Prager Str. 6, 10779 Berlin

굴뚝과 연기의 기억

—기억은 대속代贖이다

......(전략)

오 죽음의 집들이여,

이전엔 한낱 손님이었던 집주인을 위해 마련된–

오 너희 손가락들이여,

삶과 죽음 사이의 칼처럼

문지방에 놓인–

오 너희 굴뚝들이여,

오 너희 손가락들이여,

그리고 연기로 흩어져 간 이스라엘의 몸이여!

손가락이 있었다. 삶과 죽음을 가르는 "칼" 같은 손가락, 절멸수용
소에 강제이송된 유대인들을 "죽음의 집"인 가스실과 소각장으로 들
여보내는 나치 의사들과 하급 장교들의 까딱거리는 이 손가락들에 의

베를린 시내 추념 조형물 〈버려진 방〉.
베를린 시내 코펜 광장이라는 곳에 설치된 이 조형물은 강제수용소나
아우슈비츠로 끌려갈 때의 급박하고 불안했던
유대인들의 삶의 모습을 은유한 것이다.[1]

해 수많은 사람들이 죽음의 장소로 옮겨졌다. 그리고 얼마 지나지 않아 굴뚝에선 하염없이 검은 연기가 솟아올랐다. 베를린 시내에 설치된 추념 조형물 〈버려진 방Der verlassene Raum〉에 새겨진 유대계 독일 여성시인 넬리 작스Nelly Sachs의 대표작 〈오 굴뚝들이여〉의 일부다.[2]

넬리 작스는 1940년 절멸수용소로 끌려가기 직전 가까스로 고향인 베를린을 탈출해 스웨덴으로 망명한 뒤 오랫동안 가난과 트라우마에 시달리면서도 나치에 의해 잔혹하게 유린된 유대인들의 삶과 죽음의 고통을 처절하고 처연하게 노래하고 또 애도한 시인이었다. 1965년 독일 출판계의 노벨상이라고 불리는 평화상Friedenspreis 수상에 이어 이듬해 독일 여성작가로서는 처음으로 노벨문학상을 수상했다.

그래서 역사의 아이러니는 참 기막히고, 독일의 기억문화는 교훈적이다. 나치의 만행과 유대인들의 고통을 그려낸 그녀가 독일을 대표하는 여성시인이 되고, 삶의 터전에서 쫓겨나 절멸수용소로 끌려갈 때의 황망하고 불안했던 유대인들의 모습을 쓰러진 의자와 책상으로 재현한 〈버려진 방〉이 베를린 시내 바로 그 쫓겨난 자리에 세워졌으니 말이다.

프랑크푸르트학파의 거두 아도르노Theodor W. Adorno가 아우슈비츠 이후 시를 쓰는 것은 야만이라고 했던 그 시절 넬리 작스는 아우슈비츠의 굴뚝을 시로 그려냈다. 그리고 그곳에서 연기로 사라지는 사람들의 몸을 서정적으로 묘사하며 야만의 시대를 시리도록 아프게 고발했다.[3]

〈버려진 방〉 인근 건물에는 "망각은 추방이지만 기억은 대속代贖이다"라는 문구가 남아있다.[4] 기억함을 통해 대신 속죄한다는 의미의,

Nelly Sachs
1891–1970

베를린 시내
'넬리 작스 공원'에
설치된 표지석(1988).

2016년 발행된
넬리 작스 탄생 125주년
기념 주화와 우표.

독일의 기억문화에서 자주 인용되는 문구다. 한 세대가 지난 뒤 1988년 넬리 작스의 이름을 딴 공원이 베를린 시내에 조성되고, 1991년 탄생 100주년 기념 특별우표가, 그리고 2016년 다시 탄생 125년 기념 주화와 우표가 발행된 건 아우슈비츠는 물론 그 아우슈비츠를 기억으로 불러온 그녀의 시에 대해, 그녀의 고통스러웠던 삶에 대해 후세대가 대신 속죄한다는 뜻이리라.

분서의 현장이 된 자유와 토론의 광장

〈버려진 방〉에서 멀지 않은 베를린 최고의 중심거리 보리수 아랫길 Unter den Linden을 따라 브란덴부르크 문을 바라보며 조금 걷다 보면 왼편에 오페라 광장으로도 불리는 베벨 광장Bebelplatz이 나온다. 1740년대부터 조성된 이 광장 좌우에는 현재 국립오페라극장(이전 왕립오페라하우스)과 훔볼트대학 법대/도서관(이전 왕립도서관)이, 그리고 길 건너 맞은편엔 훔볼트대학 본관(이전 프리드리히-빌헬름대학)이 있다. 가히 베를린을 대표하는 예술과 학문의 광장이라고 할 수 있다.

실제로 광장을 처음 조성한 프리드리히Friedrich 2세가 이곳을 프리드리히포럼이라고 명명했다는 사실에서, 광장은 포럼이라는 이름 그대로 대화와 토론이 어우러진 공간을 지향했다. 더욱이 1810년 설립된 훔볼트대학은 학문의 자유와 인문학-자연과학의 통합, 연구와 교육의 통일을 추구하며 '근대 대학의 어머니'로 자리 잡았다. 1933년 나치 정권이 들어서기 전까지 20명의 노벨상 수상자를 배출했을 만큼 독일 최고의 대학을 넘어 세계적인 대학으로 발전했으니, 광장은 사상과 학문의 자유를 존중하고, 다양하고 폭넓은 지식과 토론이 살아 있는 그런 공간이었던 셈이다.

그런데 바로 그 베벨 광장에서 1933년 5월 10일 이른바 '비독일 정신'으로 낙인찍힌 수만 권의 책들이 불태워졌다. 나치 추종 학생들이 장악한 독일대학생연합이 4월 초 '비독일 정신에 대항하는 행동' 계획을 발표한 뒤, 헤르만Wolfgang Herrmann이라는 젊은 사서가 작성한 〈블랙리스트〉를 바탕으로 치밀하게 준비해 22개 도시에서 동시다발적으로 그리고 공개적으로 자행된 분서 만행의 일환이었다. 마침 그날 우천으로 행사가 연기된 8개 도시에선 훗날 끝내 분서가 저질러지고 말았다고 하니 얼마나 악의적으로 기획된 행위였는지 알 수 있다.

베를린에서는 특히 극적인 장면이 연출되었다. 늦은 저녁 대학 근처 도심으로부터 브란덴부르크 문을 거쳐 오페라 광장까지 횃불행진이 이어졌다. 광장엔 각 도서관과 서점을 뒤져 수거하고 몇몇 연구소를 습격해 탈취해 온 2만 권 이상의 책들이 '축제'를 위한 희생 제물로 쌓여있었다. 이윽고 '비독일 정신'의 작가와 비판적 지식인 15명이 9개 범주로 나뉘어져 호명되었고, 증오와 저주에 찬 구호 속에 그들의 저서가 차례로 불의 제단에 던져졌다. 광장에 운집한 수많은 사람들은 쏟아지는 빗속에서도 일제히 '하일 히틀러'를 외치며 연기와 불꽃 속으로 사라지는 책들에 환호했고, 자정쯤 "과장된 유대 지성주의의 시대는 끝났다"는 나치 선전장관 괴벨스의 연설과 함께 나치가歌 Horst-Wessel-Lied를 부르며 어둠 속으로 흩어졌다.[5]

이제 나치의 이념과 다른 생각은 금지되고, 활발한 토론이 벌어지

존 하트필드의 포토몽타주 작품 〈분서〉(1933).
마치 예견이라도 한 듯 베벨 광장에서 분서 만행이 자행되던 날 한 잡지에 실렸다.[6]
※출처: The Heartfield Community of Heirs.

1933년 5월 10일 베를린 시내
오페라 광장(베벨 광장)에서의 분서 장면.
※출처: dpa.

던 자리엔 블랙리스트가 나붙었다. 나치에게 못마땅한 책들은 모두 금서 딱지가 붙여져 한순간에 재로 변했다. 그러나 이날 광장에서의 광기 어린 분서 만행은 또 다른 시작에 불과했다. 이미 일부 도시에서 산발적으로 자행되고 있던 나치 극우 테러와 분서 행각은 이후 수개월에 걸쳐 전국 각지로 확산되었다. 그해 3월부터 10월까지 90여 개 도시에서 100건 이상의 분서가 자행된 것으로 알려진다.[7] 수많은 지식인들과 작가들이 쫓겨나고 심지어 국적을 박탈당하는 이른바 '청소' 작업이 본격화되었다.

또 여기저기서 부분적으로 만들어지던 분서목록이 체계화되기 시작했다. 1935년부터는 아예 괴벨스의 선전부가 직접 나서서 〈유해하고 바람직하지 않은 문헌목록〉이라는 금서목록을 발간하고 해마다 증보판을 내기에 이르렀다. 6개 분야 300여 명의 저서를 지목한 헤르만의 〈블랙리스트〉는 1년 만에 약 3,000종의 서적이 포함된 금서목록으로 확대되었고, 1938년의 선전부 금서목록엔 4,175권의 단행본과 함께 565명의 저서 전체, 수십 개 출판사의 간행물, 그리고 많은 잡지와 저널이 포함되었다. 심지어 전쟁 중인 1943년까지도 선전부는 추가 금서목록을 발간했고, 1941년엔 나치 친위대도 별도로 금서목록을 만들어 비밀경찰 게슈타포가 1945년 항복 직전까지 점령지에서 해당 서적을 압수하기도 했다.[8]

나를 불태우라
— 예감과 결말 사이

베를린에서 이 광기의 분서를 경험했고 나치의 금서작가 목록에 올라 늘 불안한 죽음의 그림자에 시달려야 했던 넬리 작스. 불태움과 굴뚝, 연기, 그리고 그로 인해 그을린 별의 이미지가 곳곳에 산재해 있는[9] 그녀의 시는 그래서 한 세기 앞선 독일의 대표적인 문인 하인리히 하이네의 불길한 예감이 불행히도 마치 섬뜩한 예언처럼 적중했음을 증명하는 후속편 같다. "그것은 단지 시작에 불과했다. 책을 불사르는 곳에서 결국 인간도 불태워질 것이니." 나치의 분서 만행이 언급될 때면 늘 따라 등장하는, 베벨 광장 바닥에 새겨진 하이네의 작품 속 대사다.

하이네의 비극 《알만소르*Almansor*》(1821)에 등장하는 이 문장은 근대 남부 유럽의 '아우토다페autodafe' 종교재판 의식에서 코란을 불태운 행위를 빗댄 것으로 알려져 있다. 분서와 화형을 의미하는 아우토다페는 많은 경우 장작더미 위에 사람을 불태우는 것으로 끝을 맺었다. 그러나 하이네의 이 대사는 단순히 과거로부터 유추된 것만은 아니었다. 오히려 당대의 체험으로부터 나온 것이기도 했다. 왜냐하면 하이네 자신 역시 1817년 종교개혁 300주년을 맞아 일부 대학생들이 루터의 피신처였던 바르트부르크Wartburg에서 "비독일적인" 서적들을 상징적으로 불태운 분서 사건에 이어 1819년 자유주의 사상을 금기시하면서 언론·출판물에 대한 엄격한 검열을 단행했던 악명 높은 칼스바트 결의Karlsbader Beschlüsse를 목도했던 터였기 때문이다.[10]

청년 하이네는 프랑스혁명의 자유와 평등, 박애 이념을 지향하면서 "인간 해방을 위한 전사"이고자 했지만 실제로 그가 직면한 현실은 정반대였다.[11] 프로이센 왕국의 수구 정치와 국수주의를 신랄하게 비판하던 하이네는 마침내 부르봉 왕조를 무너뜨린 프랑스의 1830년 7월혁명 이후 파리로 떠났다. 파리에서 몇 권의 책을 냈지만 자신의 조국에서는 금서로 지정되었고, 1835년 하이네를 포함한 '청년 독일파' 작가들에 대해 전면적인 금서령이 내려졌다. 결국 그는 얼어붙은 동토 같았지만 가슴 한편 그리움으로 남은 고향을 멀리 두고 파리에서 생을 마감했다. 불운한 금서의 시인이었던 것이다.[12]

작스가 20세기에 마주해야 했던 상황과 하이네가 19세기에 겪었던 상황은 한 세기 시차를 두고서도 크게 다르지 않았다. 사상과 표현의 자유가 억압당하고 다른 생각은 불태워지는 그런 상황 말이다. 물론 역사적으로 동서고금을 막론하고 분서가 없진 않았지만, 나치의 분서는 규모 면에서 차원을 달리했고, 국가권력에 의해 체계적이고 조직적으로 장기간 치밀하게 자행됐다는 점에서 분명 전무후무한 만행이었다.[13] 하이네의 작품들도 이런 나치의 칼날을 피하지 못했다.

바르트부르크의 분서(1817. 10. 18). 종교개혁 300주년과 나폴레옹 시대의 종말을 알린
라이프치히 전투(1813. 10. 16~19) 승리 4주년을 계기로 대학생 500여 명이 바르트부르크에 모여
'자유·명예·조국'을 기치로 독일 통일과 기본권, 자유를 요구하는 '바르트부르크 축제'를 열었다.
이때 일부 학생들이 '비독일적'이고 반동적으로 여겨진 서적들과 물품들을 상징적으로 불태웠다.
※출처: Deutsche Burschenschaft.

그 유명한 〈로렐라이〉를 비롯해 많은 초기 작품들이 슈베르트와 슈만 등에 의해 가곡으로 작곡되어 애창되고 독일 가곡사에 새로운 장을 열었던 하이네는 두 세기에 걸쳐 금서작가가 되었다.[14]

같은 유대인으로서 각기 금서작가로 낙인찍히고 외국으로 망명을 떠나 죽을 때까지 고향으로 돌아가지 못한 운명까지 공유했던 하이네와 작스. 분서에 대한 하이네의 불길한 예언과 그 참혹한 귀결에 대한 작스의 그을린 별 사이에는 바이에른 지방의 망명작가 오스카 마리아 그라프Oskar Maria Graf의 목숨을 건 저항도 있었다. 강연 차 오스트리아에 머물던 그라프는 베를린 분서 만행과 금서목록에 대한 신문 기사를 읽고 빈의 한 신문에 〈나를 불태우라!〉는 항의문을 기고했다.[15] 이 기고문에서 그라프는 자신이 왜 나치의 권장작가 명단에 오르는 치욕을 당해야 하느냐며 자신의 저서를 갈색(나치 복장색) 살인도당의 피 묻은 손이 아니라 장작더미 화염에 넘기라고 일갈했다. 실제로 그의 저작은 곧 모두 공식적인 금서목록에 올랐고, 1년 후엔 나치의 두 번째 국적 박탈자 명단에 포함돼 재산을 몰수당하고 국적 없는 망명자 신세가 되었다.[16] 후에 그라프는 청년시절부터 함께 생활해 온 작스의 사촌언니와 결혼했으니, 나치 분서를 둘러싼 이 얼마나 기묘한 인연인가.

만약 하이네가 생존해 나치의 분서 만행을 함께 겪었다면 아마도 그 역시 그라프와 같이 나를 불태우라고 했을지 모를 일이다. 그렇지 않더라도 후대 작가 중 하이네의 계보를 잇는다고 평가되고, 자신 역시 분서작가 목록에 올랐던 브레히트처럼 그라프를 소재로 한 시를

베벨 광장 맞은편의 하이네 동상(2002).
하이네 동상 아래 설치된 동판에는
"우리가 아니라/ 사상(관념)이 우리를 붙잡아 종으로
만들고 투기장으로 채찍질해/ 마치 강제된 검투사처럼
그것을 위해 싸우게 한다"는 그의 문장이 새겨져 있다.

베벨 광장에 설치된
하인리히 하이네 문구 동판.
"그것은 단지 시작에 불과했다.
책을 불사르는 곳에서
결국 인간도 불태워질 것이니."

썼을지도 모른다.[17]

분서焚書

당시 정부는 유해한 지식이 들어있는 책을

만인 앞에서 태워버리라 명령을 하고

사방에서 황소들이 책으로 쌓아올린 수레를

장작더미가 있는 곳으로 끌고 갈 때

뛰어난 시인 중의 한 사람,

소각된 책의 목록을 읽던 망명 중의 한 시인은

자신의 작품이 목록에 빠진 것에 깜짝 놀라

분노에 차 책상으로 뛰어가, 권력자에게 편지를 썼다

나를 불태우라! 날리는 깃털로 갈겨썼다, 나를 불태우라!

나에게 이러지 말라! 나를 특별히 대하지 말라!

내 작품 속에서 나는 항상 진실을 쓰지 않았던가?

그리고 지금 나는 당신들로부터 거짓말쟁이로 취급당하고 있다!

내가 당신들에게 명하노니: 나를 불태우라!

브레히트가 이 시를 쓴 1938년 나치는 유대인들을 집단 추방하기 시작했다. 그리고 1년 뒤 폴란드를 전격 침공함으로써 2차 세계대전의 끔찍한 막을 올렸다. 하이네의 예감이 작스의 현실이 된 것이다.

계속 읽는 자는 사살될 것이다
— 시사비평지의 전설 《세계무대》

1932년 1월, 듣기만 해도 섬뜩한 〈계속 읽는 자는 사살될 것이다〉라는 글이 한 잡지에 실렸다. 무너져가는 바이마르 공화국과 나치세력의 부상에 분노하면서 "아직도 독일에서 정신적 자유 운운하는 자는 장례식에서 애도사를 읊는 이와 같다"는 문장으로 시작되는 이 글은 당시 지식인들이 "무릎에 가만히 손을 얹고" 히틀러를 기다리고 있다고 힐난하며 정신적 자유라는 자유주의적 이상은 이제 끝났다고 한탄했다. "독재는 이미 현실화되었고 정신은 곧 금지될 것"이기 때문이었다.[18] 1년 뒤 실제로 나치가 정권을 잡자마자 글쓴이와 잡지의 편집장은 강제연행되어 투옥되거나 수용소로 끌려갔다. 잡지는 3월 7일자를 마지막으로 문을 닫아야 했고, 나중엔 전질이 나치의 금서목록에 올랐다. 정말로 "계속 읽으면 사살되는" 책이 된 셈이다.

《세계무대*Weltbühne*》. 나치에 대항해 민주주의와 평화를 외치며 글을 무기로 싸웠던 바로 그 잡지다. 1905년 《연극무대*Schaubühne*》라는 연극 비평지로 출발해 1918년 4월 《세계무대》로 이름을 바꾼 이래 더

독일 시사비평지의 전설《세계무대》의 표지.
허름한 표지의 이 주간지는
가장 활발하던 때조차 발행부수가
1만 5,000부를 넘지 못했지만, 당시 비판적
지성을 흔들어 깨우며 군국주의와 전쟁을
반대하는 평화운동의 선봉에 섰다.

투홀스키의《독일, 모든 것 위에 뛰어난 독일》(1929).
한때 독일 애국가의 한 소절이었던 문구를 제목으로 한
이 책은 민족우월주의와 군국주의를 신랄하게
비판하는 투홀스키의 텍스트와
하트필드의 사진몽타주가 어우러진 독창적이면서도
가장 논쟁적인 간행물 가운데 하나였다.

욱 날카로운 정치비평과 사회를 발칵 뒤집어놓은 필화 사건의 주역으로 발돋움하면서 독일의 진보적 지성계에서 필독 시사비평지로 자리 잡았다. 허름한 빨간색 표지의 이 주간지는 가장 활발하던 때조차 발행부수가 1만 5,000부를 넘지 못했지만, 그 영향력은 결코 작지 않았다.[19] 30여 년 동안 2,500여 명의 필자와 수만 쪽에 이르는 글을 통해 《세계무대》는 민주주의와 공화주의를 부르짖으며 비판적 지성을 흔들어 깨웠고, 국수주의와 극우 포퓰리즘의 득세에 경종을 울리며 군국주의와 전쟁을 반대하는 평화운동의 선봉에 섰다.

이런 《세계무대》로의 변신에는 20세기 독일 풍자/카바레 문학과 비평 저널리즘의 독보적인 작가로 평가받는 투홀스키Kurt Tucholsky의 역할이 컸다.[20] 23세 되던 해 《연극무대》에 첫 글을 선보인 투홀스키는 본명 외에 무려 7개의 필명으로 쉼 없이 글을 발표하는 부지런한 작가로, 또 촌철살인의 비평과 허를 찌르는 패러디와 풍자, 유머와 해학이 넘치면서도 때론 단호하고 결연한 글로 《세계무대》를 견인했다.[21] 특히, 제1차 세계대전 직후 1919년은 그의 활동과 《세계무대》의 전환점이었다. 투홀스키는 참전 경험을 토대로 1월부터 장교 시리즈를 연재했고, 3월 유명한 시 〈우리 부정론자들〉을 통해 이제 불의한 시대적 상황에 '예'라고 말하지 않겠다는 활동의 방향을 선언한 뒤,[22] 6월에는 편집진에 합류했다. 그리고 8월 말엔 오시에츠키Carl von Ossietzky 등과 함께 1920년대 독일 반전·평화운동의 한 축이 된 참전자평화동맹FdK을 결성했다.[23] 잘 알려진 대로 오시에츠키는 급진적 평화운동의 대표적 기수로 1935년 노벨평화상 수상자로 선정되었다.

이후 《세계무대》는 선명한 반전·평화주의 기조하에 1차 세계대전의 참혹한 고통과 패전에도 불구하고 독일 내 군사/군국주의가 사라지지 않고 있음을 경고했고, 제국군의 군비 확충이 은밀히 추진되고 있다는 사실을 지속적으로 폭로해 나갔다. 이 때문에 《세계무대》는 제국국방부와 수시로 마찰을 빚었다. 필화 사건도 여러 번 겪었다. 1927년 오시에츠키가 편집장을 맡고 나서 이런 기조는 더욱 견고해졌다.[24] 그 절정이 이른바 '세계무대 재판'으로 이어진 1929년 3월의 기고문이다.[25] 제국군이 공군력 보유를 금지한 베르사유조약을 어기고 공군 재건을 위해 비밀리에 독일 항공업계와 연계해 군용기 제작을 추진해 왔다고 폭로한 것이다. 덕택에 필자와 오시에츠키는 군사기밀 누설죄로 2년 뒤 18개월의 징역형을 선고받았다. 이 사건과 재판 결과는 독일 국내외에서 큰 파장을 불러일으켰다. 판결의 부당함을 주장하며 징역형 철회를 요구하는 항의시위와 서명운동이 전개되고 토마스 만과 아인슈타인 등 저명한 인사들의 탄원도 이어졌다. 비록 형 집행을 막지는 못했지만, 덕분에 《세계무대》는 독일을 넘어 세계에 평화를 위해 싸우는 '무대'임이 알려지게 되었다.[26]

이와 함께 《세계무대》는 1920년대 후반부터 일찌감치 파시즘과 나치의 득세를 예견하고 이를 막기 위해 전력을 기울였다. 투홀스키는 1930년까지만 하더라도 〈제3제국〉이라는 제목의 시에서 나치의 제3제국이 출현할 가능성을 경고하면서도 반어적으로 "제3제국?/ 그래, 어서 오라/ 우린 모두 인종주의자가 돼야 할 거야/ …… / 제3제국?/ 그래, 어서 오라/ 거기선 모두가 정말 행복할 거야 / ……"라고

1921~1927년
《세계무대》 편집실이 자리했던
베를린의 한 건물.

BERLINER GEDENKTAFEL

In diesem Haus befand sich von 1921 bis 1927
die Redaktion der

WELTBÜHNE

Sie war eine der wichtigsten
politisch-literarischen Zeitschriften der Weimarer Republik
und Wirkungsstätte von
Siegfried Jacobsohn, Kurt Tucholsky und Carl von Ossietzky

《세계무대》 편집실 건물에 부착된 베를린시의 기념 동판(2010).
"1921년부터 1927년까지 이곳에 《세계무대》 편집실이 있었다.
《세계무대》는 바이마르 공화국 시기 가장 중요한 정치문학 잡지 중 하나였으며,
야콥존, 투흘스키, 오시에츠키의 활동무대였다."

희화화했다.[27] 그러나 2년 뒤 〈계속 읽는 자는 사살될 것이다〉가 《세계무대》에 실릴 때 투홀스키는 "무솔리니 같은 자나 이등병 히틀러는 자신들의 힘보다 무기력한 반대세력 때문에 살고 있는 것"이라고 자조하면서, 조용히 제3제국으로 떠날 채비를 하는 그들의 움직임을 느낀다고 적었다.[28] 동시에 바이마르 공화국의 취약함과 성숙하지 못한 민주주의, 지식인들의 무력함에 분노를 쏟아냈다.

투홀스키를 비롯해 《세계무대》 필진들이 열정을 바친 민주주의와 평화는 오지 않았다. 그렇지만 투홀스키가 평가했듯이, 《세계무대》는 "토이취란트에서 도이치란트를 만들고 히틀러와 후겐베르크 외에 다른 독일이 있다는 것을 보여주기 위해 노력했다."[29] 후대에 《세계무대》가 그렇지 않아도 위태로운 바이마르 공화국을 지나치게 흠집 내고 비판해 오히려 민주주의를 약화시키는 역효과를 초래했다는 비판도 있었지만, 《세계무대》는 바이마르 공화국의 "전설적 주간지"이자 비판적 지식인들의 정신적 고향으로 남아있다.[30] 베를린시는 2010년 이례적으로 역사적 인물이 아닌 잡지 《세계무대》 자체를 기려 옛 편집실 건물에 기념 동판을 부착했다.

'니 비더 크릭'

— 1920년대 반전·평화운동

물론 《세계무대》가 당시 반전·평화주의를 내건 유일한 잡지는 아니었다. 1차 세계대전 이전부터 활동해 오던 반전·평화운동 단체들이 존재했고, 이들이 발간하던 잡지나 반전·평화를 표방한 독립적인 전문지들도 있었다. 반전·평화운동 단체로는 가령 '독일평화협회'가 있었다. 1892년 말 다른 유럽 국가들에 비해 상대적으로 늦게 그리고 독일이 아닌 오스트리아의 평화주의자들에 의해 설립되긴 했지만, 이후 독일 평화운동의 모체이자 중심조직이 된 대표적인 단체다.[31] 이 협회 주도로 다양한 반전·평화운동 조직을 망라한 연합조직 '독일평화카르텔'이 1921년 창립될 때 가입 단체가 총 14개였고, 한때 최대 28개 단체가 가입했다고 하니 단체 수로는 적지 않았다고 할 수 있다.[32] 또 대표적인 반전·평화 잡지로는 1925년 창간된 《다른 독일》을 들 수 있다. 급진적 평화주의를 표방한 이 주간지는 평균적으로 《세계무대》의 3배에 이르는 발행부수를 자랑하였다.[33]

그러나 바이마르 공화국에서 다양한 계층이 광범위하게 참여한 대중적 반전·평화운동은 참전자평화동맹이 주도한 '니 비더 크릭Nie Wieder Krieg!'운동(1920~1926)이었다. '다시는 전쟁이 일어나서는 안 된다'는 의미의 '니 비더 크릭'은 반전·평화 단체들이 1차 세계대전 개전일에 맞춰 개최한 '전쟁 반대의 날' 행사에서 함께 외쳤던 "전쟁 절대 반대" 구호이기도 했다. 1920년 8월 1일 베를린돔[34] 앞 루스트가르텐에서 개최된 첫 '니 비더 크릭' 집회에 투홀스키는 연사로 나섰고, 약 1만 5,000명이 모였다. 1년 뒤 '니 비더 크릭'은 베를린에서만 20만여 명, 전국적으로는 약 50만 명이 참여한 대규모 집회로 발전했다. 1922년엔 집회 직전 투홀스키가 발표한 첫 반전시 〈3분만 들으라〉가 베를린에서 낭송되었고, 다른 도시에선 이 시의 구절이 다시 구호가 되었다. 아이들은 '아버지가 다시는 전쟁터에 나가도록 해서는 안 된다'는 포스터를 들고 다녔고, 청년들은 "병역 반대", "군인 반대"라는 투홀스키의 시 구절을 함께 외쳤다.[35] 케테 콜비츠Käthe Kollwitz의 유명한 반전 포스터 〈니 비더 크릭〉도 1924년 1차 세계대전 발발 10주년 집회용으로 제작한 것이었다.[36]

참전자평화동맹은 1920년대 초 독일 내 반전·평화운동을 대중적 차원으로 끌어올리며 1921년 회원이 3만여 명으로 증가했다. 덕분에 잠시지만 독일평화협회, 독일인권연맹과 나란히 바이마르 공화국의 3대 반전·평화운동 조직 반열에 올랐다. 그렇다고 해서 이 조직들이 서로 배타적이거나 경쟁적이었던 건 아니다. 투홀스키와 오시에츠키는 독일평화협회와 독일인권연맹에서도 역시 적극적으로 활동했기 때문에, 《세계무대》의 두 핵심인물은 당시 거의 모든 반전·평화운동을 관

1922년 7월 10일 베를린 루스트가르텐에서 열린 '니 비더 크릭' 반전 집회.
※출처: Wikipedia National Photo Company Library of Congress.

케테 콜비츠의 반전 포스터 〈니 비더 크릭〉(1924). 콜비츠의 이 작품은 오늘날에도
계속 반전 행사 포스터로 사용되고 있다.

통하고 있었다고 해도 과언이 아니다.[37]

1920년대 전반기 비교적 활발했던 독일의 반전·평화운동은 후반으로 갈수록 급속히 위축되었다. 경제적 어려움이 가중되는 만큼 1919년 베르사유조약의 배상조건이 가혹하다는 불만이 커진 데다, 프랑스와 벨기에의 루르 공업지대 무력점령(1923~1925)으로 민족주의적 반감이 확산되면서 독일의 패전 원인이 나라를 배신한 자들과 반전·평화주의자들의 활동 때문이라는 극우 포퓰리즘적 선동과 음모론이 힘을 얻었기 때문이다. 결정적으로는 일련의 국지적 안전보장조약인 로카르노조약이 1925년 10월에 체결됨으로써 유럽 내 군사적 긴장과 전쟁에 대한 공포가 상당 부분 해소되었다는 점도 영향을 미쳤다.[38] 이에 따라 독일 반전·평화 조직 내에 급진적 평화주의자와 온건·실용주의적 평화주의자들의 분화가 촉진되었고, 많은 온건 그룹들이 이탈하면서 '니 비더 크릭'운동도 크게 약화되었다. 더욱이 1920년대 말부터는 대공황과 더불어 독일평화협회 등 주요 단체들의 내부 노선/조직 갈등이 겹치면서 세력이 더욱 줄어들었다.

하지만 이런 와중에도 《세계무대》는 반전·평화의 깃발을 내리지 않았고, 나치 파시즘과 군국주의에 맞선 싸움을 멈추지 않았다. 투홀스키는 "언어는 무기다, 날카롭게 벼리고 있으라"고 외치며,[39] 오시에츠키가 《세계무대》 재판으로 수감된 상황에서 다시 《세계무대》에 "군인은 살인자다"라는 문구로 후일까지 두고두고 논란이 된 기고문을 실었다.

……30분 떨어져 있는(인근 국가) 곳에선 엄격히 금지되어 있는 살인이, 4년 내내 나라 곳곳에서 의무화되었다. 내가 말했다. 살인? 물론 살인. 군인은 살인자이다.[40]

투홀스키는 나치가 독일 국민들의 가장 깊은 곳에 있는 나쁜 감수성을 건드리며 선동한다고 보았는데, 그 중심에 군軍이 있다고 판단했다.[41] 오시에츠키는 투홀스키의 이 글로 인해 또다시 제국군 모욕 혐의로 기소되었다가 1932년 7월 무죄를 선고받았다. 이후 수십 년 동안 이 '군인은 살인자다'는 급진적 반전운동가와 평화주의자들의 슬로건으로 사용되면서 사상·표현의 자유와 군 명예훼손 사이를 오가며 여러 차례 법정에 서야 했다. 1995년에서야 독일 헌법재판소는 최종적으로 이 문구 인용을 합헌 판결했다. 구체적인 군인이나 군 관계자를 특정하지 않는 이상 이 문구 인용을 명예훼손으로 볼 수 없다는 취지였다.[42]

2. 망각을 거부하는 책 읽기

'금지 4관왕'과 수확되지 못한 평화

나치가 분류한 "비독일적인" 유해 서적은 대부분 유대인 작가/학자들의 저술과 사회주의/공산주의 계열의 저작, 그리고 꽤 중첩되긴 하지만 반전·평화를 부르짖은 평화주의자들의 저술이었다. 이 때문에 전쟁의 참상과 전쟁으로 인한 인간성 파괴를 그린 반전 소설의 작가들도 국적과 생존 여부에 관계없이 금서작가 목록에 올랐다. 예를 들어, 소설 《무기를 내려놓으라》의 작가이자 1905년 최초의 여성 노벨평화상 수상자인 베르타 폰 주트너Bertha von Suttner, 그녀와 함께 독일평화협회를 설립하고 잡지 《무기를 내려놓으라》를 창간한 프리트Alfred Hermann Fried(1911년 노벨평화상 수상), 독일평화협회와 독일평화카르텔을 이끈 크비데Ludwig Quidde(1927년 노벨평화상 수상)와 같이 당시 유럽과 독일 내 평화운동을 이끈 지도자들은 물론, 《서부전선 이상 없다》의 작가 레마르크, 프랑스의 노벨문학상 수상자(1915) 로맹 롤랑 등이 모두 금서작가에 포함되었다. 나아가 헤밍웨이의 《무기여 잘 있거라》와 하셰크의 소설 《착한 병사 슈바이크》도 금서목록에 올랐다.

《세계무대》가 폐간되고 편집진과 필자들이 나치에 쫓기는 신세가 된 건 그래서 충분히 예견된 일이었다. 투홀스키와 오시에츠키가 나치의 대표적 표적이 된 것은 말할 나위도 없다. 특히 이들에게는 뻔뻔하고 건방지게 독일 정신을 폄훼한 자들이라는 낙인이 붙여졌다. "뻔뻔함과 무례함에 반대하고 불멸의 독일 민족정신에 대한 존중과 경외를 위하여! 삼키거라, 불꽃이여, 투홀스키와 오시에츠키의 저술들을!" 베벨 광장의 분서 행사에서 나치 대학생들이 분서 대상 작가들을 범주별로 지목하면서 외친 9개의 분서 구호와 그 구호 속 15명의 작가 중에 투홀스키와 오시에츠키는 아홉 번째에 포함되었다. 더욱이 투홀스키는 이 15명의 분서 대상 작가로 지목되기 이전에도 이미 헤르만의 〈블랙리스트〉에 올랐었다. 또 분서 행사 직후 독일출판유통협회가 별도로 발표한 12명의 금서작가 목록에도 이름을 올렸다.[43] "타자기로 재앙을 막으려 했던",[44] 항상 날카로운 언어를 무기로 군국주의와 나치즘에 맞섰던 투홀스키는 분서작가 3관왕이 된 것이다. 나아가 투홀스키는 그해 8월 발표된 제1차 국적 박탈자 명단에도 올랐으니 결국 나치의 금지 대상 4관왕이 된 셈이다.[45]

투홀스키는 나치가 정권을 잡고 히틀러의 칼이 자신을 향할 것임을 예감하고 있었다. 게다가 오시에츠키가 자신의 글로 다시 기소되자 불필요하게 그를 또 위험에 빠뜨렸다는 자괴감이 더해져 독일로 돌아올 생각을 접고 망명지 스웨덴에 칩거했다. 나치가 정권을 장악하자 자신을 포함한 지식인들의 무력함에 절망한 나머지 아예 절필해버렸다. 그러나 오시에츠키는 나치 집권 후에도 독일을 떠나지 않고

2. 망각을 거부하는 책 읽기

베를린에 머물다 제국의회 의사당 방화 사건 다음 날인 1933년 2월 28일 비밀경찰에 의해 강제연행되어 곧바로 베를린 슈판다우 감옥에 수감되었다.[46]

투홀스키를 비롯해 아인슈타인과 토마스 만 등 작가들은 오시에츠키를 구명하기 위해 사방으로 도움을 청하며 연대행동에 나섰다.《세계무대》동료들이 주축이 된 독일 망명작가들과 스웨덴에 머물던 청년 빌리 브란트 등이 추진하던 노벨평화상 캠페인과도 힘을 합쳤다. 후에 서독 연방총리로 동방정책을 추진해 1971년 노벨평화상을 수상한 빌리 브란트는 이 캠페인이 갈색(나치 복장색) 테러의 희생자를 구하고 나치즘을 정죄하며 (나치가 아닌) 다른 독일을 존중하기 위한 것이라고 설득했다. 캠페인은 곧 각국의 저명인사들과 난민 구호단체, 평화운동가 등 다양한 그룹이 대거 참여하는 반反히틀러 국제연대의 상징적인 운동으로 발전했다. 13개국에서 500명 이상이 서명했고, 노르웨이에서는 시민 5만 명이 오시에츠키에게 노벨평화상을 수여하라는 집회를 개최하기도 했다.[47] 세계를 무대로 한 《세계무대》의 연대운동이었다.

이런 국제적인 운동에도 불구하고 노벨위원회는 나치 정권을 의식해 1935년 노벨평화상 수상자를 선정하지 않았다. 나치가 '강제수용소에 갇힌 민족의 배신자'에게 상을 수여해서는 안 된다며 노르웨이 정부를 압박하고 있었기 때문이다. 또 위원회 안에서도 노벨상을 단순히 나치에 반대하는 정치적 상징만으로 수여할 수는 없다는 입장이 있었다고 한다. 그러나 캠페인이 계속되자, 노벨위원회는 1936년 11

오시에츠키 탄생 125주년 기념 편지봉투(2014). 콜비츠의 〈니 비더 크릭〉 포스터와
《세계무대》가 함께 포함되어 서로 불가분의 관계임을 표현했다.

① 오시에츠키 탄생 100주년 기념 우표(서독 1989), ② 투홀스키 탄생 100주년 기념 우표(동독 1990),
③ 오시에츠키 노벨평화상 수상 기념 우표(1975).

월 마침내 오시에츠키를 1935년 노벨평화상 수상자로 소급 선정해 발표했다. 선정 이유는 오시에츠키의 "사상과 표현의 자유에 대한 불타는 사랑과 평화를 위한 귀중한 공헌"이었다. 평화와 정의, 인간 존엄성을 위해 투쟁하고 기꺼이 희생을 감수하려는 (나치와는) 다른 종류의 독일인이 존재한다는 것을 오시에츠키가 보여주었다는 것이다.[48]

당시 오시에츠키의 노벨평화상 수상은 여러 측면에서 각별한 의미가 있었다. 빌리 브란트는 1971년 자신의 노벨평화상 수상 기념 강연에서, 용기 그 이상의 희생을 요구하던 시대에 오시에츠키는 목숨을 바쳐 날카로운 펜으로 군국주의와 민족주의에 맞서 싸웠다면서 그의 노벨평화상 수상을 "야만적 지배권력에 대한 도덕적 승리"라고 평가했다. 아울러 전쟁은 결코 정치의 수단이 되어서는 안 되며, 전쟁을 단지 억제하는 정도가 아니라 아예 없애는 것이 중요하다고 강조했다.[49] 노벨평화상 연구의 한 대가 역시 오시에츠키는 히틀러와 파시즘에게는 일격을, 다른 편에게는 지성의 자유와 평화 원칙에 대한 지지를 의미했다고 평가했다.[50] 오시에츠키의 수상 소식에 일격을 당한 히틀러는 격분해 독일인의 노벨상 수상을 금지했다. 앞으로 독일인은 그 누구도 노벨상을 받아서는 안 된다며 1937년부터는 아예 독일예술·학술상을 별도로 만들어 수여했다.

투홀스키는 1935년 12월 오시에츠키의 노벨평화상 수상 소식을 듣지 못한 채 "이제는 독일에서 어떤 것도 기대할 수 없다"는 절망과 자괴감, 생활고에 신음하다 스웨덴에서 자살인지 실수인지 모를 수면제 과다복용으로 한 많은 세상을 떠났다. 1936년 오시에츠키 역시 노벨평화상 수상 후 며칠 뒤 베를린 내 병원의 특수병동으로 옮겨졌지만 고문 후유증과 중증 결핵에 시달리다 1938년 5월 힘겨웠던 생을 마감했다. 투홀스키가 1931년 《세계무대》에 발표한 시 〈길 위에 장미를 뿌려라〉에서 예감했던 히틀러의 검이 이 반전·평화운동가들의 폐부를 깊숙이 찌른 것이다.

……
그리고 또 느껴요
당신 복부에
히틀러의 단검을, 깊숙이, 칼 손잡이까지–:
파시스트들에게 키스해요, 파시스트들에게 키스해요
이 파시스트들을 만나면 어디서든 그들에게 키스해 줘요–!⁵¹

올라가던 불길, 가라앉은 서가, 그리고

나치의 선동과 구호가 난무하고 분서의 불길이 타올랐던 베벨 광장에 1995년 한 조형물이 설치되었다. 이스라엘 출신 조각가 미카 울만의 〈도서관Bibliothek〉. 당시 2만여 권의 책이 불태워졌으니 그만큼의 책을 다시 꽂아두겠다는 의도로 사람들의 손길에 닿지 않게 책장을 땅 속에 설치했다. 상징적이고 또 저항적이다. 올라가던 분서의 불길에 대응해 오히려 역설적이게도 지하에 침묵과 빈 공간을 채웠다. 울만의 작품에는 바닥에 내장되어 있거나 쉽게 접근할 수 없는 형태를 띤 작품들이 많다. 땅에 구멍을 파면 하늘이 확장된다는 이 예술가의 미학이 여기에도 고스란히 반영되어 있다. 베벨 광장의 서재가 땅 속에 묻혀 비어있으니, 혹여 마음에 간직한 내 책을 꽂아둘 수도 있을지 모를 일이다.[52]

　〈도서관〉이 설치되기 전에도 분서작가들을 기억하고 추념하는 조형물과 추념 동판이 베를린 곳곳에 세워졌다. 베를린의 여러 거리가 오시에츠키 길과 투홀스키 길로 명명되었고, 고등학교 이름에도, 공

베벨 광장의 분서 조형물 〈도서관〉.
분서의 불길에 대응해 역설적이게도 침묵과 빈 공간만 가득 차 있는 지하의 책장은
약 2만 권의 책을 소장할 수 있는 공간을 상징한다.

원에도, 그리고 《세계무대》 편집부가 있던 자리에도 그들의 이름이 새겨졌다. 이 가운데 대표적인 게 1989년 오시에츠키 탄생 100주년을 기념해 서베를린과 동베를린에 각각 설치된 오시에츠키 동상이다. 서베를린 카를-폰-오시에츠키 종합학교 교정에 설치된 조형물에는 《세계무대》가 들어가 있고, 옛 동료의 비문이 필기체로 새겨져 있다. "……평화상이 그에게 주어졌을 때/ 그는 죽음으로 평화를 이루고 있었다./ 독일 포도의 최고 품종인 그는/ 추수 전 그렇게 자신의 목숨을 잃어버렸다."[53]

동베를린에서는 1989년 10월 그의 동상이 오시에츠키 길에 세워졌다. 동독은 이미 1948년 이 거리를 오시에츠키 길로 개명했는데, 오시에츠키의 미망인이 1945년 이후 여기에 살고 있었다. 미망인은 종전 후 동베를린으로 와 바로 《세계무대》를 재발간했고(1946~1993), 동베를린의 구청장으로 일하기도 했다. 그 이전에도 1959년 서베를린 《세계무대》 사무실 건물에, 1965년엔 그가 수감되었던 감옥에 각각 추념판이 설치되었다. 감옥의 추념 동판엔 "평화를 위해 살았고/ 평화를 위해 감옥에 갔으며/ 평화를 위해 상을 받았고/ 평화를 위해 죽었다"고 적혀있다.[54]

투홀스키의 경우도 다르지 않다. 1951년 동베를린에 투홀스키 길이 생겼고, 1960년 탄생 70주년에는 그가 태어난 서베를린의 집 건물에, 1987년엔 베를린에서 왕성한 활동을 펼쳤던 시절 지냈던 건물에 추념 동판이 설치되었다. 또 투홀스키의 이름이 붙여진 옛 동베를린 한 고등학교엔 1985년 그의 사망 50주년에 설치된 흉상과 2년 뒤 추

동베를린
오시에츠키 길에 설치된
동상.

서베를린 오시에츠키
종합학교 교정의 추념 조형물(1988).
조형물은 금 간 벽 앞 책상에 앉아 평화를 위해
언어로 투쟁한 오시에츠키를 은유한다.
측면에는 투홀스키와 오시에츠키의
이름이 새겨진 《세계무대》
책 표지가 그려져 있다.

•
투홀스키가 거주했던 건물의 추념 동판(1987).
"언어는 무기다. 날카롭게 벼리고 있어라. 1920년부터 1924년까지
작가이자 시대 비판가, 민족주의와 군국주의에 맞선
투홀스키가 이곳에 살았다."

••
케스트너가 거주했던 베를린의 한 주택 건물 벽에 그려진
그의《에밀과 탐정》표지 그림.《에밀과 탐정》집필 장소로 알려진
이 건물엔 1933년 그의 저서가 분서 대상이 되었음을
상기하는 동판이 설치되어 있다.

가된 부조 동판이 있다. 동독 조각가가 당시 문화부의 위탁을 받아 제작한 이 부조 동판은 나치시절의 장면을 담고 있는데, 위로부터 불타는 제국의회 의사당과 불태워지는 책, 제복을 입은 나치 장군, 시가를 물고 있는 기업인, 법복을 입은 판사를 묘사하고 아래쪽에는 쫓기는 사람과 고통에 찬 얼굴, 공동묘지를 연상케 하는 철망을 새겨놓았다.[55]

이외에도 많은 분서작가들을 기리는 추념물들이 베를린 곳곳에 설치되어 있다. 잊지 않겠다는 기억의 징표들이다. 그중에서 우리에게도 잘 알려진 에리히 케스트너Erich Kästner가 거주했던 집이 특히 눈길을 끈다. "동쪽은 범죄, 중앙은 악행, 북쪽은 비참, 서쪽은 부패가 지배하고 있고, 사방으로 몰락이 가득 차 있다." 《세계무대》 필진이자 당시 독일의 어두운 사회상을 풍자적으로 비판했다는 죄 아닌 죄로 "퇴폐와 도덕적 부패"라고 낙인찍힌 케스트너는 금서작가 중 유일하게 베벨 광장에서 자신의 저서가 불태워지는 장면을 직접 목격했다. 그래서 케스트너가 살았던 베를린의 한 주택 건물 벽엔 "1933년 그의 책은 나치에 의해 불태워졌다"고 기록된 기념판이 설치되었고, 그곳에서 집필한 것으로 알려진 《에밀과 탐정》의 표지가 큼직하게 그려져 있다.[56]

2. 망각을 거부하는 책 읽기

금서 읽기
— 분서작가들을 기억하는 방식

사건이 일어난 공간과 남겨진 조형물은 시간이 흐르면서 증인들과 동시대인들이 사라지고 사람들의 발길이 적어지면 쉬 잊히기 마련이다. 그러나 누군가 그 잊힘을 거부하며 기억과 보존의 역사적 책임을 자임하면서 계속해서 생명력을 불어넣는 사회적, 문화적 행위를 이어간다면 얘기는 달라진다. 흘러가는 시간 속에서도, 또 변화하는 맥락에서도 그 사건과 공간은 지속가능하게 새로운 의미로 되살아 숨 쉴 수 있기 때문이다.

"범죄가 계속되면 결국 보이지 않게 된다(브레히트)." 역사의식과 민주주의 함양을 위한 시민교육의 세계적 롤 모델로 평가받는 독일 연방정치교육원BpB이 2018년 1차 세계대전 종전 100주년을 맞아 개최한 행사 〈전쟁이냐 평화냐: 역사의 갈림길 1918|2018〉에서 채택한 모토 중 하나다. 끔찍한 전쟁 그 자체뿐만 아니라 마땅히 기억하고 미래를 위해 현재화해야 할 역사적 과오를 제대로 되새기지 않는 것 역시 범죄라는 걸 강조하려는 의도였을 것이다. 망각이 거듭되면 결국

범죄마저도 사라져 보이지 않게 되기 때문이다.[57] 그래서 현재적으로 살아나는 역동적 기억 행위와 공간은 귀하고 중요하다.

그래서일까. 베벨 광장에선 매년 5월 10일이면 많은 책들이 진열되고 펼쳐진다. 시민들과 함께 작가들과 정치인, 그리고 젊은 청년들이 책을 낭송한다. 이들의 손엔 때론 장미꽃이 들려있고, 이 꽃은 광장 바닥 어딘가에 놓이곤 한다. 부모의 손을 잡은 아이들의 호기심 어린 눈빛이 마치 햇살 좋은 봄날의 도서축제 같은 광장의 이곳저곳을 향한다. 그러나 조금만 둘러보면 금세 도서축제가 아니라는 걸 알 수 있다. 가득히 꽂혀있는 책 진열대엔 '불태워진 책들'이라는 팻말이 붙어있기 때문이다. 또 단순한 책 낭송 행사도 아니다. "침묵을 강요받았던 그 내용들을 읽고 듣는 것"이다. 아이들의 손을 떠난 꽃들이 놓인 바닥도 조형물 〈도서관〉 위였다. 세대를 이어 잊지 않기 위해, 기억하기 위해 기획되고 마련된 특별한 행사, 불태워진 책을 읽는 행사이다. 이름하여 '망각을 거부하는 책 읽기Lesen gegen das Vergessen'.[58] 올라간 불길이 가라앉은 서재를 만들고, 그곳에서 불태워진 책들을 다시 꺼내 읽기 시작한 것이다.

그래서 광장의 '망각을 거부하는 책 읽기'는 지난 세기에 벌어진 인류 지성사의 비극과 역사적 범죄를 끊임없이 현재로 불러오는 시민들의 자발적인 기억 행위다. 이전에도 광장에선 다양한 행사가 개최되었다. 화염과 재를 상징하는 빨강, 주황, 검정 의자와 그 위에 책들을 얹어놓은 '책 읽는 자리Ein Ort zum Lesen' 행사가 한 예다. 이 '자리'에서 오가는 시민들은 화염과 재 위에 앉아 당시 태워진 책들을 읽었

•
베벨 광장의 훔볼트대학
법대 건물 안쪽에 설치된 '책 읽는 자리' 공간.

••
'망각을 거부하는 책 읽기' 행사에 진열된
"불태워진 책들."

다. 2013년에는 광장의 법대 건물에서 '계속 읽는 자는 사살될 것이다'를 제목으로 전시회가 개최되기도 했다.

'망각을 거부하는 책 읽기'는 베를린뿐만 아니라 뮌헨, 함부르크, 본, 드레스덴 등 독일 전역에서 매년 개최되고 있다. '불 속에서 건진 책들Bücher aus dem Feuer'과 같은 유사한 행사들도 이어지고 있다.[59] 이 외에도 1933년의 분서 만행을 종합적으로 연구하고 정리하는 학술작업과 함께 당시 불태워진 저작들을 체계적으로 발간하는 작업과 분서 관련 자료들을 데이터베이스화 하는 작업, 분서 만행 장소를 계속 발굴하고 알리는 작업도 이루어지고 있다.[60]

> 그러한 방법으로 사람을 죽일 수 있을지는 모르겠지만 책을 끝낼 수는 없습니다. 책은 자연적인 원인으로만 소실됩니다. 제 시간이 다 되었을 때에만 사라지는 것입니다. 책의 수명이 단순히 몇 분 만에 실을 끊어내거나 찢거나 잘라내는 것처럼 끝나는 것은 아닙니다. 우리는 이제 알고 있습니다. 책을 불태우는 것만으로 책을 사라지게 할 수는 없다는 것을요(에리히 케스트너).[61]

기억되는 여성, 기억하는 여성

— 젠더와 기억문화

3

🏛 브란덴부르크 문 ❶ 마녀사냥 희생자 추모 조형물 Am Henkerhaus 1, 16321 Bernau(지면상 위 지도 내 미표기) ❷ 잔해여성 기념 조형물(동베를린) Rathausstr. 15, 10178 Berlin ❸ 잔해여성 기념 조형물(서베를린) Volkspark Hasenheide, Columbiadamm 160, 10965 Berlin ❹ 장미꽃길 조형물 Denkmal Rosenstr. 10178 Berlin

주요 여성 기념물과 기억장소

❺ 홈볼트대학 내 마이트너 동상 Unter den Linden 6, 10117 Berlin ❻ 마리 유카츠 기념 조형물 Mehringplatz 2/3, 10969 Berlin ❼ 헤드비히 돔 비석 Großgörschen Str.12, 10829 Berlin ❽ 클라라 체트킨 동상 Niemegker Str. 19-21, 12689 Berlin(지면상 위 지도 내 미표기) ❾ 성해방운동 기념 조형물 Magnus-Hirschfeld-Ufer, 10557 Berlin

뭉뚱그려지고 분절되다
― 기억되는 여성

언뜻, 살을 벨 듯 날카롭다. 손을 대면 금방이라도 붉은 피가 뚝뚝 떨어질 것 같다. 유리와 강철 기둥을 접합해 만든 독특한 형상의 추모 조형물. 가는 기둥 위 양쪽 하늘로 삐죽 솟은 유리가 가냘프고 위태롭다.

베를린 인접 도시인 베르나우Bernau에서 2005년 '망각 대신에 기억을—마녀사냥의 희생자들을 기리며'라는 행사가 개최되었다. 말 그대로 오래전 마녀사냥으로 희생된 사람들을 발굴해 기억하고 그들의 희생을 추모하는 행사다. 사형집행관 집이었던 곳 바로 근처에 희생자들의 이름을 새긴 추모 조형물이 세워졌다. 강함(사회)과 깨지기 쉬움(희생자)을 조합해 희생된 여성들을 기억한다는 의미다. 유리는 보이지 않는 벽과 부서진 삶을 상징하지만 동시에 날갯짓 모양을 하고 있다. 희망의 메시지다.[1]

마녀사냥—희생자들의 부활
베를린 시내에서 여성들을 기억하는 문화적 풍경을 마주하기는 쉽지

베를린 인근 소도시 베르나우에 세워진 마녀사냥 희생자 추념비(2005).
수백 년 전 무고하게 박해받고 처형당한 이곳 희생자들을 기리기 위한 조형물이다.

않다. 많은 기억문화 담론에도 불구하고 여성에 대한 기억은 소외되어 왔기 때문일 것이다. 기억되는 여성들조차 역사의 어디쯤에 자리하고 있는지 그 맥락이 분절된 경우가 태반이다. 알리이다 아스만은 문화적 기억의 조건이 영웅적인 위대함에 근거하고 그것이 고전으로 경전화되는 한, 여성들은 구조적으로 문화적 망각의 제물이 될 것이라고 지적한 바 있는데, 실감되는 말이다.[2]

이런 점에서 최근 영웅 중심에서 탈피해 피해자 중심의 기억문화가 조금씩 활성화되고 있는 건 다행스러운 일이다. 희생자들 가운데 다양한 소수자들이 부각되고, 여성도 그 틈을 뚫고 나와 비로소 보이는 존재가 되었다는 점에서 그렇다. 일례로 남성 중심의 기존 역사 연구에서 여성들을 대상으로 한 마녀사냥 같은 문제는 그리 중시되지 않았던 게 사실이다. 이때의 여성들은 이름과 삶이 잊힌 채 사건의 객체로만 다루어진 대상이었을 뿐이다.

잘 알려진 대로 당시 마녀로 지목된 이유를 보면 어이없고 황당하다. 세상에서 가장 맛있는 빵을 만든다는 소문 때문에 마녀로 몰려 자녀까지 온 가족이 몰살당하는가 하면, 영주의 마차를 끌던 말들이 갑자기 문턱 앞에서 쓰러졌다는 이유로 마녀가 사는 집으로 지목되어 화형을 당하기도 했다. 이런저런 유사한 이유로 유럽에서만 1430~1750년 사이 약 10만 명(여성이 약 80퍼센트)이 무고하게 희생당한 것으로 추산되고 있다. 베르나우에서 총 25명의 여성과 그들 남편 중 3명이 함께 처형되었다고 한다. 파두츠Vaduz라는 지역에서는 주민의 10퍼센트가 피해자였음이 드러나기도 했다.[3]

그렇지만 언제 적 이야기를 21세기에 다시 끄집어낸단 말인가. 400~600년 전의 과거, 그것도 우울하고 슬퍼 잊고 싶은 그 얘기를 지금, 다시, 새삼스럽게, 왜, 굳이.

그 실마리는 베르나우에서도 찾을 수 있다. 2017년 시작된 '베르나우 이니셔티브'는 마녀사냥 희생자들의 사회·윤리적 명예회복 활동을 본격화했다. 많은 시간이 지났다고 해도 무고하게 고문당하고 처형된 희생자들을 부활시키는 게 기억을 통한 화해와 치유를 위해 당연한 일이고, 정의의 이름으로 그들의 명예를 되찾아주는 게 마땅하다는 취지였다. 추모 조형물이 세워졌고, 사형집행관의 집이 옛 모습 그대로 복원되어 박물관이 되었다.

그러나 이것이 전부는 아니었다. 마녀사냥을 이끈 다양한 차원의 메커니즘이 오늘날에도 우리 사회 도처에, 우리 안에 여전히 도사리고 있다는 경고이기도 했다. 내가 남과 다를 수 있고 나 역시 배제될 수 있다는 사실을 상기시키시는 것, 이를 통해 구분과 배제, 굳이 우리 식으로 옮기자면 왕따의 메커니즘에 대한 경각심을 높이는 것 역시 중요하기 때문이다. 추념 조형물을 세우기 위해 2년 동안 이 도시의 아버지들과 싸웠다는 작가는 단호히 "침묵을 지키면 역사를 통해 배울 수 없다"고 강조했다.[4]

이런 맥락에서 옛날의 마녀사냥은 지금의 배제/추방/박해와 연결되어 있다. 1990년대부터 독일의 많은 지역에서 당시 희생자들에 대한 기록을 찾아 데이터베이스를 만드는 작업이 진행되었고, 100여 곳에 마녀사냥 추모비가 세워졌다. 학교에서는 마녀사냥을 소재로 인종

• 베르나우시
사형집행관의 집.

•• 사형집행관 집 지하실의
고문기구들.

차별과 배제의 역사를 가르친다. 관용과 포용, 함께 살아가기의 가치가 일깨워지고 있는 것이다.

특히, 최근에는 나치 분서나 홀로코스트와 결부해 마녀사냥이 새롭게 조명되고 있다. 집단적 희생자들이 어떻게 인종적 박해와 살해의 대상이 되었는지, 특정 지역과 집단에 의한 인종/여성/소수자/노약자 배제의 심리와 메커니즘이 무엇인지, 그리고 한편으로는 두려움이 집단적 마녀사냥의 원인 중 하나였다면 이를 어떻게 극복할 수 있을지 등의 주제가 지역 연구와 함께 다루어지고 있다.[5]

이런 움직임이 그저 놀랍다. 억울한 사건을 기록으로 남긴다는 것, 잊힌 희생자들의 이름을 되찾아준다는 것, 그들의 희생을 추모한다는 것, 그것만 해도 부러운 일인데. 어쩌면 그 이상으로 독일의 기억문화가 가고 있는 방향을 짐작케 하는 하나의 사례일 듯싶다.

히믈러의 '마녀카드 파일'

마녀사냥 추모비를 통해 부활한 기억들은 '추적'에 대한 성찰로 이어진다. 마녀사냥은 희생자를 마녀로 '낙인' 찍고 사냥하듯 '추적'해 결국 찾아내서 죽이는 일련의 추적과 살해의 과정이었고, 이것은 나치로 이어져 유대인과 '비독일적인 사상' 또는 '사회 부적합' 소수자를 낙인찍고 그들을 추적해 색출해서 학살하는 만행으로 다시 반복되었다.[6] 그러나 이제 '추적'은 거꾸로 희생자를 찾아내어 기리는 의미로 다시 부활했다. 나치가 대상자들을 추적하듯 이제는 그 희생자들을 다시 '추적'해 회복시키기 시작한 것이다. 그런데 이 마녀사냥의 희생자들을 '추적'하는 일이 나치로부터 시작되었다는 사실은 역사의 아이러니다.

나치의 악명 높은 친위대SS 대장 하인리히 히믈러Heinrich Himmler는 자신을 마녀의 후손으로 생각해 1935~1944년 마녀사냥에 대한 '마녀 특별임무'를 진행시켰다. 자신의 조상 가운데 유대인에게 희생된 사례가 있었다면서 유대인들이 독일 여성들을 마녀로 희생시켰다는 생각을 하게 되었고, 독일 민족이 유대인들에 의해 어떻게 박해받았는지를 밝혀내겠다는 발상이었다.

그러나 마녀 희생(독일 민족)에 관련된 역사를 조사해 유대인 박해의 구체적인 명분을 얻고, 이를 나치의 대중교육과 선전용으로 사용하려는 게 히믈러의 속셈이었다. 이를 빌미로 마녀사냥을 소재로 한 소설과 영화 제작도 기획했다. '마녀 사령부'와 같은 전담 조직이 만들어졌고, 14명의 직원이 260개 이상의 문서보관소와 도서관을 뒤져 마녀재판에 대한 자료를 카드로 정리했다.[7] 이른바 '마녀카드 파일Hexen-kartothek'로 알려진 3만 3,846장의 카드가 그것이다. 각 카드에는 피해자와 박해자, 재판과정 등에 대한 37개 항목의 정보가 기재되었고, 지역별 알파벳순으로 정렬되어 총 3,621개의 지역 맵이 만들어졌다.[8]

그러나 전세가 불리해지자 히믈러는 이 마녀카드 파일을 급히 폴란드의 한 소도시(오늘날 스타뷔Sława) 성으로 옮겼다. 후에 이곳을 점령한 소련군은 도대체 왜 이 많은 '이상한' 기록물이 그곳에 보관되어 있었는지 무척 의아해했다고 한다. 전쟁 와중에 금세 잊혀 오랫동안 수수께끼로 남아있던 히믈러의 마녀카드 파일은 1980년대 초에야 비로

《히믈러와 마녀 연구》.
히믈러의 마녀사냥 연구는
유대인에 대한 나치의 학살을
정당화하려는 역사 왜곡
프로젝트였다.

베를린 시내버스
정류장에 세워진
나치 핵심간부들 얼굴
(맨 아래 히믈러).

소 그 존재가 알려졌다.[9] 결국 히믈러의 마녀사냥 연구는 나치의 학살을 정당화하려는 사악한 의도에서 이루어진 역사 왜곡 프로젝트였고, 역사가들은 이를 나치의 이데올로기적 광기의 하나로 보고 있다.

한 역사가는 그래서 나치 정권을 "유럽에서 최초이자 유일한 친親마녀정부"라고 비꼬기도 했다.[10] 다만, 나치의 마녀사냥 연구는 기초 자료 수집 이상의 수준을 넘지 못했지만, 통계 데이터로는 가치가 있는 것으로 평가되었다. 역설적이게도 이 데이터들이 이제 희생자들을 피해자 관점에서 추적하고, 그들을 기억하기 위한 전혀 다른 작업의 단초를 제공한 셈이다. 이 마녀사냥 연구를 통해 희생자들의 이름을 되찾으면서 많은 지역에서 추모 조형물이 잇따라 설치되었고, 교회의 과오 인정과 반성도 이어졌다. 교회도 과거의 잘못을 인정하고 희생자들의 명예를 회복하고 희생자들을 기리게 된 것이다.[11] 이에 따라 2016년 4월 11일 프란치스코 교황이 마녀사냥과 이단 화형은 불법이라고 선언하기에 이르렀다.[12]

그러나 희생자의 대부분이 여성이었다는 사실과 오늘날에도 여전히 여성에 대한 차별이 사라지지 않고 있다는 점에서 마녀사냥에 대한 경고는 그 현재적 의미가 바래지 않고 오히려 더 선명히 드러나고 있다는 게 여성계의 시각이다. 단적인 예가 2020년 베를린에서 열린 '세계 여성의 날' 행사에서 등장한 구호다. "우리는 당신들이 불태울 수 없었던 마녀의 손녀들이다." 세계의 절반인 여성에 대해 '정의'와 '인권'이 제대로 실현되고 있는지 다시금 묻고 있는 21세기의 반反마녀사냥 슬로건이다.

2020년 '세계 여성의 날' 베를린 행사.
여성에 대한 편견과 차별이 여전히
사라지지 않고 있다고 항의하며
"우리는 당신들이 불태울 수 없었던
마녀의 손녀들이다"는 문구의 걸개와
피켓을 들고 행진하고 있다.

113

여성 나치 저항자와 현모양처

마녀사냥의 희생자와 수많은 나치 희생자들이 조금씩 자신의 이름을 되찾아가고 있지만, 응당 주어졌어야 할 역사적 평가와 인정에서 멀어진 채 아직도 외롭게 묻혀있는 특별한 여성들도 있다.

목숨을 걸고 나치에 대항해 싸웠던 여성 저항자들이다. 히틀러의 명령에 따라 1937년 단두대를 설치했던 베를린 플뢰첸제Plötzensee 형장에서만 1933~1945년 동안 335명의 여성이 참수되거나 교수형에 처해졌다.[13] 돌도 지나지 않은 젖먹이 아이를 떼놓은 20대의 젊은 엄마 수감자 리젤로테 헤르만Liselotte Herrmann(흔히 릴로 헤르만이라고 부른다)도, 나치에 대한 저항으로 남편을 두 달 먼저 보낸 미국인 여성 밀드레드 하르낙Mildred Harnack도 모두 같은 단두대에서 같은 운명을 맞았다.[14] 참수된 이들의 시신은 베를린대학 해부학 연구소로 보내진 뒤 화장시설에서 소각되어 어딘지도 모르는 곳에 뿌려졌다고 한다. 게다가 나치는 지금 화폐가치로 1,000유로 이상의 사형집행료에다 형무소 체재비까지 더해 연고자에게 청구했다니 기가 막힐 뿐이다.[15]

도저히 항거할 수 없을 것처럼 보였던 이 끔찍한 학살·전쟁기계에 맞서 온몸을 던졌던 그들이지만, 소수를 제외하고는 상당수가 기억에서 잊힌 존재가 되었다. 그 소수마저도 여성 저항자들이라는 집단명사 안에 갇히거나 사건의 일부로만 조그맣게 다루어져 왔다. 오죽했으면 나치가 패망한 지 75년이 지난 2019년에조차 여성 저항자들이 제대로 조명되고 기려지지 않고 있다는 지적과 반성이 나올까 싶다. 그 이유는 대표적인 조피 숄Sophie Scholl[*]을 제외한 다른 여성 저항자들이 대부분 전후 이데올로기의 희생양이 되었기 때문이라는 게 일반적인 분석이다.

무엇보다 아름다움을 가꾸면서 자녀를 잘 낳아 양육하는 것이 여성의 본분이라는 히틀러의 여성관이 전후에도 상당 기간 잔존해 있었다. 이런 현모양처의 여성관에서는 자신의 의견과 사상을 가지고 당당하게 정치적 활동을 한 여성들은 그리 존경할 만한 존재가 되지 못했다. 특히, 좌파 계열에서 활동한 여성들은 냉전시대 서독에서 완전히 배척 대상이 되었다. 동독에서는 반파시즘 영웅으로 인정된 반면, 서독에서는 나치 때의 "반역자" 낙인이 반공의 이념 속에 그대로 유지되었다.

또 많은 여성 저항자들은 자신들의 삶과 활동이 아닌 누구의 아내나 약혼녀, 친구로만 부록처럼 다루어졌을 뿐이었다.[16] 이들의 비무장 저항과 은밀한 비밀활동이 조직 전체의 존립과 활동에 없어서는 안 될 중요하고 필수적인 것이었음에도 불구하고, 남성 저항자들의 가시적인 반나치 활동과 무장투쟁에 가려지거나 부수적인 지원과 조력으로만 평가되고 있다는 것이다.[17]

---

* 나치에 저항한 대표적인 인물로 잘 알려진 숄 남매Geschwister Scholl의 동생이다. 조피는 두 살 위 오빠 한스Hans와 뮌헨에서 학생 저항 그룹 백장미Weiße Rose의 일원으로 비폭력 반反나치운동에 참여했다. 반나치 전단 제작과 배포를 주도한 조피는 1943년 2월 18일 여섯 번째 전단 배포 때 체포되어 나흘 뒤 사형을 선고받고 그날로 오빠, 동료와 함께 22세의 나이에 참수되었다. 전후 1947년 큰언니 잉에 숄Inge Scholl이 동생들과 백장미에 관한 책을 집필하면서 숄 남매는 독일 내외에서 널리 알려지게 되었고, 반反나치 저항자의 상징으로 부각되었다.

베를린 한 공원에 설치된 작품
〈아이를 안고 있는 어머니〉(1984).
나치가 젖먹이 어린 아이를 떼놓고 기어이
참수형을 집행한 여성 저항가
릴로 헤르만을 기리는
조형물이다.

"독일을 참 사랑했다"는 말을 남기고 참수된
미국 위스콘신 출신의 여성 저항가
밀드레드 하르낙과 남편 아비드를 기리는
베를린의 추념 동판(2009).
2018년에는 그녀의 고향에도
추념 조형물이 세워졌다고 한다.

장미꽃길의 언 눈물, 독재의 폭력을 제압하다!

이렇게 도외시되거나 저평가된 여성 저항자들은 기억문화의 공간에 남겨지기 쉽지 않았다. 베를린 시청 맞은편에서 멀지 않은 로젠슈트라세Rosenstraße, 장미꽃길이라는 뜻의 이곳에 서있는 여성 조형물은 그래서 더욱 의미가 깊다. 성공 사례를 찾기 힘든 반나치 저항운동의 역사, 그 속에서 스러져간 여성 저항자들의 흔적을 찾기 어려운 현실에서 이 조형물은 시위를 통해 나치의 계획을 수포로 돌린 유일무이한 역사적 사건의 여성들을 기리고 있기 때문이다. 나치 정권의 전복을 노린 적극적 저항은 아니었지만 유대인 가족들을 살리기 위해 서슬 푸른 나치에 맞선 여성들의 용감한 집단행동이자 성공 스토리를 담고 있다.

1943년 2월 27일 게슈타포는 베를린에서 1만 명 이상의 유대인 강제노역자를 체포해 로젠슈트라세에 위치한 건물에 가뒀다. 코드명 '제국영토 내 유대인 제거' 아래 이루어진 이른바 '공장액션Fabrik-Aktion'으로 나치의 마지막 베를린 거주 유대인 제거작전이었다.[18] 나치의 최종해결책에 따라 베를린 거주 유대인 16만여 명 중 상당수는 이미 추방/이송되어 1943년 초에는 군수 공장 노역자를 포함해 약 3만 5,000명이 남아있었다.[19] 괴벨스가 늦어도 3월 말까지 베를린을 유대인으로부터 완전히 해방시키겠다고 선언한 상황에서, 이날 게슈타포가 100여 개 공장에서 직접 잡아왔기에 '공장액션'이라고도 하고, 게슈타포가 조직적으로 동원한 인간사냥꾼들이 거리와 6개 수용소에서 며칠 동안 마구잡이로 잡아왔기에 '큰 지옥'이라고도 불린다.

잡혀온 1만 1,000여 명의 유대인 가운데 8,000명 이상은 이미 3월 1일 이전에 아우슈비츠로 추방되어 살해되었다. 나머지는 대부분 독일인과 혼인한 유대계 가족들이었는데, 1935년 뉘른베르크 인종법이 발효된 이후 유대인과의 결혼은 금지되었지만, 그 이전 결혼한 사람들에 대해서는 어쩔 수 없기 때문에 이들은 말하자면 배우자에 의해 보호받는 사람들이었다. 그러나 나치에게 이들은 매일 "인종적 수치"를 저지르는, 참기 힘든 가시 같은 존재였다. 독일인 배우자들은 이혼을 강요당하기도 했고, 이혼하면 유대인 배우자를 살려주겠다는 회유도 견뎌야 했다.[20]

이처럼 느닷없이 진행된 공장액션은 가족들에게는 청천벽력 같은 일이었다. 그 소식이 전해지자 여성들이 로젠슈트라세에 몰려와 며칠 동안 밤낮 없이 유대인 가족의 석방을 요구했다. 매일 약 600명의 여성들이 일 주일 동안 "우리들의 남자를 풀어달라"는 구호를 외치며 항의 시위를 벌였다. 당시 상황에선 목숨을 건 여성들의 집단행동이었고, 베를린을 뒤흔든 사건이었다. 나치로서는 수백, 수천 명의 독일인 배우자까지 함께 추방할 명분이 없었다. 결국 3월 6일부터 유대인 가족들이 풀려나기 시작했고, 안도의 흐느낌이 장미꽃길에 흘렀다. 추위 속에 눈물은 얼어붙었지만, 승리의 눈물과 포옹은 뜨거웠다. "독일 역사상 드문" 이 여성들의 시위와 항의로 약 2,000명의 유대인 가족들이 추방과 살해의 운명에서 벗어났다. 이날은 폭압에 맞선 시민 용기를 보여준 여성 저항의 대표적인 사례로 평가되고 있다.[21]

이 사건을 기념해 1995년 로젠슈트라세에는 조형물 〈1943년 여성

베를린의 '장미꽃길', 로젠슈트라세에 설치된 〈1943년 여성 시위〉 기념 조형물(1995).
나치 치하 최대의 자발적 시위로 평가되는 당시 여성들의 항의로 약 2,000명의
유대인 가족들이 나치의 추방과 살해의 위협에서 벗어날 수 있었다.

조형물에는 "우리들의 남자를 풀어달라!", "시민 불복종의
힘과 사랑의 힘이 독재의 폭력을 제압한다"는 문구들이 새겨져 있다.

시위〉가 설치되었다. 여성들의 저항뿐만 아니라 당시의 일상적인 차별과 절망, 두려움이 함께 묘사되어 있다. 부러진 바이올린을 들고 서있는 한 남자는 나치에 의해 파괴된 문화와 일상을, 반대편 벤치는 당시 유대인들이 벤치에 앉는 것조차 금지시킨 억압과 차별을 상기시킨다. "시민 불복종의 힘과 사랑의 힘이 독재의 폭력을 제압한다."[22] 조형물에 새겨진 문구대로 폭압에 맞서는 시민 불복종의 용기를 일깨우고, 인종적 차별과 적대에 반대하며 민주주의를 지키자는 취지에서 매년 기념 행사가 개최되고 있다. 10여 년 전부터는 슈테코StäKo라는 기관 주도로 베를린 최초의 유대인 추념 조형물이 설치된 옛 유대인 묘지로부터 로젠슈트라세까지 침묵의 행진도 진행되고 있다.[23] 공장 액션에 맞서는 사회적 액션으로 시민 용기의 기억문화를 이어가고 있는 것이다.

잔해를 치우는 여성—정치화된 여성 기억문화

물론 희생자나 저항자로서의 여성에 대한 기억만 있는 건 아니다. 맥락은 다르지만 여성의 기여를 기념하는 특별한 여성 조형물 두 개가 베를린에 나란히 세워져 있다. 역시 '집단으로서의 여성'을 형상화한 것이지만 말이다. 1950년대 동베를린과 서베를린에 각기 설치된 '잔해를 치우는 여성들Trümmerfrauen'이 그 주인공이다. 이들은 당시 전쟁 통에 파괴된 베를린의 잔해를 치우고 도시를 복구하는 데 기여한 1등 공신으로 부각되었다. 남자들 상당수가 전쟁터에서 사망하거나 부상당한 상황에서 전후 시급한 당면과제였던 잔해 정리와 도시 복구에

참여해 공을 세운 것이다.[24]

그런데 흥미로운 건 동/서베를린 재건의 한 단면이자 그 주역으로
서 '잔해를 치우는 여성들'에 대한 의미 부여가 서로 상이했다는 사실
이다. 우선 동독에선 수많은 여성들이 동베를린과 소련 점령지SBZ에
서 장기간 국가 재건을 위해 폐허와 잔해를 치우는 거친 노동에 적극
참여했음이 강조되었다. 그 이유로는 전후 배상금 지불을 위해 신속하
게 잔해를 치우고 경제를 일으켜야 했던 상황이었기에 여성 노동을 크
게 부각할 필요가 있었다는 점이 꼽힌다. 이 때문에 무너진 건물과 잔
해를 치우는 여성 이미지는 1950년대 초 정치적 목적하에 새로운 사
회주의 여성상의 전형으로 떠올랐고, 강하고 자율적인, 그래서 남성들
과 동등한 작업을 해낼 수 있는 '평등한' 얼굴로 자리매김되었다.[25]

여성을 전통적인 남성 직업에 통합시키는 이런 이미지는 당시 동
독 예술의 소재로 자주 등장하는 '트랙터를 모는 여인' 등으로 이어지
기도 한다. 1960년대 중반 당 기관지에 게재된 삽화, 잔해를 치우는
여성들을 배경으로 한 여성이 인민의사당(1961~1964년 건설)을 한 손에
높이 치켜들고 서있는 장면은 이런 역할 확대와 함께 여성의 정치적
지위와 참여도 높아졌음을 상징한다.[26]

반면, 서독에서는 전후 초기 단계에서만 여성들이 잔해를 치우는
작업에 동원되었다. 또 동독에서와 달리 잔해여성 이미지가 여성정책
에 크게 반영되지도 않았다. 왜냐하면 서독은 직업과 여성의 통합을
정책적 목표로 삼지 않았고, 여성의 사회적 역할도 전통적인 어머니
와 주부로 남길 원했기 때문이다.[27] 다만, 서베를린에서는 다소 예외

적으로 1950년대부터 노동하는 여성들의 이미지가 자주 사용되었다. 잔해여성들의 헌신과 공헌을 기념하는 조형물 제작이 의뢰되었고, 서베를린 시장의 제안에 따라 연방 대통령이 일부 잔해여성들에게 공로상을 수여하기도 했다.[28]

그 이유는 동베를린에서 이미 시행되고 있던 신규 주택 입주 우선권 부여나 잇단 기념 조형물 설치와 같이 잔해여성들을 대우하는 동독의 다양한 조치에 영향을 받지 않을 수 없었던 데 있었다. 그러나 서독 언론이 주목했던 것은 남성과 동등한 역할과 여성들의 평등권보다는 단지 서베를린 재건활동에 국한된 제한적인 내용이었다. 전통적인 여성상에 근거해 동독에서 여성들을 강제노동에 동원하고 있다는 부정적인 보도도 많았다.[29]

이런 차이는 동/서베를린이 서로 경쟁하듯 설치한 잔해여성 조형물들에도 반영되었다. 서베를린 조형물은 작업 이후 편안하게 벽돌 위에 앉아 쉬면서 먼 하늘을 응시하는 이미지를 형상화한 데 비해, 동베를린 조형물은 삽을 들고 시대를 개척하는 강인한 젊은 여성으로 전혀 다른 이미지를 가졌다. 서베를린의 조형물은 잔해여성의 영웅적인 면모를 강조하기보다는 여성의 부드러운 현실적인 이미지를 묘사했다는 평가다.

이에 반해 동베를린의 잔해여성상은 "잔해더미가 쌓인 거리를 온몸으로 돌파했을 뿐만 아니라 새로운 길을 여는 진보적 선구자"라는 이미지가 강하다.[30] 다만, 서독에서도 1980년대 이후 잔해여성에 대한 재평가가 이루어져 한편으로는 전쟁의 희생자로, 다른 한편으로는

2차 세계대전 이후
폐허가 된 베를린의 건물 잔해를
치우고 정리하는 여성들.
※출처: Richard Peter/Deutsche Fotothek.

폐허 속에서 망치를 들고
재건 작업을 지원하는
베를린 여성들의 모습.
※출처: Deutsche Fotothek.

• 삽을 들고 서있는 동베를린의 잔해여성 조형물(1954).
동독의 대표적인 조각가 크레머Fritz Cremer의 작품으로 남성과 동등한 강인한 여성상을
형상화했으며, 1958년 〈재건자들 II〉이라는 제목으로 시청 앞에 설치되었다.

•• 망치를 든 채 쉬고 있는 서베를린의 잔해여성 조형물(1955).
조각가 젤린스키 징어Katharina Szelinski –Singer가 작업 후 하늘을 응시하며 쉬고 있는
부드러운 여성상을 묘사했다.

재건과 경제부흥의 주역으로 묘사되기 시작했다.[31] 이런 가운데 서독에서 1986년 한 고령 잔해여성이 월세를 내지 못하는 빈곤한 처지를 비관해 자살한 사건이 발생했다. 경제부흥의 주역이었던 한 잔해여성의 죽음은 적지 않은 사회적 파장을 일으켰고, 노인연금을 인상하는 계기가 되었다. 이때부터 베를린의 한 단체는 서베를린의 잔해여성 조형물 앞에 헌화하는 추모 행사를 개최하고 있다.

최근 연구 결과에 따르면, '잔해를 치우는 여성들'은 당시 실상을 과장한, 보다 정확히는 재건의 주역으로 '만들어진' 측면이 많다.[32] 결과적으로 그 이미지를 통해 새로운 여성상을 선전하거나 체제 우월성을 홍보하는, 이래저래 정치화된 여성 기억문화가 생겨난 셈이다. 그러나 통독 이후에는 잔해를 치우는 여성이 전쟁의 참상에 대한 경고로, 자유와 평화를 염원하는 어머니 이미지로 되살아나고 있다.[33]

기억의 나선으로 채우다
— 기억하는 여성

개인화되지 못한 여성 기억문화, 집단 속에 뭉뚱그려진 여성 기억문화, 그나마도 찾아보기 쉽지 않은 여성 기억문화에 최근 새로운 바람이 불고 있다. 역사와 여성을 보는 눈을 다시 뜨는, 여성들의 이야기 'HerStory'를 되찾으려는 쉽지 않은, 그러나 미래를 위해 있어야 할 시도가 시작된 것이다. 잊힌 여성을 위한, 지금을 살고 있는 여성에 의한 새로운 기억문화의 문이 열리고 있는 것이다.

독일여성디지털협회DDF─#여성들이 역사를 만든다
2018년 12월 4일 '미래는 기억을 필요로 한다'는 모토하에 독일 연방 대통령이 기억문화 발전에 기여한 공로로 14명의 인사들에게 공로십자훈장을 수여했다.[34] 수훈자 중에는 기억문화 이론을 집대성한 알라이다 아스만을 비롯해 독일여성운동아카이브 설립을 주도한 자비네 헤링Sabine Hering 교수, 여성묘지정원 조성운동을 성공적으로 펼쳐온 리타 바케Rita Bake 박사가 포함되어 있다.[35] 모두 여성 기억문화의 새장을 여는 데 큰 발자취를 남긴 인물들이다.

이들과 함께 주목받은 새로운 시도가 디지털독일여성아카이브 DDF의 구축이다. 베를린에 위치한 DDF는 헤링 교수의 이니셔티브로 발족한 독일 여성사 포털이다. 인터넷을 통해 일반인들에게도 여성사 자료를 제공하고 있는데, 지난 200년 동안의 여성사 관련 문서와 인물들을 직접 검색할 수 있다.[36] 유럽 최초의 디지털 여성사 아카이브로 연방정부가 직접 발 벗고 나서서 지원하고 있다.[37]

디지털독일여성아카이브의 출범일은 2018년 9월 13일이다. 정확히 50년 전 같은 날 68운동 당시 여성에 대한 남성들의 무관심과 무지에 항의해 한 여성이 토마토 세 알을 던진 날이었다.[*] 이 토마토 세 알이 쏘아올린 새로운 여성운동의 물결을 기억하며 후배 여성들이 "여성들이 역사를 만든다(#frauenmachengeschichte)"는 해시태그와 함께 출범시킨 것이다.[38] 여성들이 여성들을 발굴하여 역사에 남기겠다는 포부고, 여성들의 역사가 묻혀 잊히지 않도록 하겠다는 게 목표다.

독일과 오스트리아, 스위스, 룩셈부르크, 그리고 이탈리아에 있는 약 40개의 아카이브와 도서관, 문서센터에서 여성사와 여성운동에 관련된 원본 문서를 비롯해 당시 잡지와 책 등 갖가지 관련 자료를 찾아 디지털화했다. 특히, 독일어권 내 여성기록보관소, 도서관, 문서센터의 우산 조직인 IDA 회원 기관들과 협력해 독일어권 여성운동에 대한

---

[*] 토마토 세 알과 독일 여성운동에 관한 내용은 이 책의 2권 3장 참고.

1918년 베를린에 세계 최초의 성과학연구소를 설립한 의학자
히르쉬펠트Magnus Hirschfeld와 독일 최초의 여성 법조인으로 여성인권 향상에
큰 업적을 세운 아우크스푸르크의 기념비와 안내판(2017).
1933년 5월 나치에 의해 폐쇄된 연구소 부지 건너편 슈프레강 가에 무지개 색상의
백합 6개로 만든 최초의 '동성애 해방운동 기념비(2011)'와
안내판(2017)이 세워졌다.[39]

지식정보를 통합했다. 그 결과 이제 새로운 포털을 통해 54만 건 이상의 데이터 자료와 1만 개 이상의 디지털 사본이 온라인으로 제공되고 있다.

이 많은 자료 중의 하나가 독일 최초의 여성 법조인이자 여성운동사에서 가장 중요한 선구자로 언급되는 도발적 싸움꾼, 아니타 아우크스푸르크Anita Augspurg에 관한 것이다. 그녀는 젊은 시절부터 당시의 평범한 여성들과는 전혀 다른 생활방식으로 늘 입방아에 오르는 논쟁적 스타였다. 짧은 머리에 담배를 피우고 자전거를 타고 다녔다. 그녀의 동반자였던 여성운동가 하이만Lida Gustava Heymann과 나치를 피해 스위스에서 도피생활을 하던 중 전 재산이 몰수되면서 그들이 평생 모은 국내외 여성운동 자료와 저술들도 모두 없어졌다. 그러나 DDF 덕에 이제 거의 모든 자료를 다시 볼 수 있게 되었다고 한다.[40] DDF와 더불어 최근 여성의 관점에서 지역별 역사를 살펴보는 도시별 여성 아카이브도 늘고 있다.[41]

기억의 나선, 여성묘지운동

리타 바케 박사는 함부르크 지역에서 나치에 의해 희생된 여성들과 중요한 여성운동가들을 연구해 온 역사가다.[42] 2012년 최초로 함부르크 여성사 아카이브를 구축했고, 여성 나치 가해자와 여성 나치 추종자들에 대한 자료도 정리했다. 2019년엔 19세기 중반부터 1990년대 말까지 지역 내 여성운동 기념지 300곳을 선정해 함부르크 여성운동 지도를 개발했다. 지도에 표시된 장소를 클릭하면 관련 여성의 프로

필과 사진, 평등을 위한 투쟁사례 등 그 장소에서의 여성운동사를 바로 인터넷상으로 확인할 수 있다.[43]

이런 업적 못지않게 바케 박사가 추진하고 있는 중요한 사업은 여성 전용 묘지정원 만들기 프로젝트다. 이름하여 '여성정원Garten der Frauen'. 함부르크 시내에 위치한 세계 최대의 올스도르프Ohlsdorf 공원묘지 안에 세계에서 처음으로, 그리고 아직까지 유일한 여성만의 '여성정원'을 만든 것이다. 2001년 7월에 개장한 1,600평방미터 부지에 묘소 302개, 묘비 44개, 추모비 33개가 조성되어 있다.[44]

바케 박사에 따르면, "남성이 역사를 만든다"는 인식이 오랫동안 기억문화에서 여성들에게 치명적으로 작용해 왔다. 여성들의 삶과 업적은 너무도 빨리 잊히고 사라졌기 때문이다. 더욱이 가부장제는 죽음 이후까지도 영향을 미쳤다. 묘지와 추모문화도 남성 위주로 이루어졌다는 것이다. 그래서 그녀는 여성 전용묘지 '여성정원'을 통해 여성들의 존재를 알리고 기억하며, 새로운 여성 추모문화를 만들어가는 운동을 시작했다. 단지 묘지 조성에 그치는 것이 아니라 이곳에서 다양한 전시회와 워크숍, 추모 행사와도 연계시켰다. 함부르크를 넘어 다른 여러 도시 출신의 여성들에게도 문호를 개방해 두었다.

또 다른 지역의 주목할 만한 여성 묘지와 비석 자료를 수집해 사진과 함께 데이터베이스화 하고 있다. 바케 박사는 "묘지는 죽은 자들을 위한 것이라기보다는 살아있는 자들을 위한 공간"이라며, 산 자들이 죽은 자를 기억하고 기리는 공간이자 산 자와 죽은 자들이 함께 공존하는 곳이고 그래서 영원의 자리라고 강조했다.[45] "평등 실현에 기

'여성정원' 내 '기억의 나선'에 세워진 가정폭력 희생자 비석(2010).
가정폭력에 시달리다 남편이 쏜 3발의 총탄을 맞고 사망한 한 여성을 추모하는 비석이다.
매년 함부르크에서는 '국제 여성폭력 추방의 날' 행사가
이 비석 앞에서 개최되고 있다.

여하고 잊힌 여성의 역사를 가시화한" 바케 박사의 이런 노력에 힘입어 현재 이곳은 연방정부의 후원으로 선정된 총 162곳의 '민주주의 역사의 장소' 가운데 하나가 되었다.[46]

무엇보다 여성정원의 압권은 2002년 이래 조성된 '기억의 나선 Spirale der Erinnerung'이다. 의미 있는 여성의 묘지로 보존되어야 마땅하지만 더 이상 유족들의 관리를 받지 못하거나 아예 유족이 없는 경우, 또는 무덤조차 없는 여성들을 기억하고 보존하기 위해 착안된 곳이다. 나선은 계속 넓어지고 커지고 진화해 가는 생명을 상징한다. 더 이상 관리되지 못하는 각양각색의 비석을 옮겨다 놓고 전통과 권력의 폭압, 남성의 폭력으로 희생된 삶의 기억을 새겨 나선형으로 배열하다 보니 오히려 처연하다. 각기 다른 삶을 살다 간 여성들의 기억이 모여 새로운 생명의 나선이 된 것이다. 여성의 지위와 권리 향상을 위한 헌신, 나치에 맞섰던 투쟁이 있는가 하면, 2005년 함부르크에서는 처음으로 마녀사냥 희생도 기억의 생명 나선 한쪽을 채웠다. 2010년 세워진 가정폭력 희생자 추모비는 그녀의 몸을 뚫고 지나간 총탄 구멍을 품고 있다.

이렇게 서로 다른 기억이 또 다른 기억을 일깨우고 그 기억들에 함께 생명을 불어넣는다. 그래서 묘지가 아니라 기억의 생명나무가 자라는 정원이고, 여성들의 갖가지 인생들이 나선으로 커져가는 기억의 박물관이다.

펨비오FemBio—여성이 여성의 인생을 기억하다

펨비오Fembio라는 여성 전기 데이터베이스에도 다양한 여성 이야기가 가득하다. 세계 최대 규모인 3만 건의 여성 전기가 데이터베이스로 구축되어 있고, 그중 1만 건 이상이 온라인으로 제공되고 있다. '여성 기억하기'를 모토로 여성들의 활동이 평가받지 못했던 시대까지 거슬러 올라가 그들의 사상과 활동, 생애를 추적하고 짧은 전기로 엮었다. 주목할 만한 여성들뿐만 아니라 잘 알려진 남성들의 어머니나 누이, 딸 같은 주변의 여성들도 가능한 대로 함께 소개했다. 그 남성이 있기까지 어머니가 있었고, 그 남성 못지않게 뛰어난 누이들도 있었지만 모두 여성이기에 가려지고 잊힌 존재들이라는 점에서다. 누구도 관심을 두지 않았던 그 여성들의 삶을 비록 사소한 얘기일지라도 찾을 수 있는 대로 찾아서 흔적이라도 남기겠다는 의도다. 그래서 펨비오 데이터베이스엔 자녀를 모두 잃은 어머니 10명, 유명한 여성의 딸 121명처럼 다른 곳에서는 볼 수 없는 카테고리가 자리하고 있다.

3만 명 이상의 여성 전기를 모아둔 펨비오가 전적으로 한 개인의 노력 덕택에 생겨났다는 사실은 놀랍다. 1982년부터 여성들의 전기 자료를 모으기 시작했다는 페미니스트 언어학자 루이제 푸쉬Luise F. Pusch 교수에 의해 2001년 여성전기연구소가 설립되고 몇 해 후 사단법인이 발족되면서 본격적인 형태를 갖췄다.[47]

푸쉬 교수는 저서 《여자는 언급할 가치가 없다》처럼 여성에 대한 언어 사용과 언어에서의 여성 문제를 연구해 온 페미니스트 언어비평가다. 동시에 《유명한 남성들의 누이들》(1985), 《유명한 남성들의 딸

들》(1988), 《유명한 남성들의 어머니들》(1994) 등 당시 중요한 역할을 했지만 주목받지 못한 여성들의 전기를 묶어 여러 권의 책을 잇달아 펴내기도 했다. 1987년부터는 매년 그해 기억할 만한 여성들을 모아 《유명한 여성 달력》을 발간해 왔다. 수십 년에 걸친 이런 노력들이 쌓여 펨비오가 된 것이다. 그녀의 지적대로 정보나 기록이 남겨진 여성들이 거의 없는 상황에서 아무도 알아주지 않던 여성들의 삶에 다시 주목하고 짧게라도 그 인생을 기록으로 남겨 기억되게 하려는 노력은 소중하다.

그래서 많은 펨비오의 여성 전기는 위대한 업적을 중시하는 전기와는 다른 특징을 가지고 있다. 전기를 기록하는 관점과 기준이 다른 것이다. 단지 위대함보다는 뛰어남 또는 중요함에 초점을 맞추어 잊힌 여성들을 드러낸다. 예를 들어, 모차르트의 누나 나네를Nannerl은 음악적으로 뛰어났지만 동생의 빛에 가려 잘 알려지지 않았고, 괴테의 여동생 코넬리아 슐로서Cornelia Schlosser 역시 뛰어난 문학적 감수성에도 불구하고 그 이름이 묻혔다.[48] 이들 여성들이 자신의 재능을 제대로 발휘하기에는 당시 사회적인 제약이 너무나 많았기 때문이다.

같은 맥락에서 펨비오 사이트는 특히 '금주의 여성' 코너를 강조하고 있다. 주 메뉴의 '기억일'엔 그날 생일이나 기일을 맞은 특별한 여성들을 소개한다. 어쩌면 이제는 어디서도 누구도 기억해 줄 것 같지 않은 수많은 여성들의 기일이나 생일을 '탄생 몇 주년' 혹은 '사후 몇 주기'로 바로 이곳에서 챙겨주고 있는 것이다. 누군가가 기억해 주고 기리고 있다는 것, 그 자체만으로도 귀중한 일이다. 그러나 동시에 여성이 여성들의 삶을 기억하고 의미를 부여하면서 스스로 또 다른 역사를 만들어가는 작업이기도 하다.

기억문화에서 여성 보여주기

이렇게 다양한 형태로 잊힌 여성들을 발굴해 그들의 삶과 역사를 기억하고 보존하려는 노력들이 늘어나면서 기억문화 연구에서도 가려진 여성과 그들의 역할이 새롭게 조명되고 있다. 기억문화 연구 자체에 대한 성찰과 연구의 시야와 스펙트럼이 확장되면서다. 왜 기존의 기억문화와 그 연구에서 아직도 여성은 소외되어 있는가? 왜 민주주의에 대한 기억문화에서 여성은 여전히 가려져 있는가? 왜 노동운동사 연구에서 여성은 잘 보이지 않는가? 그리고 여성운동에서 왜 정작 여성운동사는 등한시되었는가?

기존의 기억문화와 그 연구에서 여성이 소외된 이유는 기억문화와 불가분의 관계에 있는 기억의 장소, 기억의 공간적 범위가 거의 전적으로 국가와 민족에만 집중되어 왔기 때문이라는 지적이 설득력 있게 제기되었다. 한마디로 나라를 구한 인물들이 중심이었다는 것이다. 그러나 이 기억의 공간적 대상을 나라가 아니라 '지역'이나 '국제'로 넓힐 경우 사정이 달라질 수 있다. 특히 지역공동체에 눈길을 돌리면 보이지 않던 '작은' 대표성을 갖는 여성들을 얼마든지 찾을 수 있고, 여성들이 활동했던 분야가 다양하게 드러난다. 꼭 나라의 영웅이 아니더라도 지역사회의 작은 역사 만들기를 통해 훨씬 폭넓은 여성의 역사를 공공 기억문화의 장으로 이끌어낼 수 있다는 의미다. 한 예로,

나라 차원에서는 누구누구의 부인이라고 언급되었지만 지역 차원에서는 큰 공헌자로, 어떤 역사적인 사건의 보조자가 아니라 동료나 동지로 탈바꿈할 수도 있다. 또 이를 디지털화 해 지역마다 공유한다면 기억문화가 새로워지고 더욱 풍성해질 수 있음은 두말할 나위가 없다.[49]

'민주주의 역사'에서도 마찬가지다. 최근 민주주의의 역사가 주로 혁명의 역사로만 기술되어 왔고, 이런 관점이 민주주의에 대한 시야를 협소하게 하고 여성들의 역할을 가려왔다는 문제제기가 이루어지고 있다. 민주주의의 역사를 '보편적 평등'과 '자유', '정의'를 구현해가는 역사적 프로젝트로 확장하면 그 지평이 넓어진다는 것이다. 그러면 민주주의의 역사는 혁명의 역사일 뿐만 아니라 개혁의 역사로도 이해되며, 특히 정치적 민주주의만이 아니라 교육과 노동, 평등, 아동, 평화 등 사회 각 분야를 포괄하는 사회적 민주주의의 역사로 확대된다. 또 민주주의 연구를 보다 초국가적으로 다룰 수 있게 된다. 이렇게 될 때 가령 19세기 중반 독일여성단체협회ADF를 설립한 루이제 오토-페테스Louise Otto-Peters나 헬레네 슈퇴커Helene Stöcker 같이 사회 구석구석에서 개혁과 기본권/인권의 향상에 몸 바쳐온 수많은 여성들의 역할과 기여가 온전히 평가받을 수 있다는 것이다.[50]

노동운동사와 같이 그간 크게 관심을 받지 못하던 분야에서도 변화가 일어나고 있다. 1891년 독일 사민당SPD은 〈에르푸르트 강령〉에서 "20세 이상 모든 제국 국민들에게 성별에 관계없이 보통·평등·직접·비밀 투표권을 보장해야 한다"며 여성 참정권을 강조하고, 또 "공적·사적 영역에서 여성을 차별하는 모든 법률을 폐기해야 한다"고 여성 동등권을 선언했다. 그럼에도 불구하고 독일에서 여성 투표권은 1918년에야 부여되었고 여성을 차별하는 법규는 여전히 사라지지 않았다. 1908년까지 여성의 정치 참여와 정당 가입이 금지되어 있었기 때문에 여성들의 정치적 영향력이 미약했던 점은 충분히 짐작되고도 남지만, 사민당의 지지기반이었던 노조에서도 여성들은 지도부에 거의 보이지 않았다. 당시 섬유와 인쇄업종의 경우 여성 노동자들이 대부분이었고, 이들의 조직이 당시 노동운동에 큰 기여를 하고 있었는데도 말이다. 남성 중심의 가부장적 인식이 정치권뿐만 아니라 노조에도 그대로 투영된 결과다.

그러나 이후의 노동운동사 서술에서도 여성들의 역할은 정당하게 평가되지 않았다. 그 이유는 여성운동사 전반에 극심한 손실을 야기한 나치의 관련 조직/자료 파괴뿐만 아니라 나치로부터 다시 강제된 현모양처의 여성상이 전후 서독으로까지, 즉 68운동 이전까지 이어지면서 40년 이상 사회의 지배적인 이데올로기로 작용했기 때문이라는 분석이다. 나아가 노동운동사의 중점이 조직된 남성 노동자들의 파업 위주로 기술된 탓도 무시할 수 없다. 이 때문에 세계 최초 여성 산별 노조 지도자였던 파울라 티데Paula Thiede와 노동운동/여성운동을 주도했던 엠마 이어러Emma Ihrer와 같은 여성 노조지도자에 대한 보다 정당한 재평가가 이루어질 필요가 있다는 지적이다.[51]

때늦은, 그러나 이리도 작고 초라한

문제의식이 커지고 구체화될수록 새롭게 보이는 법이다. 여성들이 여성들을 역사에서 드러내고, 여성들의 기억문화를 만들기 위한 노력이 확산되면서 가시적인 변화들이 생겨나고 있다. 덕분에 그동안 베를린 시내에서 로자 룩셈부르크와 케테 콜비츠 외에는 찾아보기 힘들었던 여성들의 동상이나 기념 조형물이 하나둘 설치되고 있다.

2014년 시내 중심가 훔볼트대학 정문 안쪽에 아주 작고 초라한 여성 동상 하나가 설치되었다. 핵분열 이론을 정립하는 데 결정적으로 기여한 리제 마이트너Lise Meitner를 기리는 조형물이다. 여성 최초라는 타이틀을 몰고 다닌 뛰어난 과학자, 그러나 여성이기에 평생 숱한 차별을 당해야 했던 비운의 과학자다. 대학의 첫 여성 조교/부교수였고, 프로이센 최초의 여성 물리학자였으며, 카이저 빌헬름 협회(지금의 막스 플랑크 연구협회)*의 첫 여성 연구원이었다. 그러나 여성의 대학 입학을 허용하지 않는 당시 제도 때문에 뒷문을 통해 대학을 다녀야 했고, 나치가 권력을 잡은 후엔 대학 부교수 자리를 박탈당하고 망명을 떠나야 했다. 함께 연구한 동료 오토 한Otto Hahn과 달리[52] 그녀는 생전 총 48차례나 노벨 물리학상이나 화학상 후보로 지명되었지만, 결

---

* 막스 플랑크 연구협회Max-Planck-Gesellschaft는 세계적인 기초연구기관으로 독일 전역에 85개(2022)의 산하 연구소와 약 2만 4,000명의 직원을 거느리고 있는 우산 조직이다. 자연과학 분야뿐만 아니라 의학, 인문·사회과학 분야 연구도 포괄하고 있으며, 30명의 노벨상 수상자를 배출한 독일 연구 개발·혁신 시스템의 한 기둥이다.

베를린 홈볼트대학 본관 입구에 세워진 여성 물리학자 리제 마이트너 동상(2014).
여성이 딛고 설 발판이 거의 없었던 차별과 금지의 시대에 여성으로서 힘겹게 새로운 길을
개척한 그녀를 기리며 동상의 발아래 크고 단단한 발판이 놓여있다.

홈볼트대학 본관 2층 복도 갤러리에
걸려있는 리제 마이트너(2022) 사진.

국 상을 받지 못했다.[53]

그랬던 마이트너가 비로소 다른 남성들과 함께 대학 본관 안뜰에 나란히 서게 된 것이다.[54] 이 마이트너 동상에 대해 작가는 수많은 억압에도 불구하고 금지된 곳에 가능한 길을 낸 한 여성을 기념하기 위해 만든 조형물이라고 했다. 그래서 여성이 딛고 설 발판이 거의 없었던 시대에 여성으로서 힘들게 싸워왔던 마이트너를 생각하며 발아래 큰 발판을 만들어주었다고 설명했다. 실제로 그녀의 동상은 영웅적인 면모를 드러내지 않는다. 차별과 박해에 찌든 것일까? 오히려 언뜻 작고 초라해 보인다. 바닥의 발판과 여러 개의 계단이 마치 제대로 기억되고 인정받기 위해 여성이 밟아야 할 무겁고 지난한 길을 상징하는 것처럼 보인다.

그러나 이제 그녀는 외롭지 않을 듯싶다. 디지털독일여성아카이브 DDF팀이 훔볼트대학 200년의 역사에서 뛰어난 여성 학자 총 31명을 뽑아 아카이브를 만들고 그중 일부 여성들을 전시하고 있기 때문이다. 특히, 이전에는 대학 본관 2층으로 올라가면 남성 노벨상 수상자들만 중앙에 전시되어 있었지만, 최근에는 기억문화 관점으로 보완된 2층 복도 갤러리에 여성 학자들도 함께 전시되고 있다. 여성들의 기여와 업적을 기리며 지금까지 언급되지 않았던 유명한 여성들이 상설 전시되고 있는 것이다. 당연히 마이트너도 여기에 있다.[55]

의회 최초의 '신사 숙녀 여러분'

마이트너의 동상이 자리를 잡은 뒤 여성을 기리는 또 하나의 때늦은 기념 조형물이 베를린에 설치되었다. 삼각형 모양의 강철판을 이어 만든 단단한 그리고 넘어져도 다시 일어설 것 같은 강한 철조물, 마리 유카츠Marie Juchacz를 기리기 위해 2017년 8월 베를린 메링 광장에서 제막된 조형물이다.

유카츠는 1919년 바이마르 제헌국민회의에서 "신사·숙녀 여러분 Meine Herren und Damen"으로 시작되는 유명한 연설을 해 청중들의 웃음을 자아낸 최초의 여성의원이다. 오랫동안 투쟁해 온 여성 참정권이 비로소 실현되어 "신사"만 있던 곳에 그녀를 포함한 총 37명의 여성 의원들이 첫 등원한 것이다. 여성들에게 참정권이 주어졌을 때 여성 유권자의 82퍼센트가 투표했다. 독일 역사상 처음으로 여성들의 손으로 여성 의원을 선출한 것이다. 의회가, 정치가, 세상이 바뀐 것이다. 그녀는 이날 연설에서 "여성이 의회에서 처음으로 자유롭고 평등하게 국민에게 연설할 수 있게 되었다"고 감격해하면서, "아주 객관적으로 낡은 편견을 극복한 혁명이었음을 확인하고 싶다"고 강조했다.[56]

또 유카츠는 노동자 복지와 권익에 가히 혁명적인 변화를 불러온 독일노동자복지협회AWO를 설립한 장본인이다.[57] AWO가 서있던 그 자리, 유카츠가 산책하며 걸었던 그 공원에 자유와 평등, 정의와 관용, 연대라는 민주주의의 핵심 가치들이 새겨진 그녀의 조형물이 그녀 사후 60년이 지나 비로소 세워진 것이다.[58] 하지만 이 조형물이 설

독일 최초의 여성 의원 중 한 명인 마리 유카츠를 기리는 베를린의 조형물(2017).
여성 참정권이 실현되면서 1919년 의회에 진출한 그녀는 후에 여성 노동자들을 비롯해
사회적 약자들의 평등과 복지 실현에 혁명적인 변화를 불러온 독일노동자복지협회AWO를 설립했다.
삼각형 모양의 강철판을 잇대어 넘어져도 다시 일어설 것 같은
이 철제 조형물엔 그녀가 강조했던 "자유, 평등, 정의, 관용, 연대" 문구가 새겨져 있다.

치된 뒤에도 여전히 "왜 마리 유카츠를 아는 사람이 거의 없는가"라는 질문은 계속되고 있다.[59] 그만큼 여성에 대한 기억문화가 지금껏 빈약하게 서술되어 온 탓이다. 그러나 늦었지만, 이제 단단한 강철판에 그녀가 꿈꾸며 실현하고자 했던 가치가 새겨져 있고, AWO가 그 가치 실현을 목표로 활동하고 있으니 유카츠는 어쩌면 웃고 있을지도 모를 일이다.

동상이나 조형물까지는 아니더라도 최근 다시 조명되고 기려지는 사례도 당연히 생겼다. 약 150년 전 이미 "남성과 여성은 동등한 인간이며, 인권에는 성별이 없다"고 외친 헤드비히 돔Hedwig Dohm의 경우다. 2019년 그녀의 사후 100주년을 기념한 묘지 제막식이 다시 개최된 것이다. 그녀의 삶을 상징하듯, 그녀의 새로운 비석 위로 붉은빛 유리가 덮였다.[60] 1899년 소설《영혼의 운명》에서 그녀는 주인공의 입술을 빌려 붉은 유리 속을 통해 바라본 만화경 같은 세상을 섬세하고 뛰어난 문장들로 표현해 냈고 이후 그녀는 "역사적 여성운동에서 가장 훌륭하고 가장 급진적인 펜(문장)"[61]을 사용해 "너희들의 유리를 깨라!"고 외쳤던 인물이었다. 베를린에서 태어나 평생 프로이센의 권위적이고 가부장적인 사회에서 수없이 덧씌워진 유리를 깨고자 했던 그녀는 몇 세대를 앞서간 선구자였다. "놀랍도록 천재적이고 유머러스한" 작가로, 평화주의자로, 여성운동가로 활동한 그녀는 "남녀는 법적으로, 사회적으로, 경제적으로 완전히 평등해야 한다"고 주장했고, 여성을 위한 평등한 교육과 직업 개방, 여성 투표권을 공개적으로 요구했다.[62]

이 때문에 헤드비히 돔과 그녀의 가족은 빈번히 협박 편지를 받아야 했다. 거리에선 모욕을 당했고, 언론의 노골적인 조롱을 감당해야 했다. 당시 신문들은 〈어떻게: 여성은 동등한 권리를 가져야 하는가? 의사와 변호사가 되고 싶나요? 그러면 누가 요리와 다림질을 해야 합니까? 남자들이? 조롱 섞인 웃음!〉 같은 기사로 그녀를 대놓고 비웃었다.[63] 빼어난 필력과 재기로 무장한 그녀였지만, 당시로서는 근본적이고 급진적인 그녀의 사상을 감당하기 힘들었던 것이다. 1919년 사망 직전 여성 참정권이 드디어 확보된 상황에서도 너무 늦었다고 한탄하던 헤드비히 돔이 이제야 뒤늦게 재조명되고 있는 것이다.[64] "나는 인류의 진정한 역사는 마지막 노예[여성]가 해방될 때, 교육과 직업에서 남성들의 특권이 폐지될 때, 여성이 피지배 인간계급이기를 멈출 때 비로소 시작된다고 믿습니다."

또 2019년부터 3월 8일 '세계 여성의 날'이 베를린의 공휴일로 지정되었다. 이날 베를린 동쪽에 위치한 클라라 체트킨Clara Zetkin 공원 안의 클라라 체트킨 동상 앞에선 '클라라에게 장미꽃을'이라는 행사가 열렸다. 1911년부터 일부 국가에서 시작되어 1975년 유엔이 공식 지정한 '세계 여성의 날'이 바로 그녀로부터 비롯되었기 때문이다. 비록 정치적 이념과 행적 때문에 주로 옛 동독에서만 기려졌지만, 독일 여성운동사뿐만 아니라 세계 여성운동사에서도 빼놓을 수 없는 인물이고, 여성 참정권과 여성 평등을 위한 그녀의 헌신 자체는 새롭게 인정되는 추세다. 클라라 체트킨 공원은 원래 1987년 3월 베를린 750주년 행사를 계기로 개장되었고, 그때 클라라 체트킨의 흉상도 함께 공

독일의 선구적인 여성운동가 헤드비히 돔의 묘비 "인권에는 성별이 없다!"(2020).
문필이 뛰어났던 그녀는 150년 전에 이미 "너희들의 유리를 깨라"라고 외치며,
"남녀는 법적으로, 사회적으로, 경제적으로 완전히 평등해야 한다"고 주장했다.

세계 여성의 날(3. 8)을 만든 주역 클라라 체트킨의 동상(1999).
그녀의 동상 앞에서 매년 '세계 여성의 날' 행사가 열린다.
사진은 "매일이 여성 투쟁의 날"이라는 현수막과 그녀에게 헌화된
장미꽃들이 보이는 2022년 행사 장면.

개되었다.[65] 이후 흉상은 여러 번 훼손당하다가 결국 1990년대 초 도난당했다. 통독 후인 1997년 공원을 새롭게 단장하고, 1999년 이 흉상 대신 실물보다 큰 현재의 동상이 그 자리에 다시 세워졌다.[66]

변화의 바람—세계를 여성적으로도 해석하라

바람이 바람을 낳고 변화가 변화를 가져온다. 여성 기억문화에 불어온 바람과 변화가 이제 새로운 지평으로 확대되고 있다. 무엇보다 독일 연방하원의 움직임이 그렇다. 2019년 연방하원은 7월 20일 나치 저항의 날을 계기로 여성 나치 저항자들이 아직 충분히 발굴·연구되지 않았을 뿐더러 합당하게 기려지지 않고 있다고 개탄하며, 국가 차원에서 이들을 기리고 이들에 대한 조사와 연구 작업을 체계화해야 한다고 지적했다. 특히, 2차 세계대전 직후 여성 저항자들과 그 가족들이 정부로부터 보상이나 존중을 받지 못한 채 오히려 사회적 편견과 전통적인 여성상, 이념 대결에 의해 또다시 희생된 측면이 있다며 유감을 표명했다. 아울러 정치적 사상에 관계없이 나치에 저항했던 모든 여성 저항자들을 동등하게 조사해 기록으로 보존하며 기려야 한다고 강조하면서 결의문을 채택했다.[67] 여성 기억문화 증진에 의회와 정치권이 적극 나선 셈이다.

또 다른 움직임은 2017년 독일역사박물관을 비롯해 60개 이상의 단체와 협회가 참여해 발족시킨 '민주주의 역사의 장소' 프로젝트다. 민주주의 발전에 대한 기억문화를 새롭게 정립하고, 민주주의 가치의 확산과 시민 용기 고양을 목표로 한 프로젝트다. 특별히 지난 200년

여성 나치 저항자들을 기리는 결의

연방하원 2019. 6. 28

(전략) 연방하원은

– 나치 독재에 저항한 여성들의 용기와 업적을 인정하며 기린다.

– 박해받는 사람들(유대인, 강제노역자, 전쟁포로)을 도움으로써 나치 정권의 핵심적인
  정치적 목표에 저항한 여성들의 용기와 업적을 인정하며 기린다.

– 나치 독재와의 투쟁에서 목숨을 잃었거나 감옥, 교도소 및 강제수용소에
  수감되었던 여성의 용기와 업적을 인정하며 기린다.

– 나치에 저항한 여성들의 용기와 업적이 특히 1945년 직후
  충분히 기려지지 않았던 데 대해 유감을 표명한다.

– 나치에 대한 저항에서 여성들의 중요성을 공공의식에 더욱 확고히 할 것을
  촉구하며, 이를 위한 행사들을 지원하고자 한다.

– 순회 전시회 〈"우리의 진짜 정체성은 파괴되어야 했다":
  1944년 7월 20일 이후 바트 작사Bad Sachsa로 끌려간 어린이〉를 연방하원에서,
  그리고 원할 경우 주의회에서 전시할 것을 약속한다.

– 특히 모링엔Moringen, 리히텐부르크Lichtenburg, 라벤스브뤼크Ravensbrück의
  옛 여성 강제수용소 소재지에서 나치 기념관들의 전달·교육 사업과
  시민사회의 활동을 환영하며 지원한다.

III. 연방하원은 연방정부에 가용 수단의 범위 내에서

1. "나치하에서의 여성의 저항"이라는 주제를 계속 연구하고,
   특히 지금까지 알려지지 않은 여성들의 저항적 행동에 대해 조사하는
   독일 저항 기념관의 프로젝트를 지원할 것, 그리고 연구 결과가 순회 전시와
   디지털 프레젠테이션으로 구현되도록 지원할 것을 요구한다.

2. 1944년 7월 20일의 80주년인 2024년부터 일련의 특별우표
   〈나치에 저항한 여성들〉을 발행할 것을 요구한다.

3. 연방 대통령의 전국학생역사경연대회에서 '나치에 대한 여성들의 저항'이
   주제로 다루어지도록 제안할 것을 요구한다.

4. 특히 모링엔, 리히텐부르크, 라벤스브뤼크의 옛 여성 강제수용소 소재지
   나치 기념관의 전달·교육 사업을 더욱 강화해 나갈 것을 요구한다.

〈여성 나치 저항자를 기리는 결의문〉 채택 장면(2019. 6. 28)을 보여주는 연방하원 공식 사이트. 연방하원은 그간 여성 저항자들과 그 가족들이 사회적 편견과 전통적인 여성상, 이념 대결에 의해 희생된 측면이 있다며 유감을 표명하고, 정치적 사상에 관계없이 나치에 저항했던 모든 여성 저항자들을 동등하게 기려야 한다고 강조했다.

‘민주주의 100인’ 홈페이지. 독일역사박물관을 비롯해 60개 이상의 단체와 협회가 민주주의에 대한 기억문화를 새롭게 정립하고, 그 가치의 확산과 시민 용기를 고양하기 위해 발족한 프로젝트의 하나로 지난 200년 동안 독일 민주주의 발전을 위해 공헌한 100명을 선정해 소개하고 있다.

동안 독일 민주주의 발전을 위해 공헌한 100명을 선정하고 소개하는 사업이 추진되었다. 그 결과 선정된 인물 중 여성의 비율이 놀랍게도 30퍼센트를 넘었다. 정치의 영역, 남성들의 분야로 간주되어 온 민주주의의 역사에서 실제로 여성들이 모습을 드러낸 것이다.[68]

일찍이 민주주의 발전에 여성들의 공헌을 이렇게 인정한 예는 찾기 힘들다. 이 '민주주의 100인'에 선정된 또 다른 한 여성 작가가 30여 년 전 남긴 테제가 이제야 마침내 조금씩 실현되고 있는 것인가.

이제까지 철학자들은 세계를 남성적으로만 해석해 왔을 뿐이다. 그러나 중요한 것은 세계를 인간적으로 변화시킬 수 있도록 세계를 여성적으로도 해석하는 것이다.[69]

3. 기억되는 여성, 기억하는 여성

꽃무덤 베를린,
그 지형도

4

🏛 브란덴부르크 문 주변: 신티·로마/동성애자 추모비, 유대인 추모비, 소련 전몰장병 추모 공원 🏦 연방하원 의사당 Platz der Republik 1, 11011 Berlin 주변: 의원 희생자 추모비, 흰 십자가 표식, '나무들의 의회' 추모 공간 등 ❶ 신위병소 Neue Wache, Unter den Linden 4, 10117 Berlin ❷ 안락사 희생자 추념 조형물 Tiergarten Str. 4, 10785 Berlin ❸ 독일 저항 박물관 Stauffenberg Str. 13, 10785 Berlin

주요 나치 저항 기념물과 기억장소

❹ 오토 바이트 박물관 Rosenthaler Str. 39, 10178 Berlin **❺** 기억의 거리 Kirchstr. 11, 10557 Berlin **❻** 게 오르크 엘저 조형물 Wilhelmstr. 49, 10117 Berlin **❼** 〈테러의 토포그래피〉 전시관 Niederkirchnerstr. 8, 10963 Berlin **❽** 로테 카펠레 추념 조형물 Schulze-Boysen-Str. 11, 10365 Berlin **❾** 소련 전몰장병 추모 공원(트렙토우) Puschkinallee, 12435 Berlin **❿** 브레히트 광장 Bertolt-Brecht-Platz 1, 10117 Berlin

독일 미제레레

당한 고통에 대한 인류의 기억은 놀랍도록 짧습니다. 다가올 고통에
대한 상상력은 더더욱 희박합니다. 수천 번 넘게 외쳤어도 결코 부족
하지 않도록 다시 외칩시다! 경고를 갱신합시다. 이 경고가 이미 우
리 입 속에서 재가 되었다 하더라도…….[1]

나치의 학살 만행과 2차 세계대전이 끝나고 몇 해 지나지 않아 브
레히트는 다시 그 참혹함을 상기시키며 새로운 전쟁의 위험을 경고했
다. 도무지 잊을 수 없을 것 같았던 그 고통마저도 너무 쉽게 망각하
고 무감각해져 버리는 우리네 이기적인 기억상실증을 질타한 것이다.
1933년 나치가 정권을 잡은 뒤 십수 년 동안 수백만 명이 학살당하고
1939년 9월부터 6년여의 전쟁으로 수천만 명이 목숨을 잃었다. 인류
역사상 가장 많은 생명을 앗아간, 가장 잔혹하고 파괴적인 기간이었
다. 그런데, 그런데도 브레히트는 다시 경각심을 일깨우자, 다시 경고
하자 부르짖은 것이다. 〈독일 미제레레Deutsches Miserere〉(1943)를 쓴

지 채 10년도 되지 않아.

어느 아름다운 하루 우리 상관들이 우리에게 명령했네
그들을 위해 작은 도시 단치히Danzig*를 정복하라고
(그래서) 우리는 탱크와 폭탄으로 폴란드를 침공했지
그리고 3주 만에 정복했네
신이여 우리를 지켜주시옵소서

어느 아름다운 하루 우리 상관들이 우리에게 명령했네
그들을 위해 아름다운 프랑스를 점령하라고
우리는 탱크와 폭탄으로 프랑스를 침공했지
그리고 5주 만에 점령했네
신이여 우리를 지켜주시옵소서

어느 아름다운 하루 우리 상관들이 우리에게 명령했네
그들을 위해 거대한 러시아를 점령하라고
그래서 우리는 2년간 맨손으로 (여기서) 싸우고 있네
신이여 우리를 지켜주시옵소서

* 독일 국경과 인접한 폴란드의 발틱해 연안 항구도시로 지금은 그단스크로 불린다. 폴
  란드의 역사만큼이나 기구한 역사를 가진 이 도시를 나치가 1939년 9월 1일 침공하
  면서 제2차 세계대전이 시작되었다.

4. 꽃무덤 베를린, 그 지형도

•
브레히트의 시에 작곡가 한스 아이슬러Hanns Eisler(1898~1962)가 곡을 붙인 〈독일 미제레레〉.
나치의 전쟁 광기와 독일군의 맹목적 순종을 신랄하게 비판한 작품이다.
※출처: youtube/0VgWqKX7FM0.

••
브레히트와 작곡가 파울 데사우가 협업해 만든 반전 오라토리오 《독일 미제레레》
두 번째 공연(동베를린, 1988). 3막으로 구성된 대작으로 브레히트의 사진집 《전쟁교본》(1955)에
수록된 사진들이 배경으로 사용되었다.
※출처: youtube/q−Loc2K7hao&t=2835s.

어느 아름다운 하루 우리 상관들이 우리에게 명령했네

심해 깊은 바다와 달을 정복하라고

그러나 여기 러시아에서조차 (모든 게) 너무 참담할 뿐이네

적들은 강하고 집으로 돌아가는 길은 알 수 없기 때문이니!

신이여 우리를 지켜주시고 집으로 인도해 주시옵소서

〈독일 미제레레〉는 너무 아름다워 금지되었다는 일화가 생길 정도로 유명한 알레그리Gregorio Allegri의 교회 합창곡 〈미제레레〉(1638)와 대비되는 시다.[2] '불쌍히 여기소서'라는 의미의 미제레레는 알레그리의 곡에선 부정한 짓을 저지른 다윗의 뒤늦은 회개와 참회를 담은 구약성경의 시편 51편이 주제다. 반면, 브레히트의 〈독일 미제레레〉는 달까지 정복하려 드는 나치의 전쟁 광기를 비통한 심정으로, 그러나 반어적으로 신랄하게 풍자하면서 동시에 그런 나치의 명령에 순종하는 독일 군인들의 회개할 줄 모르는 "나를 지켜주시옵소서"를 비꼰 것이다. 그래서 이 시는 자연스럽게 〈송아지 행진곡Kälbermarsch〉에 연이어져 있다. 나치가歌를 패러디 해 파시즘에 의문을 제기하지 않고 무조건적으로 나치를 추종하는 독일 군인들을 줄줄이 도살장으로 행진하는 송아지로 희화화한 시다.[3] 당시 군인들을 가해자이자 피해자로 묘사하고 있지만, 나치 독일의 미제레레는 자신의 잘못을 참회하는 알레그리의 미제레레와는 전혀 다르다는 걸 극적으로 대비시켜 보여준 셈이다.

브레히트는 〈독일 미제레레〉의 모티브를 더욱 확장해 작곡가 파울

데사우Paul Dessau와 함께 3막으로 구성된 대작 《독일 미제레레》(1943 ~1947)를 만들었다.[4] "오 독일, 창백한 어머니여"로 시작되는 반전 오라토리오 《독일 미제레레》는 파괴자 독일이 얼마나 많은 고통을 세계에 몰고 왔는지 부끄러움을 가지고 현재와 미래를 성찰하고, 또 왜 이런 일이 벌어졌는지 그 원인을 찾도록 촉구한다. 육중한 잿빛 음률에 실린 "우리의 도시는 우리가 파괴한 도시들의 극히 일부일 뿐"이라는 준엄한 지적은 전쟁의 참상을 다시 상기시키며, 가해자이자 피해자로서 독일의 역사를 반추하도록 도발한다. 전쟁을 일으킨 범죄를 회개하고 참회하면서 불쌍히 여겨달라는 진정한 '미제레레'를 호소한 것이다.

그러나 《독일 미제레레》는 정작 거의 무대에 오르지 못했다. 표면적으로는 서독에서는 브레히트와 데사우가 모두 망명 후 동독으로 귀환한 작가였기에, 그리고 동독에서는 사회주의 리얼리즘과 거리가 있다는 이른바 형식주의 논쟁의 주인공들이었기에 주목을 받지 못한 때문이었다. 특히, 오랫동안 대부분의 사람들이 가해자였음을 강조한 이 서사극 속의 독일을 외면하고 싶었던 것도 사실이었다. 《독일 미제레레》가 왜 나치로부터 해방된 기념일에 공연되지 않고 있는지 안타까워하는 목소리가 없지 않았지만, 전곡이 공연된 건 20년이 지나도록 동독(1966)에서 딱 한 번뿐이었다.[5]

《독일 미제레레》가 공연되지 못한 이유

아직도 진행형이라고 할 수 있는 독일의 나치 과거사 처리과정은 잘 알려진 대로 참으로 멀고도 험난한 길이었다. 최소한 전후 한 세대 동안은 집단적인 망각 의지와 은폐, 역사 부정과 왜곡이 지배적이었고, 소수의 기억투쟁이 외롭고 참담하게 동반된 과정이었다. 제2차 세계대전 종전 직후 진행된 유명한 뉘른베르크 재판은 말할 것도 없이 연합군 분할통치 기간에 잠시 추진된 탈脫나치화 조치마저도 냉전의 소용돌이 속에 금세 희석되었고, 특히 서독에서는 1949년 정부 수립과 함께 재통합을 내세운 두 차례의 사면법(1949/1954)으로 사실상 무효화되었다. 나아가 1951년 이른바 〈131조법〉을 통해 나치 정권에 부역했던 이들이 처벌은커녕 대부분 공직으로 버젓이 되돌아왔다.[6] 심지어 여러 연방 부처와 주정부에서는 나치당원 출신 직원이 나치 정권 때보다도 더 많은 어처구니없는 현상이 벌어져, "히틀러 정권의 서독 공무원 사회 접수", 서독의 "재再나치화"라는 평가가 나올 지경이었다.[7]

더욱이 핵심적인 국가기관들마저 나치 인사들이 장악한 경우도 많았다. 아데나워 연방총리의 오른팔로 1953년부터 10년 동안 정부 인사정책과 정보·방첩기관 통제 업무를 포함해 국정 업무 전반을 보좌한 총리실장, 1956년 설립된 연방 정보국BND의 국장이 그 대표적인 예다. 게다가 미국 CIA 분석에 따르면, 1953년 선출된 제2대 연방 하원의원의 26.5퍼센트인 129명이 나치당원 출신이었다. 이를 두고 후에 어떤 작가는 독일 사회의 "두 번째 죄"라고까지 불렀다.[8] 소련 점령 지역과 동독에서는 그나마 상대적으로 탈나치화와 나치 청산이 강력하게 이루어지긴 했지만, 동독 역시 나치에 저항한 반反파시즘의 정통성을 가진 정부라는 선전과 달리 철저한 인적 청산을 이루진 못했다.[9]

일반 국민들의 의식이나 정서도 크게 다르지 않았다. 1950년대 초 실시한 여론조사 결과 나치시절이 더 좋았다고 평가한 응답자가 40퍼센트에 이르렀고, 히틀러 암살 시도에 대해서는 60퍼센트가 부정적 또는 유보적이었다. 한 지방선거에서는 나치당의 후신 정당에 대한 지지율이 30퍼센트 가까이 나온 곳도 있었다. 이렇게 서독 국민들 사이에선 나치 범죄에 대한 인식보다 피해자 의식이 더 지배적이었고, 동독에선 나치 파시즘에 대항해 싸웠다는 저항자 의식이 더 크게 자리하고 있었다. 결국 어느 곳에서도 가해자로서의 죄의식과 사죄의 책임감이 설 자리는 없었던 것이다.

반대로 자기방어 기제 속에 모르쇠로 일관하거나 없었던 일로 만들려는 역사 지우기와 은폐의 심리가 강했다. 침묵이 온 나라를 안개처럼 뒤덮었다고 한다.[10] 오죽했으면 전쟁이 끝나고 20년이 지나서도 나치 범죄에 대해 비통해하고 그 피해자들을 애도하지 않는

"애도 불능"이라는 분석이 나왔을까 싶다. 이 분석가는 당시의 분위기를 후에 다시 이렇게 전했다. "사람들은 말했죠. 뭐가요, 아무 것도 아니었어요. 전쟁은 끝났고 우린 졌어요. 속상하죠. 하지만 이제 우린 미국과 완전히 합의해 냉전에서 바른 편에 섰어요. 그리고 아 나치, 뭐……실책이긴 했지만 좋은 것도 있었어요. 멋진 고속도로 아시잖아요".[11]

이런 와중에도 나치와 그 부역자들의 죄상을 밝히고 가해자를 찾아 처벌하는가 하면 당신들이, 우리가 가해자였음을 보여준 사람들이 있었다. 연방 법무부 간부 중 77퍼센트, 지방법원 직원의 80~90퍼센트, 심지어 1958년 어렵게 설치된 '나치 범죄 조사국'의 초대 국장마저 나치당원 출신이었던 열악한 상황[12]에서 수백만 유대인 이송의 실무책임자였던 아이히만Adolf Eichmann에 대한 정보를 이스라엘에 넘겨 1961년 세계적으로 이목이 집중된 아이히만 재판을 이끈 프리츠 바우어Fritz Bauer 검사장. 그는 각고의 노력 끝에 1963~1965년 22명의 나치 부역자들을 역사적인 프랑크푸르트 아우슈비츠 법정에 세워 대부분 유죄판결을 받게 함으로써 이후 나치 부역자들에 대한 사법 처리에 새로운 길을 열었다.[13]

《저항의 미학》 책으로 유명한 작가 페터 바이스Peter Weiss는 곧 이 재판을 소재로 극본 〈수사Die Ermittlung〉를 썼고, 이 작품은 1965년 10월 '11개의 노래로 구성된 오라토리오'로 16개 도시에서 공연되었다. 공연은 큰 충격과 논란을 불러일으켰다.[14] 나치의 끔찍한 집단범죄를 공론화했을 뿐만 아니라 자신들은 단지 명령에 따랐을 뿐이며 거대한

페터 바이스의 〈수사〉 공연 장면. 나치 부역자 사법 처리에 새로운 길을
연 프리츠 바우어의 프랑크푸르트 아우슈비츠 1차 재판(1963~1965)을 소재로,
공연과 동시에 독일 사회에 큰 충격과 반향을 불러일으켰다.
※출처: youtube/6M−VpDvAvZI&t=822s.

독일 저항 박물관의 2022년 특별전시회
〈배신자인가 영웅인가: 프리츠 바우어와
1944년 7월 20일 재판〉. 바우어의 노력을 통해
1944년 7월 20일 독일군 내 히틀러 암살미수 사건이
마침내 불의한 나치 정권에 대항한
저항으로 인정받게 되었다.

기계의 한낱 나사 같은 부품에 불과했다는 변명으로 일관한 부역자들이 바로 내 모습일 수도 있다는 사실을 각성시켰기 때문이었다. 그러나/그래서 프리츠 바우어에게는 여전히 "사무실 밖을 나서면 온 사방이 적지"였다.

아우슈비츠 재판이 끝나고 〈수사〉가 무대에서 내려온 지 1년 되던 때 1966년 12월 서독은 새로운 연방총리를 맞았다. 전후 기민당에 입당해 화려한 정치경력을 자랑하던 키징거Kurt Georg Kiesinger, 1933년 나치당원이 되어 1940년부터 외교부의 대외선전 업무 담당 고위간부였던 그가 서독의 연방총리가 된 것이다.[15] 68운동으로 뜨거웠던 4월 29세의 젊은 여성 베아테 클라스펠트Beate Klarsfeld가 연방하원 방청석에서 키징거 총리를 향해 "나치는 물러가라"고 외쳤지만 반향은 없었다. 간단히 훈방으로 끝났다. 그로부터 3개월 뒤 프리츠 바우어는 자택에서 자살로 추정되는 시신으로 발견되었다. 나치의 안락사 범죄에 대한 재판을 준비하던 그가 사방이 적지로 둘러싸인, 외롭고 힘겨운 투쟁을 죽음으로 마무리한 것이다.

아우슈비츠에서 살아남은 역사가 요제프 불프Joseph Wulf가 혼신을 다해 나치의 만행을 알리던 때도 이 시기였다. 나치시대의 문학, 음악, 연극, 영화 등 예술작품들의 문서화를 포함해 끔찍한 기억을 세세한 기록으로 남기고, 유대인 절멸계획이 결정된 베를린 반제회의 장소를 기념관으로 만들어 가해의 기억을 일깨우고 후대를 위한 경고의 장소로 활용하고자 했다. 그러나 아무도 그의 말에 귀 기울이지 않았다. 오히려 교묘히 사실과 역사를 비튼 히틀러 전기가 1973년 발간되어 85만 부가 판매되는 공전의 히트를 쳤다. 홀로코스트 연구의 선구자 불프는 "그동안 나치 정권에 대해 18권의 책을 썼지만 아무 효과가 없었다.……학살자들은 자유롭게 돌아다니고, 집을 소유하고, 꽃을 키웠다"는 편지를 유언처럼 남기고 1974년 스스로 목숨을 끊었다. 그가 염원했던 반제회의 장소는 1992년에야 기념관으로 조성되었다.[16] 《독일 미제레레》가 공연되지 못한 건 너무나 당연한 일이었다.

"자신의 생각과 느낌에 경고비를 세워라!"

그러나 클라스펠트의 싸움은 이어졌다. 그해 11월 베를린에서 열린 기민당 전당대회장에 잠입한 그녀는 "나치, 나치, 나치!"라고 고함치며 연단에 앉아있던 키징거 총리의 뺨을 내려쳤다. 이른바 '클라스펠트 스캔들'이다.[17] 침묵과 은폐로 두 번째 죄를 짓고 있던 애도 불능의 기성세대를 향해 가냘프지만 날카로운 각성의 잽을 날린 것이다. 현장에서 잡힌 그녀는 바로 즉심에 넘겨져 1년 형을 선고받았다. 반면 잠시 부어오른 키징거 총리의 뺨은 금방 가라앉았다. 기성세대는 가슴 철렁했지만 세상 물정 모르는 어린 여성의 치기어린 반항 정도로 치부했다. 그러나 부모세대의 불의에 대한 68세대의 분노가 당장은 그 부모세대의 의식과 삶을 바꾸진 못했어도, 나치 만행의 가해자에 대한 단죄와 과거 청산을 위한 결의만큼은 청년들 사이에 스며들었다. 클라스펠트는 이후 평생 동안 불굴의 의지로 외롭고 지난한 '나치 사냥꾼'의 가시밭길을 걸었다. 그녀의 말대로 아무리 어렵고 힘들어도 역사에서 정의가 살아있다는 걸 보이기 위해서.[18]

클라스펠트가 극적인 방식으로 나치 부역자들을 공공연히 고발했다면 1969년 취임해 동방정책의 기틀을 세운 사민당의 빌리 브란트 연방총리는 또 다른 극적인 방식으로 피해자들에게 용서를 구했다. 1970년 12월 7일 폴란드 방문 길에 바르샤바의 유대인 게토 저항 기념관을 찾은 그는 많은 폴란드 국민들과 기자들이 지켜보는 가운데 당초 일정에 없던, 무릎을 꿇었다. 종전 후 25년 만에 처음으로 독일의 정치 지도자가 나치의 범죄에 대해 용서를 구한 것이다. 얼핏 당연한, 그러나 아무도 그리하지 않았기에 세계를 감동케 한 이 역사적 행동조차도 정작 독일 국민들의 차가운 냉소를 떨치지는 못했다. 당시 여론조사에서 브란트 총리의 무릎 꿇음을 긍정적으로 평가하는 응답자는 40퍼센트 정도에 불과했다.[19]

강산이 세 번 이상 바뀌어 국가기관 곳곳을 차지하고 있던 나치 부역자들이 은퇴하고 새로운 전후세대들로 교체될 때쯤에야 아우슈비츠는 독일 국민들의 기억으로 다시 돌아오기 시작했다. 1979년 1월 미국의 4부작 드라마 〈홀로코스트〉(1978)가 논란 끝에 독일 공영방송을 통해 전국에 방영되었다. 나치의 유대인 박해와 학살을 리얼하게 그려낸 메릴 스트립Meryl Streep 주연의 〈홀로코스트〉는 시청률 40퍼센트 대의 역대급 기록을 세우며, 독일 사회에 엄청난 반향과 논란을 불러일으켰다. "전혀 몰랐다"와 "기억이 안 난다"던 나치 범죄의 민낯이 전파를 타고 독일 국민들에게 감성적으로 다가갔다. 방송국에는 3만 통의 전화와 1만 2,000통의 편지가 밀려왔고, "당신도 저랬냐"는 질문이 각 가정마다 남편에게, 아버지에게 향했다. 물론 걸려온 전화

브란트 총리의 추모 장면(바르샤바, 1970).
1970년 12월 7일 바르샤바 게토의 저항 기념관 앞에서 일정에 없던
브란트 총리의 무릎 꿇기는 결정적으로 폴란드와 독일 간 화해의 길을 열었다.
※출처: 빌리 브란트재단

중 3분의 1은 지어낸 얘기라는 항변이었고, 방송탑 2개가 폭파되는 반발도 있었지만, '홀로코스트'라는 용어가 독일에 받아들여지게 된 것도 이 드라마 덕분이었다.[20]

이런 변화와 더불어 1980년대 들어서 독일 전역에서 광범위한 풀뿌리 역사/기억운동과 추모관/기념관 운동이 일어났다. 역사에 대한 부채의식을 간직한 68세대들이 사회에 진출해 각 지역과 분야에 자리 잡으면서 새롭게 생겨난 흐름이었다. 강제수용소 등을 중심으로 나치 희생자들을 기리는 추모관과 기념관을 설치하고 역사교육을 실시하는 자발적인 풀뿌리 단체들의 활동은 나치 만행과 희생자들에 대한 기억을 제도화하는 기억의 정치와 기억문화를 만들어냈다. 1980~2010년 사이 150개 이상의 크고 작은 기념관이 설립되었다.[21] 밑으로부터의 기억운동은 위로부터의 인식 전환을 이끌었다. 바이츠제커 대통령이 1985년 5월 8일 2차 세계대전 종전 40주년을 맞아 나치가 항복한 이날이 바로 나치의 폭정으로부터 해방된 날이고, 독일 역사에서 잘못된 길을 끝낸 날이며 기억해야 할 날이라고 공식적으로 선언한 것이다.

> 5월 8일은 기억의 날입니다. 기억한다는 건 일어난 일을 정직하고 순수하게 기려 자기 내면의 일부가 되게 하는 것입니다. 이것은 우리에게 진실됨을 요구합니다.
> 오늘 우리는 슬픔 속에 전쟁과 폭력의 희생자들을 기립니다.
> 우리는 특히 독일 강제수용소에서 살해당한 600만 명의 유대인들

을 기립니다.

우리는 전쟁으로 죽어간 모든 외국인들, 특히 말로 다 할 수 없을 만큼 수많은 소련 국민들과 폴란드 국민들을 기립니다.

우리는 살해당한 신티와 로마, 동성애자들, 장애인들, 종교적 또는 정치적 신념 때문에 목숨을 잃어야 했던 사람들을 기립니다.

우리는 총살된 포로들을 기립니다.

우리는 모든 피점령지에서 저항하다 희생된 사람들을 기립니다.

독일인으로서 우리는 시민 저항, 군 내 저항, 종교적 이유에서의 저항, 노동자와 노조의 저항, 공산주의자들의 저항, 이 모든 저항의 희생자들을 애도합니다.

우리는 적극적으로 저항하지는 않았지만 양심을 버리기보다 죽음을 택한 모든 이들을 기립니다.

……(중략)

우리 자신의 내면 안에 생각과 느낌의 경고비를 세워야 합니다.

……(중략)

자유를 존중합시다.

평화를 위해 일합시다.

법을 붙잡읍시다.

정의에 대한 우리 내면의 기준을 따릅시다.

5월 8일 오늘 최선을 다해 진실을 직시합시다.[22]

드디어 가해자 나치 독일의 만행을 인정하고 수많은 희생자들에

4. 꽃무덤 베를린, 그 지형도

대한 애도와 저항자들에 대한 존중을 호소한 것이다. 모든 희생자들을 호명하며 진실을 직시하자고, 독일 국민 모두가 반성하며 함께 기억하자는 이 메시지는 이후 "독일의 자기이해에 기준점"이자 "정신적–도덕적 전환점"이 되었고 , 독일의 나치 과거사와 관련된 기억문화에도 중요한 전환점이 되었다.[23] 그로부터 2년 뒤 연방정치교육원은 760쪽에 이르는 《나치 희생자 기념관》을 발간했고, 다시 2년 뒤인 1989년 《독일 미제레레》가 서독에서는 처음으로 함부르크에서 초연되었다.[24]

독일 전체가 경고비
― 추모의 개념을 바꾼 사람들

1990년 통독과 함께 더욱 확장된 기억문화운동의 흐름 속에서 기존의 민간 위주 추모관/기념관 운동이 국가적 사업으로 격상되었다. 비록 옛 동독의 대규모 나치 수용소 기념관들을 대상으로 한 한시적인 것이긴 했지만 연방정부 차원의 추모 기념관 예산 지원이 처음으로 개시되었고, 연이어 연방하원의 논의를 거쳐 1993년 첫 국가적 추모관/기념관 진흥계획이 마련되었다. 실질적인 정책 패러다임의 전환과 함께 나치 범죄에 대한 이른바 "기억문화 붐"이 본격적으로 펼쳐지기 시작한 것이다.[25] 특히, 1995년 종전 50주년을 계기로 독일 기억문화는 양적으로나 질적으로 획기적인 도약을 예고했다. 무엇보다 바이츠제커 대통령의 "생각과 느낌의 경고비"는 이제 "독일 전체가 경고비"라는 개념으로 이어졌고,[26] 추모와 기억문화의 패러다임을 바꿀 새롭고 혁신적인 시도들이 이어졌다.

독일 국민들의 자발적인 나치 부역과 학살 가담을 비판한 골드하겐Goldhagen 논쟁이 한창이던 1996년, 예술가 지그리트 지구르드손

Sigrid Sigurdsson은 "독일 전체가 경고비"라는 한 역사가의 개념을 "독일 전체가 추모관"이라는 관점으로 확대했다.[27] 11명의 역사가, 지역 이니셔티브들과 공동으로 나치가 만행을 자행했던 장소들을 발굴해 '불의의 장소들'로 만들어진 〈박해의 지도〉를 제작했다. 잘 알려진 강제수용소 외에도 나치는 수많은 노동교육수용소, 청소년보호수용소, 경찰수용소 등 불의의 시스템을 구축했지만, 종전 후 많은 곳이 잊혔다. 이 잊힌 불의의 장소들이 2009년까지 10년 넘게 진행된 프로젝트를 통해 체계적인 데이터베이스로 만들어졌고, 총 4만 2,500곳의 게토와 수용소들이 온/오프라인 지도로 형상화되었다. 독일을 포함한 유럽 땅 위에 박해의 지형과 불의의 장소에 대한 거대한 '기억의 건축물'이 세워진 것이다.[28] 그녀가 방법론으로 채택한 오픈아카이브에 역사가, 예술가, 생존 증인들이 함께 참여하면서 이 데이터베이스는 풍부해지고, 기억의 건축물과 설계도는 '독일 전체가 경고비' 개념을 더 정교하고 구체적으로 만들어가고 있다.[29]

'기억의 건축물'이 막 시작되고 그 이듬해, '독일 전체가 경고비'라는 개념을 극적으로 이미지화한 도발적인 시도가 이루어졌다. 1997년 아우슈비츠 해방일인 1월 27일 예술가 호하이젤Horst Hoheisel이 나치의 강제수용소 입구마다 걸려있었던 '노동이 (너희를) 자유케 하리라' 문구를 베를린 브란덴부르크 문에 빛 조명으로 쏘아올리며 시민들의 불편한 기억을 불러와 경각심을 도발한 것이다. 빛 조명 행사의 제목은 '독일인의 문들Die Tore der Deutschen'. 독일의 국가적 정체성을 상징하는 브란덴부르크 문이 홀로코스트 이후 과연 무엇이어야 하

브란덴부르크 문에 투사된 아우슈비츠 수용소의 문(1997. 1. 27).[30]
나치 강제수용소 정문마다 걸려있었던 'ARBEIT MACHT FREI'(노동이 자유케 하리라)라는
문구가 선명하다. 〈독일인의 문들Die Tore der Deutschen〉이라는 이 작품은
현재 독일을 상징하는 브란덴부르크 문과 과거 나치의 강제수용소 문을 오버랩시킴으로써
독일(인)의 정체성에 대한 반성과 성찰을 촉구하는 도발적인 경고의 빛을 쏘아올렸다.

는지, 이것 역시 경고비가 되어야 하는 것은 아닌지, 근본적인 사고의 전환을 촉구하는 과감한 질문을 쏘아올린 것이다.[31]

〈독일인의 문들〉은 브란덴부르크 문이 기억된다면 독일 역사의 다른 문들, 아우슈비츠를 비롯해 많은 절멸수용소의 문들도 잊어서는 안된다는 도발적인 경고였다. 당시 브란덴부르크 문에 투사된 영상은 아우슈비츠 수용소의 문이었다. 두 개의 문을 빛 조명을 통해 겹쳐 이중의 문을 만듦으로써 '독일 전체가 경고비'라는 개념을 극적인 방식으로 실현한 것이다. 알라이다 아스만의 해석대로 이 퍼포먼스를 통해 브란덴부르크 문은 독일 역사의 이중성을 담게 되었고, 나치 희생자들에 대한 정적인 추모에서 나치 만행에 대한 현재적이고 동적인 동일화의 지향점을 제시한 것이다. 독일 기억문화사에서 패러다임을 바꾼 또 하나의 퍼포먼스였던 셈이다.

사실 호하이젤은 이른바 '네가티브 기념비' 또는 반反기념비라고 불리는 작품들로 유명한 예술가다. 그에 따르면, 네가티브 기념비는 파괴된 건물이 원형 그대로 복원될 수는 없다는 의미에서, 원래의 것과는 다른 의미를 부여한 거울상 형태의 기념 조형물을 의미하고, 반기념비는 전통적인 정적인 기념비가 아닌 소통을 통해 기억을 자라게 하는 '기억 생성'의 기념물을 의미한다.[32] 정태적인 추모비 설치를 넘어 보다 적극적이고 능동적인 기억 생성을 통해 기억의 현재성과 미래를 위한 경각심을 일깨우려는 시도다. 나치가 온갖 불의와 폭력을 자행했던 장소들, 많은 이들이 목숨을 잃거나 학살당한 곳들에서 추모와 경고를 통합하려는 그의 노력은 건축가 크니츠Andreas Knitz와 함

께 만든 독특한 프로젝트에서 빛을 발했다.[33]

그중 하나가 '36.5도 추모 조형물'이다. 5만 명 이상이 희생당한 부헨발트Buchenwald 강제수용소 광장에 1995년 "살아있는" 대안적 경고물로 사람의 체온이 느껴지는 조형물을 만든 것이다. 강제수용소 희생자들이 추위에 떨며 생존을 위해 발버둥 쳤던 그때의 참혹함을 생생하게 체감하고 기억해 낼 수 있도록 늘 36.5도가 유지되는 강판 조형물을 설치했다. 방문자들이 무릎을 꿇고 이 추모 조형물에 손을 대면 추위에 떨던 그들의 체온을 느끼면서 죽어가던 그들에게 체온을 더하는 기억을 생성하고, 그럼으로써 진정한 추모에 한 걸음 더 다가갈 수 있도록 한다는 의도다. 조형물에는 50개국이 넘는 희생자들의 국적도 표기되었다. 인종이나 성이나 국적을 이유로 차별받아서 안 된다는 사실을 상징한다. 사람들의 체온은 모두 동일하기 때문이다. "차갑고 딱딱한 돌에 고정시키는 기억 대신에 이 '따뜻한 추모 조형물'은 기억의 행동을 인간화한다."[34]

또 다른 '기억 생성' 프로젝트는 '회색버스 기념비Das Denkmal der grauen Busse'다. 실물 버스가 아니라 약 75톤의 육중한 콘크리트 버스 모형이다. 나치가 쓸모없다고 판단한 중증 환자들, 신체·정신 장애자들을 싣고 살해(안락사) 장소로 실어 날랐던 회색버스를 본뜬 조형물이다. 가운데를 절단해 "너희들은 우리를 어디로 데려가는가?"라는 문구가 적힌 음산한 통로를 걸어 들어가도록 함으로써 당시 희생자와 가해자를 모두 기억하게끔 설계되었다.[35] 버스답게 한 곳에 머물지 않고 움직이며 이동한다. 나치가 설치한 살해시설이 있었던 지역을 찾

부헨발트 강제수용소의 '36.5도 추모 조형물'.
이 강제수용소 해방 50주년에 제작된 것으로 당시 추위에 떨며 죽어가던 희생자들을
기억할 수 있도록 우리 체온과 같은 온도로 유지되는,
기억과 체감을 통합한 따뜻한 추모 조형물이다.
※ 출처: Hoheisel & Knitz.

베를린 필하모니 앞 '회색버스'(2008).
장애인들을 안락사 장소로 이송했던 당시 버스를 재현한 이동식 추념 조형물로
안쪽 벽면에는 "너희들은 우리를 어디로 데려가는가"라는 문구가 적혀있다.
※ 출처: euthanasie-gedenken.de.

아다니며 해당 지역사회의 아픈 기억과 증인들을 이끌어내고 연결하면서 새로운 기억문화를 창출하고 있다.[36] 다만, 지역사회의 기관이나 시민단체에서 요청하는 경우에만 움직인다.

회색버스를 불러오기 위해서는 지역 여론을 모으고 자금을 마련해야 한다. 이 과정 자체가 이미 시민 참여를 전제로 하고 있다. 회색버스는 이를 통해 기억-추모의 개념과 방식을 고정된 추모비 중심의 정적인 것만이 아닌 움직이고 소통하는 동적인 것으로 변화시키는 계기가 되었다.[37] 이 때문에 알라이다 아스만은 회색버스에 대해 발견된 형태로만 멈춰있는 것이 아니라 행동을 촉발하고 인식의 변화를 가져오는 "동요와 미완의 기념 조형물", 그리고 디자인, 개념, 시민 참여 등의 측면에서 새롭게 등장한 "자기비판적인 기념 조형물"로 특징지었다.[38] 회색버스는 이렇게 전통적인 기념비에 반하는 반기념비로서 역설적으로 기념비 자체에 대한 아이디어를 다시 활성화시킨 것이다.[39]

꽃무덤, 연방하원 의사당을 포위하다

베를린의 추모 지형도도 1990년 이후 놀랍도록 변모했다. 사실 통독 전 베를린에는 나치 희생자들을 기리는 기념관이나 추모비를 찾아보기 어려웠다. 굳이 따지자면, 베를린을 점령한 소련군이 전후 4곳에 조성한 전몰장병 추모관들과 1953년 독일 피추방민 협회BVN가 설치한 작은 나치 희생자 추모비, 그리고 1968년 문을 연 독일 저항 기념관 Gedenkstätte Deutscher Widerstand 정도였다. 그나마 독일 정부가 설치한 건 독일 저항 기념관이 사실상 유일했다.[40] 이 가운데 소련 전몰장병 추모관은 규모 면에서 단연 압도적이다. 1945년 4월 중순 이후 최후의 베를린 전투에서 전사한 8만여 명의 소련 장병들을 위한 묘지공원이 함께 조성되었기 때문이기도 한데, 특히 수년간에 걸친 공사 끝에 종전 4주년에 맞춰 개관한 트렙토우 공원Treptower Park 내 중앙 추모관은 숙연한 분위기와 인상적인 동상, 여러 조형물로 잘 알려져 있다. 또 브란덴부르크 문 인근에는 추모비와 함께 2대의 T34 전차가 전시되어 있고, 뒤편에는 약 2,500명의 소련 전몰장병이 묻혀있다.[41]

트렙토우 공원 내 조성된 소련 전몰장병 중앙 추모관(1949).
1945년 4~5월 베를린 전투에서 전사한 소련 장병들을 추모하기 위해 소련 건축가
야코프 벨로폴스키Yakov Belopolsky(1916~1993)의 설계로 1949년 5월 완공되었다.
전몰장병 8만여 명 중 약 7,000명의 묘지가 이곳에 있다.

그러나 1989년 독일 저항 기념관이 종합적인 자료·전시관으로 거듭난 데 이어 그해 반제회의 자료·기념관도 첫 삽을 떴다. 1992년 초에는 베를린시가 산하 재단으로 '테러의 토포그래피 재단' 설립을 결정하고 나치 비밀경찰 게슈타포 본부 부지에 자료센터와 전시관 건립을 추진했다.[42] 또 여러 논란 끝에 1993년 11월 신위병소Neue Wache가 독일 중앙 추모 기념관으로 새롭게 개관했다.[43] 1996년부터는 1월 27일 아우슈비츠 해방일을 법정 나치 희생자 추모일로 정해 기리고 있고, 또 역시 오랜 논란 끝에 연방하원이 1999년 유럽 유대인 희생자 추모비 건립을 결정해 이듬해 이를 위한 재단이 구성되었다.[44] 같은 해 '기억·책임·미래재단'도 공식 출범해 나치 강제노동자 배상을 시작했고, 2006년엔 나치 강제노동 자료센터·기념관이 문을 열었다.[45] 나치 희생자들을 위한 추모 인프라와 기관들이 이렇게 속속 대규모로 신설, 확충되고 수많은 전시와 행사들이 연중 개최되면서 베를린의 추모 지형도는 그야말로 천지개벽 수준으로 비약하게 된 것이다. 그리하여 베를린 시내는 나치 '테러의 지형도'를 따라 사시사철 희생자들을 기리는 꽃무덤 천지로 바뀌게 되었다.

| 꽃무덤 1 | 신티와 로마 희생자를 위한 눈물의 샘

영원히 멈추지 않는 희생자들의 눈물인가. 브란덴부르크 문 맞은편 연방하원 의사당 옆 공간엔 눈물이 고인 듯 주변 풍경들을 검푸른 물속에 머금은 둥근 샘터가 설치되어 있다. 떠가는 구름과 그 사이 비치는 햇빛과 그림자를 품은 샘 주위로 고독한 바이올린 소리가 맴돈다.

연방하원 의사당의 그림자가 통째로 이 샘물에 잠기기도 한다. 유럽 전역에서 나치에 의해 약 50만 명이 학살된 것으로 추정되는 유럽의 집시, 신티Sinti와 로마Roma 희생자들을 기리기 위해 설치된 추모 조형물이다.

나치의 인종학살은 유대인뿐만 아니라 이들 소수민족에게도 그 칼끝이 향해 있었다. 아이들을 포함해 모든 집시들이 고향 또는 빈민가에서 납치되어 살해당했다. 이미 뉘른베르크 인종법(1935)에 따라 집시들도 독일인과의 혼인이 금지되고, 직업에서도 배제되었다. 1939년까지 독일과 오스트리아에서 2,000명이 넘는 신티와 로마들이 체포되어 여러 강제수용소로 이송되었고, 1941년에는 약 5,000명이 폴란드로 추방되어 가스실에서 살해되었다. 1942년 말부터는 더 대대적인 말살정책이 시행되어 거의 모든 유럽 지역에서 수만 명의 신티와 로마들이 아우슈비츠로 이송되었다. 이들 중 대부분이 몇 달 안에 기아, 전염병, 폭행으로 사망했다. 수많은 아이들이 의사 멩겔레Josef Mengele의 실험 대상으로 희생되었고, 마지막 생존자 약 3,000명은 가스실에서 살해당했다.[46]

1992년 연방정부가 추모 조형물 설치를 결정했지만, 많은 반발과 논란 끝에 20년 후인 2012년 10월에야 공개되었다. 둥근 샘은 평등과 평화를 의미한다. 모든 민족은 평등하며, 전쟁이 아닌 평화를 희망한다는 메시지를 전달하기 위한 것이다. 지름 12미터의 샘 중앙엔 신티와 로마에게 부착되었던 삼각형 모양의 표지석이 놓여있다. 이 표지석은 매일 한 차례 물 아래로 가라앉았다가 새로운 꽃을 물고 다시 올

신티·로마 희생자들을 기리는 추모 조형물인 '눈물의 샘'과
샘 가장자리를 따라 시민들이 헌화한 장면(2022).
샘 주변의 바닥돌인 조각난 석판은 파괴와, 파편, 손상을 상징하며,
일부 석판 위에는 신티와 로마가 이송된 69개 강제수용소의 지명이 새겨져 있다.

라오도록 설계되었고, 샘 주변의 바닥돌인 조각난 석판은 파괴와 파편, 손상을 상징한다고 한다. 그 일부에 신티와 로마가 강제이송되어 희생당한 69곳의 지명들이 새겨져 있다. 신티와 로마의 마지막 집단 사망일인 8월 2일은 현재 국제 로마 추모일로 지정되어 아우슈비츠에서 추모 행사가 열리고 있다. 샘의 금속 테두리엔 이탈리아 작가의 〈아우슈비츠〉라는 시가 새겨져 있다.[47]

죽어가는 얼굴/ 꺼져가는 눈/ 차가운 입술/ 찢겨진 마음/ 차마 숨 쉴 수 없는/ 어떤 말도 할 수 없는/ 눈물조차 흐르지 않는

|꽃무덤 2| 모인 돌들과 흩어진 돌들

브란덴부르크 문 바로 옆에 거대한 돌비석 숲이 있다. 베를린의 심장부에, 독일 통일을 상징하는 이 문에 나란히 2,700개 이상의 크고 작은 콘크리트 비석들이 죽음의 행렬을 상징하듯 줄줄이 물결마냥 놓여 있다. 유럽의 유대인 희생자들을 추모하기 위해 2005년 5월 개관한 중앙 홀로코스트 추모 기념관이다. 참혹했던 유대인 학살의 역사가 거대한 돌무덤의 물결로 돌아온 셈이다.

언론인 레아 로쉬Lea Rosh의 주도로 1990년 시작된 건립계획이 역시 많은 논란을 거치며 15년 만에 빛을 보게 된 것이다. 설치계획 자체부터 장소 선정과 디자인까지 여러 의견이 분분했고, 반대 여론도 만만치 않았다. 역사적 수치를 기념하느냐며 못마땅하게 여기는 역사가들도 있었고, 하필 상징적인 브란덴부르크 문 옆이냐는 비판도 뒤

따랐다. 심지어 공사에 참여하는 업체 문제에 이르기까지 이런저런 논란이 많았지만, 국제전문가들이 가세하고 수많은 토론들이 진행되면서 결국 이 거대한 돌비석의 물결이 지금의 장소에 이르게 되었다.[48] 지하에는 대규모 정보센터가 설치되어 4개 주제의 상설 자료 전시가 이루어지고 있고, 주변 도로는 모두 유대인 희생자들과 관련 깊은 여성들의 이름을 따 명명되었다.[49]

이곳의 유럽 유대인 희생자 추모비가 '모여있는' 큰 추모석이라면, 곳곳에 수없이 흩어져 있는 작은 추모판도 있다. 잘 알려진 대로 1992년 말 예술가 군터 뎀니히Gunter Demnig가 쾰른에서 시작한 '걸림돌 Stolperstein'운동은 1996년 베를린에도 밀려왔다.[50] "이름이 잊히면 그 사람도 잊히기 때문에" 나치 희생자들의 삶에 대한 짧은 기록을 그들의 거주지 앞으로 다시 가지고 오는 기억 프로젝트다. 10×10센티미터의 작은 동판에 누가 언제 태어나서, 어디로 추방되고, 어디에서 살해됐는지를 기록한 표지이다. 바닥에 박아둔 것이어서 발의 걸림돌이기도 하지만, 잊고 지냈음을 일깨우는 마음의 걸림돌이기도 하다. 베를린에만 약 9,000여 개의 걸림돌이 설치되었고, 독일 전역 1,250개 이상의 지역이 참여해 9만 개 이상의 걸림돌이 놓였다. 보통 아우슈비츠 해방일과 나치에 의해 유대회당과 상점들이 습격받아 불탔던 11월 9일 '수정의 밤'에 지역별 자원봉사자들이 걸림돌들을 청소한다고 한다. 걸림돌 역시 논란과 반대가 없진 않지만, 독일을 넘어 유럽 각국으로 확산되고 있다.[51]

홈볼트대학 학생들이 대학
정문 앞에서 '걸림돌'을
청소하고 있다.

유대인 희생자 추모비.
'아우슈비츠를 절대 잊지 말라'는
전단지와 꽃. 매년 아우슈비츠 해방일
(1. 27)마다 꽃과 촛불이 추모비
주변에 가득히 놓인다.

| 꽃무덤 3 | 절규의 변주곡―베를린 필하모니는 듣고 있다

베를린 필하모니의 선율이 흐르는 곳, 때가 되면 많은 이들이 세계적인 연주를 감상하려 몰려드는 곳, 이곳에 "너희는 대체 우리를 어디로 데려가는가?"라는 절규가 남겨져 있다. 이른바 'T4 액션'으로 불리던 안락사(살해) 만행이 자행되던 건물부지가 베를린 필하모니가 있는 곳이기 때문이다.

나치는 당시 의료시설이나 요양시설에서 치료 중이던 중환자들과 장애자들을 우생학적으로나 사회적으로 쓸모없다는 이유로 살해했다. 1940년 4월부터 안락사 만행을 실행했던 중앙센터의 주소가 티어가르텐Tiergarten 4번지였기 때문에 'T4 액션'이라고 불렸다. 이 중앙센터는 환자들의 상태를 직접 확인하지도 않은 채 서류만으로 안락사 대상자들을 선정하고, 특수 가스실이 설치된 6곳의 살해 장소로 이송시켜 살해토록 지시했다. 베를린 필하모니가 있는 지금으로서는 도저히 상상할 수 없는 이곳에서 아프고 장애를 가졌다는 이유로 자국민을 향해 체계적으로 대량학살이 준비된 것이다. 후에는 독일뿐만 아니라 나치 점령지에서도 동일한 만행이 자행되어 유럽에서 약 30만 명이 희생된 것으로 알려져 있다. 2차 세계대전 후 T4 액션을 담당했던 의사들과 직원 중 몇 명만이 법의 심판을 받았을 뿐, 대부분의 의사들은 그대로 의료업계에 종사할 수 있었다고 한다.[52]

1989년 "잊힌 희생자들을 추모하며"라고 시작해 "희생자들의 수는 많으나, 벌을 받은 가해자의 수는 너무 적다"는 문구로 끝나는 추모판이 T4 액션 중앙센터 부지 바닥에 설치되었다. 그로부터 다시 20

베를린 필하모니 앞 'T4 액션' 희생자 추모 공간.
나치의 장애인 안락사 시행기관이 있던 자리에 푸른 유리 경고비와 야외 전시 공간이
설치되어 가해자와 피해자에 대한 정보와 사진, 오디오 자료가 제공되고 있다.

'T4 액션' 희생자 바닥 추모판. "잊힌 희생자들을 추모하며"라고 시작해
"희생자들의 수는 많으나, 벌을 받은 가해자의 수는 너무 적다"는 문구로 끝난다.
주변에 꽃들이 가득하다.

여 년이 지난 2007년 시민 이니셔티브로 본격적인 추모 공간 건립이 추진되었고, 2014년 공개 개최된 추모식과 함께 제막되었다. T4 액션이 자행된 지 70여 년 만의 일이다. "잊지 않고 기억하며 살해된 사람들과 살아있는 우리를 연결한다"는 의미를 담은 24미터 길이의 푸른 유리 경고비가 보는 이의 모습을 되비춘다. 이렇게 "나를 비추는" 푸른 유리 경고비 옆에 설치된 야외 전시 블록에는 가해자와 피해자를 포함해 T4 액션 정보들이 오디오와 사진으로 제공되고 있다.[53]

2008년 회색버스가 정차하기 3년 전 이미 회색버스 시연회가 주목을 받기도 했다. 유럽 유대인 희생자 추모비 가운데 6개 기둥을 필하모니 터에 옮겨와 5개는 필하모니 외부의 T4 중앙센터 부지 경계를 따라 세우고, 나머지 1개는 필하모니 안쪽 로비 입구 쪽에 세웠다. T4 중앙센터의 한쪽 끝이 필하모니 안쪽 로비였기 때문이었는데, "가장 수준 높은 문화가 있는 곳과 인류에 대한 가장 심각한 범죄가 자행됐던 곳의 충돌"을 의미하는 퍼포먼스로 평가되었다.[54]

| 꽃무덤 4 | 진실과 침묵 사이—희생된 동성애자들을 기억하는 터

침묵할 것인가, 용서를 구할 것인가. 나치의 동성애자 박해는 역사상 전례가 없었다. 1935년 나치는 형법 175조를 개정해 특히 남성 동성애자들에 대한 처벌을 대폭 강화했다. 이후 5만 건 이상의 유죄판결이 내려졌고, 수천 명의 남성 동성애자들이 강제수용소로 이송되었다. 이들은 강제수용소에서 별도의 분홍색 삼각 표지를 달아야 했고, 대부분 살아남지 못했다. 다만, 오스트리아와 나치 저항자들을 제외

하면 여성 동성애자들은 특별한 박해 대상이 되지는 않은 것으로 알려져 있다. 이유는 여성들은 남성들에 비해 나치에 덜 위협적이라고 판단되었기 때문이다.

나치에 의한 동성애 희생자들은 전후 독일의 기억문화에서 오랫동안 소외되어 있었다. 175조 조항도 1969년까지 그대로 유지되었다. 신티/로마와 마찬가지로 동성애 희생자들을 위한 추모비도 사회적 인식과 수용도를 고려해 여러 번 건립이 지연되었다. 2003년 연방하원이 이들에 대해서도 보편적 인권 보호 차원에서 기려야 할 책임이 있음을 인정하면서 추모비 건립을 결정, 2008년 베를린 티어가르텐에 세워졌다. 베를린의 이 추모비는 나치에 희생된 동성애자들을 기리는 동시에 동성애자에 대한 편견과 적대감, 배제에 대한 경고의 의미도 담고 있다. 그래서 특별히 베를린 시내 시민들의 왕래가 많은 곳에 세웠다고 한다.[55]

추모비는 무엇보다 맞은편에 조성된 유대인 희생자 추모비와의 형태적 연속성을 고려하고 콘크리트 기둥으로 역동성을 보완한 형태라는 게 작가들의 설명이다. 추모비에 작은 직사각형 창을 설치해 퀴어 영상을 들여다보게 하는 제안은 심의 끝에 허용되어 현재 세 편의 짧은 영상들이 연속 상영되고 있다. 작품 의도와는 달리 영상 창은 최근까지도 종종 파손되고 있지만, 2018년 추모비 건립 10주년을 맞아 연방 대통령이 처음으로 이곳을 방문해 희생자들을 추모했다.[56] "당신들을 너무 오래 기다리게 했습니다. 늦었습니다. 과거에 일어났던 모든 고통과 불의와 긴 침묵에 대해 용서를 구합니다."

• 슈타인마이어 대통령의 추모 장면(2018. 6. 3). 2018년 추모비 건립 10주년을 맞아
연방 대통령이 처음으로 이곳을 방문해 희생자들을 추모했다.
※ 출처: Ralf Hirschberger/dpa.

•• 나치에 의한 동성애 희생자들을 위한 추모 조형물(2020. 1. 27).
추모 조형물 중앙에 작은 직사각형의 창이 있다.
이 창을 통해 퀴어 동영상이 상영되고 있다.

| **꽃무덤 5** | 13분의 세계사, 〈엘저의 기호〉 앞에

1939년 11월 8일 나치 독일이 폴란드를 점령한 직후 뮌헨의 한 행사장이 폭탄 공격으로 아수라장이 되었다. 7명이 죽고 60명 이상이 부상당했다. 1923년 이래 나치당이 연례 행사를 개최해 온 대형 맥주홀이었다. 철통 같은 경비 속에 히틀러와 나치 지도부가 참석한 행사장에서 폭탄이 터진 것이다. 히틀러가 폭발 13분 전 계획보다 빨리 행사장을 떠나 미수에 그치긴 했지만, 히틀러에 대한 총 42번의 암살계획 가운데 가장 규모가 큰 사건의 하나였다. 폭탄을 설치한 게오르크 엘저Georg Elser는 그날 밤 스위스 국경을 넘다 체포되었다. 평범한 목수였던 그의 목적은 간단했다. 그저 "전쟁을 막고 싶었다"는 게 전부였다. 연계된 단체도, 정치적으로 뜻을 함께한 동료도 없이 홀로 계획하며 준비했던 단독 범행이었다. 그는 극심한 고문을 당한 후 강제수용소로 이송되어 히틀러의 특별범으로 취급받다 1945년 4월 9일 종전 직전 서둘러 처형되었다.

그 후 엘저와 그의 히틀러 암살미수 사건은 오랫동안 잊혀 있었다. 엘저에 대한 게슈타포의 심문 내용이 1964년 우연히 발견되고서도 시간이 한참 흘러 나치에 대한 저항의 개념과 저항자들의 의거가 새롭게 평가되면서 비로소 주목받기 시작했다. 1998년에야 처음 그의 고향에서 추모 기념관이 문을 열었다.[57] 13분 차이로 세계 역사가 바뀔 수도 있었던 이 "평범한 시민의 위대한 행동"을 기리면서 다시 13년이 지난 2011년 베를린에 비로소 엘저 기념비가 세워졌다. 그의 히틀러 암살 시도 72년 후 베를린 시내 나치 권력의 최고 중심지에 엘저

히틀러 암살을 시도했던
평범한 목수 게오르크 엘저의
얼굴 실루엣 기념 조형물.

"나는 전쟁을 막으려 했다"는
길 위의 엘저 추념판.

기념비가 특이한 '기호'로 서게 된 것이다.

'엘저 얼굴 실루엣' 기념비. 이 기념비는 높이 17미터가 넘는 강철 봉에 LED 램프가 장착되어 어둠 속에서 빛을 발한다. 기념비 바로 옆엔 "나는 전쟁을 막으려 했다"는 인용문이 바닥 추념판으로 설치되어 있다. 히틀러의 지하벙커가 있었던 바로 그 자리에 엘저의 얼굴을 나치의 선전부 건물 높이로 세워, 그가 여전히 용기 있게 전쟁과 폭압에 맞서고 있음을 형상화한 것이라고 한다. 기념비는 상당히 저항적이다. 평범한 누군가의 미약한 용기로도 역사를 바꿀 수 있다는 통찰을 주는 강력한 메시지이기도 하다.[58]

| 꽃무덤 6 | 저항이냐 반역이냐, 독일 저항 기념관의 저항적 역사

1944년 7월 20일 슈타우펜베르크Stauffenberg 대령의 히틀러 암살 시도가 사소한 우연과 실수가 겹치면서 간발의 차이로 실패하고, 그에 따라 다소 허술했지만 그나마 당시까지 가장 체계적으로 준비됐던 나치 전복계획도 허망하게 무산되었다. 슈타우펜베르크 대령의 정신적 뿌리였던 '슈테판 게오르게Stephan George 서클'의 '비밀 독일'도, 전복계획의 실질적 주체였던 '크라이사우어 서클Kreisauer Kreis'의 자유/정의/평화에 기초한 새로운 범유럽적 미래국가 건설의 꿈도 모두 물거품이 되었다.[59]

전복 주역들의 집결 예정지였던 당시 나치 육군 최고 사령부 벤들러블록Bendlerblock에선 다음 날 바로 슈타우펜베르크를 비롯해 주모자들이 총살당했고, 여러 명은 곳곳에서 자결했다. 게슈타포의 광적인 색출작전이 뒤를 이으면서 나치 테러의 또 다른 정점을 예고했다. 작전명 '천둥번개'처럼 순식간에 600명 이상이 체포되어 몇 주 안에 주모자와 연루인사 150여 명이 형장의 이슬로 사라졌다.

반역자라는 딱지를 붙인 나치의 대대적인 선전으로 이들은 두 번 희생당했다. 반역에서 의로운 저항으로 인식 전환되고, 저항이 광범위한 레지스탕스의 의미로 확장된 건 1980년대에 들어와서나 가능했다. 1968년 벤들러블록에 히틀러 암살/나치 전복계획 위주로 설치되었던 독일 저항 기념관이 1989년에 보다 광범위한 자료·기념관으로 거듭난 것도 이 덕분이다.

1990년대 중반 다양한 나치 저항 그룹을 재평가해야 한다는 논의가 연방하원에서도 이루어질 만큼 기존의 저평가 관점은 거센 도전을 받게 되었다. 소수의 그룹이나 단체들에 의해 국민과 괴리된 제한적인 저항, 소극적 항거만이 산발적으로 이루어졌을 뿐이라는 이른바 '국민 없는 저항'이라는 평가절하 시각 자체가 재평가된 것이다. 나치를 무너뜨릴 정도로 위협적이거나 대규모는 아니었지만, 크고 작은 다양한 그룹들의 목숨을 건 저항이 늦게나마 인정받고 저항 기념관에 자리를 잡을 수 있게 되었다.[60] 많은 이들에 대한 대대적인 법적 명예 회복도 비로소 이루어졌다.

나아가 쉰들러 리스트와 유사하게 나치로부터 유대인들을 지키고 구조해 준 '숨은 영웅'들도 새롭게 조명되기 시작했다. 조용히 드러나지 않게 그러나 위험을 감수하면서까지 나치의 유대인 박해를 거부했던, 그래서 많은 생명을 건진 이들이 진정 숨은 영웅이었다는 인식의

독일 저항 기념관 안뜰에 설치된 샤이베Richard Scheibe 동상(1953).
안뜰 입구 벽에는 "부당한 나치 정권을 전복시키려는 시도가 1944년 7월 20일
여기 전 육군 최고 사령부에서 조직됐다. 그들은 이를 위해 목숨을 바쳤다"는 문구가 새겨져 있다.

전단지가 뿌려지는 모습을 형상화한 나치 저항그룹 '로테 카펠레' 추념 조형물(Achim Kühn, 2011).
다양한 계층과 국적의 조직원 400명 이상이 참여해 '가장 눈부신 활약'을 펼쳤던
반나치 저항 조직으로 "로테 카펠레'는 시민 용기의 상징이며, 인류와 인간 존엄성을 위한
헌신적인 행동의 상징"이라는 설명이 조형물 뒤편에 새겨져 있다.

전환이 일어난 것이다. 대표적인 예가 베를린 미테 지역에서 각종 솔을 만들어 납품하던 장애인 작업장의 업주, 오토 바이트Otto Weidt였다. 평화주의자이면서 자신 역시 시각장애인이었던 그는 작업장에서 일하던 유대인 시각/청각 장애인들을 보호하고 숨겨주면서 비밀리에 탈출시키는가 하면, 강제수용소로 끌려간 이들에게는 끝까지 먹고 입을 것을 보내주면서 어떻게든 탈출할 수 있도록 도왔다고 한다. 전후에는 유대인을 위한 고아원과 강제수용소 생존자 요양원을 세워 운영했다. 그의 사후 50여 년이 지난 후 그의 삶을 기려 작업장이 있던 장소에 전시회가 마련되었고, 이어 박물관이 만들어졌다. 또 제2, 제3의 오토 바이트를 발굴하는 연구가 본격화되어 마침내 2008년 '숨은 영웅들 기념관Gedenkstätte Stille Helden'이 설립되었다. 발견되는 '숨은 영웅'들이 늘어나면서 장소가 협소해지자 이 기념관은 2018년 독일 저항 기념관에 새로운 보금자리를 마련했다.[61]

이제 독일에서 나치에 대한 '저항'이 "나치 독재에 해를 입히고 그 힘을 약화시키고자 했던 모든 행위들"로 확장되면서, 반역은 저항이 되고, 국민 없는 저항은 국민 속의 저항으로, 나치 거부와 비협조는 생명을 건진 의로운 저항으로 전환되었다.[62] 그러나 이때까지도 별다른 주목을 받지 못한 희생자 그룹이 있다. 저항자들의 가족이다. 단적으로 군의 나치 전복계획이었던 7·20 주모자들의 가족들은 영문도 모른 채 하루아침에 히틀러의 무자비한 '피의 복수'라는 날벼락을 맞았다. 당시는 물론 전후에도 그들은 반역자의 가족이라는 편견과 따돌림 속에 오랜 시간 고통을 겪어야 했다. 슈타우펜베르크 대령의 부인은 네

오토 바이트 박물관 입구. '숨은 영웅'으로 언급되는
시각장애인 오토 바이트는 나치시절 다른 유대인 시각장애인들과 함께
이곳에서 빗자루와 솔을 제작하는 공장을 운영했다. 그는 박해와 추방으로부터
유대인 노동자들을 보호하고, 옷장으로 가려진 이곳의
'비밀 방'을 통해 탈출시키기도 했다.

독일 저항 기념관 추모 행사
'어둠에 저항하는 불빛'(2020. 1. 27).
아우슈비츠 해방일에 시민들이 박물관
안뜰에 촛불을 놓고 있다.

독일 저항 기념관 특별전시회
〈아우슈비츠에서 태어난 아이들〉(2020).

아이를 뺏기고 바로 라벤스브뤼크 여성 강제수용소로 이송되었고, 이 듬해 초 다른 감옥에서 홀로 다섯째아이를 낳았다.

아버지는 처형당하고 어머니는 감옥이나 강제수용소로 끌려가 졸지에 고아가 된 아이들이 부지기수였다. 그러나 이 아이들의 소식은 어디에서도 들을 수 없었다. 1944년 7월 말 이미 "반역의 나쁜 피가 흐르는 자식들을 근절"시키라는 지령이 하달되었기 때문이다. 그 방법은 악랄했다. 일가친척들이 후에라도 아이들을 찾지 못하도록, 또 아이들도 스스로 자기가 누군지 모르도록 이름을 바꾸고 사진이나 편지 등을 모두 빼앗아 지방 고아원에 집단수용시켰다. 몇 개월 만에 철회되긴 했지만, 많은 아이들이 끝내 집으로 돌아가지 못했다. 최근에야 저항자들과 희생자들의 가족들에게까지 시선이 확대되어, 독일 저항 기념관은 2017년 이 아이들에 대한 특별전시회 〈우리의 정체성은 없어져야 했다〉를, 그리고 2020년엔 〈아우슈비츠에서 태어난 아이들〉을 개최했다.[63]

연방하원 의사당, 역사의 증인이 된

베를린 시내는 이제 나치에 의해 희생된 이들을 기억하며 곳곳의 추모 공간마다 늘 꽃이 놓이는 꽃무덤이 되었다. 이 꽃무덤들은 공교롭게도 독일 의회민주주의의 산실 연방하원을 빼곡히 둘러싸고 있다. 연방하원이 꽃무덤에 포위된 것이다. 이런 베를린, 넓게는 독일의 추모 지형도 변화에는 늘 논란이 동반되었다. 그리고 그 중심에는 연방하원이 있었다. 연방정부가 추진하는 사업이나 연방예산이 투입되는 사업은 모두 연방하원의 의결을 거쳐야 하기 때문이다. 물론 연방하원 의사당 역시 20세기 독일 현대사의 굴곡을 그대로 안고 있다.

1894년 완공된 당시 제국의회 의사당은 나치 독재의 완성을 재촉한 방화 사건(1933년 2월 말)과 2차 세계대전으로 대파되었고 , 통독 후 1995년 의사당 전체 건물을 흰 천으로 뒤덮는 예술 퍼포먼스와 4년여의 대대적인 공사를 거쳐 1999년 지금의 모습으로 재개관했다.[64] 연방하원 그 자체가 역사의 증인이고 '기억의 공간'인 셈이다. 그리고 연방하원은, 비록 오래 걸리긴 했지만, 역사의 증인으로 나서는 것을 거부하지 않았다.

1992년 9월 수 년에 걸친 연구와 논란 끝에 나치에 의해 살해된 당시 제국의회 의원 96명을 기리는 추모비가 공개되었다. 연방하원 의사당 좌측 입구 뜰에 약 60센티미터 높이로 나란히 서있는 96개의 주철판엔 의원들의 이름과 소속 당, 출생과 사망 장소가 새겨져 있다. 1933년 1월 말부터 노골적으로 자행되기 시작한 나치의 정치 테러는 제국의회 의사당 방화 사건을 빌미로 극에 달했다. 방화 사건 직전 1932년 11월 실시된 제국의회 선거에서 사민당은 20.4퍼센트 득표로 121명, 독일공산당은 16.9퍼센트 득표로 100명의 의원이 당선된 상황이었다. 베를린에서만 하루 사이 1,500명 이상의 공산당 소속 의원과 당원이 끌려갔고, 3월 중순까지 프로이센 지역에서만 10만 명 이상의 반反나치 정당 인사들과 지식인들, 활동가들이 체포되어 감옥과 강제수용소로 이송되었다. 많은 이들이 감옥에서 처형되거나 강제수용소에서 고문과 고통 속에 죽어갔고, 또 아우슈비츠에서 살해당했다. 그동안 사상과 이념 때문에 기려지지 못했던 이들을 포함해 나치에 희생당한 의원들을 기리는 추모비가 의사당 방문객들이 꼭 지나야 하는 바로 그 위치에 세워진 것이다.[65]

이에 못지않게 굴곡진 독일 현대사를 대변하고 있는 의사당의 상징이 있다. 의사당 정면에 마치 제목처럼 큼직하게 새겨져 있는 '독일 국민에게Dem deutschen Volke'라는 문구다.[66] 프랑스와의 전쟁으로부터 포획한 대포를 녹여 '독일 국민에게'라는 청동 문자를 만들고, 1916년 양복을 입고 신사 모자를 쓴 채 이 문자를 제국의회 의사당에 직접 부

나치에 의해 살해되거나 납치된 96명의 제국의회 의원을 기리는 추념비(1992).
불규칙한 형태의 96개 주철판이 연방하원 앞에 놓였다.
각 주철판 가장자리엔 의원들의 이름과 생년월일, 살해된 장소가 새겨져 있다.

착한 이들은 로에비SA Loevy 주물업체 가족이었다. '독일 국민에게'라는 17개 글자가 상징하는 비극은 여기서 시작된다. 화려한 수상 경력을 자랑하며 발터 그로피우스를 비롯해 당대 내로라하는 예술가들의 주문을 받아 많은 작품을 제작하기도 한 이 회사가 베를린에서 유명한 유대인 가족기업이었기 때문이다.

가족 중 일부는 독일 국민으로 인정받기 위해 개종하고 개명까지 했지만, 나치가 정권을 잡자 회사는 빼앗기고 가족 대다수가 감옥과 아우슈비츠로 끌려가 살해당했다.[67] '독일 국민에게'를 제작하고 부착한, 독일 국민이 되고자 했던 그들이 광적으로 "독일 국민"만을 부르짖은 나치에 의해 죽임을 당한 것이다.[68] 그러나 그로부터 반세기가 지나 의사당이 나치 희생자들의 꽃무덤으로 포위되기 시작할 때 연방하원은 이 역사를 지나치지 않았다. 2001년 10월 의사당 입구에 로에비 형제 추념판이 설치된 것이다. 연방하원이 역사의 증인이자 스스로 나치 희생자에 대한 기억과 추모의 주체임을 보여준 또 다른 사례다.

이와 함께 또 다른 논란의 문자가 의사당 안뜰에도 조성되어 있다. 로에비 가족 추념판이 공개되기 전 의사당 중앙 안뜰에 '거주민에게 Der Bevölkerung'라는 화단이 조성되었다. 연방하원의 위탁을 받은 예술가 한스 하케Hans Haake는 1999년 말 의사당 정면의 '독일 국민에게'에 대비되는 의미로 의사당 중앙의 내부 화단에 '거주민에게'라는 문자 설치를 제안했다. '독일 국민' 속에 내재된 배타적 민족주의와 애국주의적 사고가 나치의 이념적 토양이 되었다는 반성으로부터 다시 대두되고 있는 우익 포퓰리즘에 대항해 민족주의적 국민이 아니라 함께 살아

4. 꽃무덤 베를린, 그 지형도

제국의회 의사당에 '독일 국민에게' 문구를 부착하고 있는 로에비 가족(1916. 12).
베를린에서 유명한 유대인 가족기업이었던 로에비 주물업체의 가족 대다수가
나치 집권 후 절멸 장소로 끌려가 살해당했다.
※출처: Bundestag 홈페이지.

연방하원 의사당 외벽에 부착된 "독일 국민에게" 문구.
이면에는 나치에 의해 자행된 배제와 박해의 아픈 역사를 담고 있다.

연방하원 의사당 안뜰에 설치된 한스 하케의 작품 〈거주민에게Der Bevölkerung〉.
'독일 국민' 속에 내재된 배타적 민족주의와 애국주의를 배제하고
모든 '거주민들'이 함께 살아가야 할 독일의 미래를 상징한다.

가고 있는 모든 '주민들'로 개념을 바꾸어야 한다는 도발이었다.

작가의 이런 도전장은 연방하원 내에서 격렬한 논쟁을 유발했다. 2000년 4월 역사적인 토론과 표결 끝에 단 2표 차이로 간신히 가결된 '거주민에게'는 그해 가을 공개되었다. 하케는 21미터×7미터 크기의 화단 바닥에 '독일 국민에게'와 똑같은 글씨체로 '거주민에게' 문구를 설치하고, 의원들에게 각자 자기 지역구 흙을 가져오게 한 뒤 100여 종의 다양한 식물을 심고 20종의 곤충류를 옮겨 바이오톱biotop을 조성했다. 다양한 흙과 동식물이 함께 어우러진 '거주민에게'는 환경에 대한 인간의 책임과 계절마다 변화하는 독일, 다양성과 개방성을 상징한 것이었다. 의사당 어디서나 내려다볼 수 있는 '거주민에게'는 이제 가장 인기 있는 장소의 하나가 되었다고 한다.[69] 의사당 외벽의 '독일 국민에게'와 의사당 안쪽 중앙의 '거주민에게'가 어우러진 연방하원, 그 안에서 현재와 미래를 위한 독일의 정책이 만들어지고 있다.

미래를 위한 기억, 의회에서 꽃피다

진실은 구체적이어야 한다고 강조한 브레히트는 1935년 〈진실 쓰기의 다섯 가지 어려움〉이라는 글을 기고했다.[70] 그는 이 글에서 결코 쉽지 않지만 권력자에게 굽히고 약자를 속여서는 안 된다고 강조하면서 거짓말과 무지와 싸우고 진리를 쓰기 위해서는 최소한 다섯 가지 어려움을 극복해야 한다고 조언했다. 사방이 온통 진실을 억누르려 하기에 무엇보다 감추어진 진실을 쓸 용기가 있어야 하고, 진실을 아는 지혜와 이 진실을 손에 넣고 효과적으로 분별할 수 있는 판단력, 그리고 이 진실을 다루기 쉬운 무기로 만드는 기술과 많은 사람들에게 진실을 전파할 수 있는 전략이 있어야 한다.

브레히트에게 진실은 정치적 개념으로, 최우선 과제는 야만적인 파시즘에 맞서 싸우는 것이었다.[71] 정의와 민주주의를 위해 진실을 찾고 알려야 한다는 의미였다. 그래서 브레히트의 진실 개념은 최근의 증언 연구와도 맞닿아 있다. 구체적인 역사적 진실은 증언과 밀접히 결부되어 있기 때문이다. 증언과 정의에 대한 연구서로 2016년 독일

출판협회의 평화상을 수상한 종군작가에 따르면, 피해자의 증언을 듣는 것은 피해를 입은 사람들을 위해서 뿐만 아니라, 정의의 실현을 위한 사회적 과제로서 모든 사람들을 위해 살 만한 가치가 있는 사회를 만들기 위해서 반드시 필요하다.[72]

1996년부터 연방하원은 해마다 아우슈비츠 해방일에 본회의장에서 희생자들을 위한 추모식을 거행해 오면서 생존자들의 증언을 듣고 있다. 강제수용소로 이송되어 박해당하고 살해된 많은 이들의 음악과 연극, 기록물도 역사의 증언이 되어 이 자리에서 펼쳐진다. 2020년 75주년 추모식에서 나지막이 울려 퍼진 노래가 하나 있다.

비갈라, 비갈라, **바이어**,
바람이 **라이어*** 위에서 연주를 하네.
바람은 초록갈대 속에서 너무나 달콤하게 흔들리고,
나이팅게일은 그녀의 노래를 부르고 있네.
비갈라, 비갈라, **바이어**,
바람은 **라이어** 위에서 연주를 하네.

비갈라, 비갈라, **베르네**,
달빛은 **라테르네**(등불) 되어,

---

* 라이어Leier는 리라Lyra 또는 리레Lyre라고도 불리는 악기로 기원전 3000년경부터 메소포타미아, 이집트, 시리아에서 쓰인 신성한 작은 발현악기다.

어두운 밤하늘 **첼트**(천막)에 떠 있고
그렇게 **벨트**(세상)를 내려다보네
비갈라, 비갈라, **베르네**
달빛은 **라테르네**(등불) 되어.

비갈라, 비갈라, **빌레**,
세상은 얼마나 **슈틸레**(고요)한가!
어떤 것도 이 감미로움을 방해하지 않으니,
잘 자라, 아이야, 잘 자거라, 애야,
비갈라, 비갈라, **빌레**,
세상은 얼마나 **슈틸레**(고요)한가![*]

감미롭고 아름다운 이 곡은 독일계 유대인 동화작가 일제 베버Ilse Weber가 1942년 테레지엔슈타트 강제수용소에 수용된 뒤 그곳에서 어린이 병실 간호사로 일하며 작곡한 노래다. 1944년 10월 그녀는 아우슈비츠에서 병실 아이들과 함께 살해되었는데, 자신의 친아들을 포함해 병실 아이들을 가스실로 데리고 가면서 아이들이 동요하지 않도록 불러준 자장가였다고 한다.[73] 아이를 가슴에 안고 가스실에서 죽어

---

* 제목 〈비갈라Wiegala〉는 체코어로 자장가다. '자장, 자장, 우리 아가'라는 뜻으로 읽으면
된다. 가사의 운율을 살리기 위해 필요한 경우 원어를 그대로 두고 괄호 안에 번역어
를 넣었다. 아이들을 어딘가로 이동시키는 모습의 다큐멘터리 영상을 삽입해 편집한
노래를 유튜브 www.youtube.com/watch?v=Y2x4uN23fCw에서 볼 수 있다.

가며 함께 영원히 잠들 아이들을 위해 들려준 마지막 노래, 이 노래가 2020년 연방하원에서 다시 불린 것이다.

물론 이번엔 자장가가 아니었다. 오랜 망각의 잠을 깨우는 가장 구체적인 진실의 노래고, 정의를 깨우는 살아있는 증언이었다. 이전에도 강제수용소에서 만들어진 어린이 오페라 〈브룬디바〉와 저항가 〈모어졸다텐〉, 강제수용소 소녀들의 삶을 보여주는 '소녀들의 방 28호', 금지됐던 추방음악들이 연방하원에서 연주되고 전시되었다.[74] 연방하원이 증언의 현장이자 역사적 증언의 중심이 되고, 꽃무덤에 둘러싸인 연방하원에서 기억의, 진실의 꽃이 피고 있는 것이다.

브레히트의 말대로 진실을 밝히고 알리는 데는 큰 용기가 필요하다. 엄청난 국가적 치부가 진실이라면 더 큰 용기가 필요할 것이다. 하물며 인류 역사상 가장 끔찍한 범죄, 정녕 영영 잊고 싶은 과거사라면 오죽 하겠는가. 독일이 그 역사의 진실을 민낯으로 대면하기까지 오래 걸렸다. 그러나 이제 아우슈비츠 해방의 날, 나치 독일이 항복한 날이면 어김없이 그 역사의 진실을 밝히고 그 진실을 알리는 기억문화가 "국가적 과제"임이 선포된다.[75] 아우슈비츠는 침묵한다고 치유되지는 않기 때문이다.[76]

진실을 찾는 작업, 진실을 밝히는 국가적 과제는 실제로 범정부 차원에서도 집중적으로 진행되었다. 2005년 외교부를 시작으로 거의 모든 부처와 관청이 나치 과거사 조사위원회를 구성하고 방대한 학술적 연구를 추진해 왔다. 많은 치부가 드러났고, 그 치부는 그대로 알려졌다.[77] 그래서 독일의 기억문화는 전후 거부와 주저 속에 수십 년

●
베를린에 설치된 〈오 독일, 창백한 어머니〉 동상(1987).
"오 독일, 창백한 어머니"는 브레히트의 시 〈독일〉(1933)에 나온 문구로
동상은 몸집이 큰 여성이 고통과 수치심, 분노에 싸여 앉아있는 모습을 표현하고 있다.
그녀를 감싸고 있는 옷은 그녀를 묶고 있는 철조망이나 밧줄을 연상시킨다.

●●
라이프치히 오페라의 《독일 미제레레》 공연 장면(2011).
※출처: Andreas Birkigt.

이 걸리긴 했지만 결국 성공스토리였으며, 다른 나라들이 배워야 할 롤 모델이 되었다는 외국 학자의 평가가 설득력 있게 제기되기에 이르렀다.[78] 덕분에 《독일 미제레레》가 1989년 이후 처음으로 2010년 베를린 콘체르트하우스에서, 그리고 2011년 초 라이프치히 오페라 극장에서 다시 공연되었다.[79] 나치 범죄에 대한 반성과 참회가 있는 독일, 진정한 의미의 '미제레레'가 비로소 울려 퍼지게 된 것이다. 불쌍히 여겨주옵소서, 독일 미제레레.

그러나 오늘날에도 여전히 이데올로기로서의 나치즘이 근절되지 않고 있다는 경고는 실재적이다.[80] 배타적 민족주의와 인종주의를 품은 극우 포퓰리즘이 곳곳에 자리하고 있기 때문이다. "우리는 일어난 일을 잊지 않을 것입니다! 우리는 일어날 수 있는 일을 잊지 않을 것입니다!"[81] 2020년 연방 대통령의 연설은 70여 년 전 브레히트가 외쳤던 호소와 닮아있다. 당했던 고통을 잊지 말아야 하고, 또 다가올지도 모를 고통도 새겨야 한다. 그래서 입에서 재가 되더라도 경고는 되풀이되어야 한다. 아직도 계속되는 호소가 안타깝지만, 그러나 망각에 대한 경고는 늘 갱신되어야 한다.

수천 번 넘게 외쳤어도 결코 부족하지 않도록 다시 외칩시다! 경고를 갱신합시다!

다르게 생각하는 사람들의 자유

― 로자 룩셈부르크 광장

5

🏛 브란덴부르크 문 ❶ 로자 룩셈부르크 광장 Rosa-Luxemburg-Platz, 10178 Berlin ❷ 로자 룩셈부르크 재단 앞 동상 Str. der Pariser Kommune 8a, 10243 Berlin ❸ 로자 룩셈부르크 다리 Lichtensteinbrücke, 10787 Berlin

로자 룩셈부르크에 대한 주요 기억장소

❹ 로자의 마지막 체포 장소 Mannheimer Str. 27, 10713 Berlin ❺ 분홍색 로자 추념 조형물 Spichern str. 12A, 10777 Berlin ❻ 로자 묘지 Zentralfriedhof Friedrichsfelde, Gudrunstr. 20, 10365 Berlin

광장에 담긴 20세기 극단의 역사

이상한 광장이다. 참 사연이 많다. 체 게바라의 얼굴이 곳곳에 등장하는 〈부에나 비스타 소셜클럽〉과 같은 옛 영화들이 거의 100년째 광장을 지키고 있는 영화관 '바빌론'에서 상영되고 있다. 전설적인 무성영화로 최초의 표현주의 공포영화인 〈칼리가리 박사의 캐비넷〉(1920)과 프리츠 랑Fritz Lang의 대표적 SF영화인 〈메트로폴리스〉(1927)도 바빌론의 상영계획에 포함되어 있다.

영화를 보고 나온 이들은 "키사스, 키사스, 키사스"* 노랫말의 여운이 채 가시기도 전에 영화관 앞 길바닥에 새겨진 글귀에 흠칫 놀란다. "노동자평의회가 모든 국가권력을 잡아야 한다." 바빌론 앞바닥에 새겨진 이 낯선 문구들을 넘고 넘어야 광장을 오갈 수 있다. 계절에 따

---

* 독일 영화감독 빔 벤더스Wim Wenders가 1999년 제작한 영화 〈부에나 비스타 소셜 클럽Buena Vista Social Club〉의 마지막 장면에 흐르는 노래. 키사스는 '아마도'라는 뜻이다. 인생의 화양연화를 뜻하는 시절, 사랑하는 이에게 애타게 묻지만 대답은 '아마도'라고 돌아온다는 애절한 노래.

영화관 '바빌론'과 영화 〈메트로폴리스〉의 간판 그림(2020).
1929년 문을 연 바빌론은 유명한 신즉물주의 건축가 한스 푈치히Hans Poelzig가
설계한 1,200석 규모의, 당시로서는 대규모 최신 영화관이었다.
현재도 개량 오르겔 연주와 함께 100여 년 전의 무성영화를 상영하고 있다.

라 노란 낙엽들이 수북이 쌓인 광장엔 주변 풍경의 차이와 간극에도 불구하고 "자유란 항상 다르게 생각하는 사람들의 자유"라는 글귀가 흔들림 없이 굳게 박혀있다.

통일된 독일 수도 베를린의 중심지가 된 알렉산더 광장Alexanderplatz 에서 큰길 하나를 지나면 지난 세기 베를린 문화사에 한 획을 그었던 '문화의 광장'이 나온다. 베를린에서 가장 "상징적인" 극장인 인민극 장Volksbühne이 광장의 정면에 압도적인 무게감으로 서있고, 오른편엔 아주 독특하게도 무성영화−오르겔의 전통을 이어가고 있는 바빌론이 자리하고 있다.* 인민극장은 19세기 말 이래 노동자를 비롯해 저소득 층 민중도 문화를 향유할 수 있도록 해야 한다는 운동의 결실이었다. 7 만 명 이상이 십시일반 자금을 마련해 1914년 말 당시로서는 최대인 2,000석 가까운 규모로 완공된, 글자 그대로 민중(인민)극장이었다. 연 극에 많은 기술적 혁신을 가져오고 정치극이라는 새로운 장르를 개척 하면서 브레히트의 서사극에도 큰 영향을 준 피스카토르Erwin Piscator 가 1920년대 중반 몇 년간 총연출을 맡았던 곳이기도 하다.[1] 1929년 문을 연 바빌론 역시 유명한 신즉물주의 건축가 푈치히Hans Poelzig가 설계한 1,200석 규모의, 당시로서는 대규모 최신 영화관이었다.

---

* 인간이 만드는 모든 몸짓과 실수, 공포 등의 감각들을 과장하거나 흉내 내야 하기 때 문에 수많은 작업을 거쳐 개량된 역사적인 오르겔(1929)이다. 280개의 파이프와 137 개의 소리, 34개의 이펙트(효과음)를 가진 이 오르겔은 영화관 '바빌론'의 숨겨진 비밀 이다.

이 문화의 광장이 지금의 로자 룩셈부르크 광장Losa-Luxemburg Platz이다. 광장을 끼고 앞과 옆으로 길게 뻗은 길의 이름도 로자 룩셈부르크 길이다. 그 길 중간의 지하철역 이름 또한 로자 룩셈부르크 광장역이다. 한마디로 이곳은 로자 룩셈부르크 동네다. 그런데 로자가 누구인가. 마르크스 이후 최고의 좌파 이론가로 평가받는 여성 사상가, 그러나 우파 자유군단 대원들에게 넘겨져 무참히 살해당한 뒤 차가운 겨울 운하에 버려진 비운의 혁명가. 문화와는 거리가 먼 듯한 그녀가 이 문화의 광장을 차지하고 있는 것이다. 로자 사후 1세기에 걸친 그녀에 대한 이런 기억의 변천사는 그래서 독일 사회의 변화를 압축적으로 보여주는 사례기도 하다.

1947년 룩셈부르크 광장이라는 이름(1969년 로자 룩셈부르크 광장으로 변경)을 갖기 전에 광장은 로자의 동갑내기 동지이자 같은 날 함께 살해된 칼 리프크네히트Karl Liebknecht의 이름을 딴 리프크네히트 광장이었다(1945~1947). 그리고 바로 이전엔 나치의 선전장관 괴벨스에 의해 나치 청년들의 우상으로 만들어지고 나치가歌의 가사를 남긴 호르스트 베셀의 이름으로 불렸다(1933~1945).[2] 한때는 우익 테러에 의해 처참하게 살해된 두 사람의 이름으로, 또 다른 때는 좌익 테러에 의해 22세에 목숨을 잃은 열혈 나치 청년의 이름으로, 그렇게 광장은 극명하게 대비되는 이름을 가졌었다.

단지 이름만은 아니었다. 로자와 리프크네히트가 1918/19년에 창당한 독일공산당의 중앙당사가 광장 바로 옆에 자리해 있었기 때문이다. 이 건물은 1926년 매입 직후 칼-리프크네히트 하우스라고 불

•• 로자 룩셈부르크 광장에 설치된
〈사유의 표지〉(2006).
세계적인 정치예술가 한스 하케의 작품으로
사진 속의 "자유란 항상 다르게
생각하는 사람들의 자유다"를 비롯해
로자 룩셈부르크의 어록 60여 개가
광장 바닥에 펼쳐져 있다.

렸고, 중앙위원회뿐만 아니라 베를린-브란덴부르크 지부, 기관지 《붉은 깃발》 편집부와 같이 주요 조직들이 모두 입주해 있었다. 덕분에 광장은 순식간에 정치광장으로 변했다. 시위가 끊이지 않았고, 공산당원-경찰-나치가 서로 얽혀 1920년대 좌우 폭력의 최전선이 되었다.[3]

나치가 들어선 후 광장은 정적에 잠겼다. 건물은 바로 압수되어 광장과 마찬가지로 베셀하우스로 변경되었고, 1937년부터는 나치 돌격대 베를린 지부 청사로 사용되었다. 독일공산당의 앞마당이었던 광장은 이제 나치의 살벌한 무대가 되었다. 베셀과 경찰을 추념하는 조형물이 세워졌고 나치 거두들이 참석한 헌화식이 열리는 동안, 인근 바빌론에서는 상영 기술자가 반反나치 활동으로 잡혀 강제징집을 당한 후 행방불명됐고, 인민극장에서도 반나치 지하운동을 하던 여자 무용수가 체포되어 1944년 참수되었다.

나치 패망 후 파손된 광장과 광장의 건물들이 다시 복구됐지만, 광장은 여전히 정치적이었다. 동독이 들어서자 건물은 옛 이름을 되찾았고, 동독의 사회주의통일당SED(이하 사통당)[4] 관련 건물로, 나중엔 사통당 중앙위원회의 마르크스-레닌주의 연구소IML로 사용됐다. 1989년 베를린장벽 붕괴 전엔 인민극장 단원들과 실습학생들이 민주화 시위에 적극 가담한 것으로 알려져 있다. 그리고 통독 후엔 사통당의 후신인 민주사회당PDS(이하 민사당)을 거쳐 현재 좌파당Die Linke이 당사로 사용하고 있다. 극심한 좌우 대립과 나치의 폭압, 동독 사회주의의 몰락을 거쳐 통일된 지금까지 격동의 20세기 독일 현대사를 이 광장만큼 온몸으로 담고 있는 곳은 흔치 않다. 로자에 대한 기억과 마찬가지로 말이다.

광장 위의 책갈피
—다르게 생각하기

광장에선 고개를 숙이며 천천히 걷는 게 좋다. "움직이지 않으면 족쇄조차 느끼지 못한다",[5] "아름다움을 혼자 즐기는 것은 고문이다"[6]와 같은 문장을 남긴 로자의 어록 60여 개가 마치 얇은 책갈피처럼 콘크리트 블록 위 강철판에 새겨져 광장과 길 위 여기저기에 펼쳐져 있기 때문이다. 베를린시의 로자 추념물 공모에 선정된, 세계적인 정치 예술가 한스 하케Hans Haacke의 작품으로 2006년 9월 설치되었다.[7] 이름하여 사유의 표지 또는 기억을 위한 표지Denkzeichen이다.

> 정부 지지자나 당원들만을 위한 자유는 그들의 수가 아무리 많다 하더라도 결코 자유가 아니다. 자유란 항상 다르게 생각하는 사람들의 자유다.[8]

"다르게 생각하는 사람들의 자유를 인정하고, 다르게 생각할 자유를 존중하라!" 광장의 책갈피에 담겨진 로자의 가장 유명한 어록 가운데 하나다.[9] 로자에 대한 인식과 수용에 전환을 가져오고, 광장이 그녀의 사상을 품게 되는 데 결정적으로 기여한 "자유론"이다. 사실 한 개인, 특히 한 시대 논란의 중심에 서있던 인물은 늘상 재발견되고, 그에 대한 해석과 평가, 기억도 움직이고 역동적이기 마련이다. 때론 격렬한 토론과 논쟁을 통해, 때론 누군가의 눈에 띄지 않는 지속적인 노력에 의해 새롭게 평가된다. 그 결과 새로운 기억문화가 형성되기도 한다. 그래서 광장은, 특별히 이 기억의 표지는 상징적이고 메타포적 성격을 내포하고 있다.

광장의 기억 표지는 원래 1995년 주로 동독 출신 시민들의 자발적인 이니셔티브에서 출발했다. 이들은 새로운 로자 추념 조형물을 당시 민사당 당사인 리프크네히트 하우스 앞에 세우길 원했다. 이 구상이 받아들여지지 않자 로자 동상을 야밤에 급히 설치한 이른바 '밤안개작전'의 해프닝이 벌어지면서 민사당 내에서조차 많은 논란과 갈등이 초래되었다. 우여곡절 끝에 전통적인 형태의 추념 조형물이 아니라 논쟁적인 로자의 삶과 사상을 가감없이 드러낼 수 있는 혁신적 방식의 표지 설치를 추진하자는 제안으로 발전되었다.[10] 이는 2001년 10월 베를린 시의회 선거 이후 시정부 구성을 위한 사민당-민사당 간 연정협상의 의제가 됐고, 민사당의 요구로 연정협약에도 명시됐다.[11]

당시 베를린시 문화장관은 '다르게 생각하는 사람'에 대한 존중을 촉구하면서 로자를 영웅시하는 추념 조형물을 피하고 20세기 '극단의 시대' 로자의 삶과 사상에 대한 논의를 더 촉진시키겠다는 의도를 강조했다. 실제로 베를린시가 2003년 4월 발표한 공모 가이드라인은 매

'밤안개작전'으로 잠시 로자 룩셈부르크 광장에 설치되었던 롤프 비블Rolf Biebl의
로자 동상. 동상은 훈징어의 로자/리프크네히트 세라믹 부조(1999)와 함께
로자 룩셈부르크 재단 건물 앞에 약 20년 동안 세워져 있다가 최근 재단의 신청사
입주 후에는 단독으로 서있게 되었다.

우 독특했다. 참여 예술가들에게 "지난 극단의 시대에서 혁명과 민주주의, 정치−역사−문화 사이의 모순적 관계를 오늘날의 시각에서 탐구하고 21세기를 위한 질문을 던지는 작업이 될 수 있도록" 해달라는 요청이었다.[12] 심사위원회도 다르게 생각하는 사람들의 자유를 화두로 사유/기억의 표지가 될 수 있는 작품 선정을 가장 중요한 과제로 삼았고, 오랫동안 각 출품작의 정치적·사회적 함의를 검토했다.[13]

예술가 하케는 자신의 작품에 대해 로자의 생각을 있는 그대로 바닥에 책갈피같이 펼쳐놓음으로써 공간을 지배하는 것이 아니라 오히려 그 안에 녹아들어 광장 자체를 사유/기억의 표지로 만들고, 오가는 시민들이 성찰하고 반추할 수 있는 계기를 제공하는 데 초점을 맞췄다고 설명했다.[14] 인물상을 세우는 전통적인 방식에서 벗어나 민주주의와 사상의 자유를 고양하고 추념과 함께 보다 교육적인 기능을 부가하는 방식이라는 것이다.[15] 이를 두고 어떤 이는 사상적으로나 역사적으로 애매한 로자의 위상을 고려할 때 거의 유일하게 가능한 추념 방식이라고 평했지만,[16] 오히려 혁신적인 추념 방식, 그래서 "기억문화의 새롭고 보다 근본적인 전환"을 의미하는 방식이라는 평가가 더 설득력 있게 들린다.[17] 걸림돌Stolperstein*과 함께 독일 기억문화에 바닥 추념물의 붐을 가져오는 계기가 된 것은 또 다른 의미다.

---

* 걸림돌Stolperstein은 보도블록 바닥에 설치된 10×10센티미터의 작은 황동빛 추모 표지로 나치에 의해 박해, 살해, 추방된 사람들의 운명을 기억하기 위한 것이다. 희생자가 마지막으로 거주 혹은 활동했던 건물 앞에 희생자의 이름, 출생지, 출생연도, 사망 장소, 사망연도를 새겨넣은 명판이 시민들이 오가는 길목 곳곳에 박혀있다. 앞의 4장 참고.

운하에 던져진 다르게 생각할 자유

로자는 이렇게 다르게 생각하는 사람으로, 다르게 생각할 자유를 위해 광장에 다시 살아났지만, 그사이 그녀는 몇 번이나 죽임을 당해야 했다. 그녀의 기질이 그랬다. 잘못됐다고 생각하는 것에 대해서는 서슴없이 문제를 제기했고, 당대의 대가들과 권력에 맞서서도 굽힘이 없었다. 그래서 살아서나 죽어서나 로자는 많은 사람들을 불편하게 했고, 또 많은 이들을 흔들어 깨웠다. 오죽하면 로자 사후 100주년 되던 2019년 독일의 한 신문이 그녀에 대한 기사 제목을 '엄청난 안식 방해자'라고 했을까? 그 이유의 하나는 '인간에 의한 인간의 착취'에 대해 평생 타협하지 않고 큰 목소리로 싸운 그녀의 삶 때문이라는 것이다.[18]

벌 주라고 요구해요 이런 자들에게,

오늘 배부른 자들

정욕에 빠져 사는 자들

모르는 자들,

느끼지 못하는 자들,

얼마나 많은 고통 속에 수백만 사람들이 하루 벌어 하루를 사는지

16세의 로자가 지은 시다. 러시아령 폴란드의 작은 마을 출신에다 유대인이고 여성, 게다가 어릴 적 질환으로 키가 무척이나 작고 한쪽 다리가 짧아 걸음마저 불편했던, 그 당시 사회의 시선에선 온갖 핸디캡을 다 짊어진 로자였다. 5개 국어에 능통하고 고등학교를 수석 졸업했지만, 상장은 받지 못했다. 로자의 이런 시가, 그녀의 다른 생각이 학교를 불편하게 했기 때문이다.[19] 그 뒤 로자는 그나마 여성에게 문호가 개방되어 있던 스위스 취리히대학에 입학해 학위를 마쳤고, 곧바로 유럽 최대의 사민당SPD이 있었던 독일로 이주해 당내 거두들과 지도부를 상대로 신랄하고 근본적인 비판을 쏟아내며 혜성처럼 등장했다. 결정적으로 1차 세계대전 발발을 전후해 로자가 조직한 반전反戰 국제주의 그룹이 1917년 반전 독립사민당USPD을 거쳐 스파르타쿠스단Spartakusbund으로 발전해 가자 로자는 독일제국의 권력은 물론 사민당 지도부에게도 눈엣가시 같은 붉은 장미가 되었다. 응징은 먼저 제국 당국에 의해 이루어졌다. 1915년 2월부터 로자는 1918년 독일 11월혁명으로 독일제국이 붕괴될 때까지 3년 이상 감옥에서 지내야 했다.

혁명의 열기가 독일 전역으로 급속히 확산되던 11월 9일 사민당이 의회민주주의 공화국을, 리프크네히트가 자유사회주의 공화국을 각

각 선포하던 날 로자는 브레스라우 교도소에서 석방되었다. 이튿날 베를린에 도착한 로자는 곧 《붉은 깃발》을 발간하며 다시 사민당과는 다른 생각을 펼쳤고 다른 길을 걸었다. 임시정부를 구성한 사민당의 의회민주주의 노선을 비판하면서 로자는 보다 근본적인 평의회 체제를 주창했다. 사민당에게 이제 로자는 가장 위협적인 존재로 부상했다. 더욱이 로자가 리프크네히트 등과 함께 12월 말부터 사흘간 창당대회를 개최해 1919년 1월 1일 독일공산당을 창당하고, 곧이어 스파르타쿠스단이 베를린 봉기를 일으키면서, 사민당과의 갈등은 돌이킬수 없을 정도로 깊어졌다.

혁명을 저지한다는 명분으로 우파 자유군단을 끌어들인 사민당이 시위와 스파르타쿠스단 봉기를 가혹하게 진압하자, 로자는 1월 14일 《붉은 깃발》에 "베를린에는 질서가 지배하고 있다. 무지한 하수인들! 당신들의 질서는 모래 위에 세워져 있다"는 공격적인 선언을 실었다.[20] 로자는 이 글에서 "패배로부터 미래의 승리가 꽃필 것"이라며 희망을 잃지 않았지만, 바로 다음 날 밤 우익 민병대원들에게 체포되어 총 개머리판으로 머리가 부서지고 턱뼈가 무너져 앉도록 얻어맞은 뒤 다시 머리에 확인사살 총탄까지 맞은 채 베를린 시내 차가운 란트베어 운하 Landwehrkanal에 던져졌다. 함께 체포된 리프크네히트 역시 로자의 시신이 던져진 곳에서 약 700미터 떨어진 티어가르텐Tiergarten 숲속에서 사살됐다.[21]

그러나 운하에 던져진 그녀의 시신은 어디에도 없었다. 시신이 발견되지 않자 살해딩한 지 열흘 만에 시신 없는 상징적인 빈 관만 리프

•
로자 가매장 행사(1919. 1. 25).
시신 없는 상징적인 빈 관만 리프크네히트와 나란히 묻혔다.
※출처: Bundesarchiv Bild 183-08931-0002.

••
로자 시신 운구행렬(1919. 6. 13).
10만 명 이상이 장례행렬에 참여했다.
※출처: Bundesarchiv Bild 146-1976-067-25A.

크네히트와 나란히 묻혔다. 베를린시가 시내 공원묘지 배정을 거부해 변두리 중앙묘지 외딴 구석에 스파르타쿠스단 희생자 31명과 함께 묻혀야 했다.[22] 10만 명 이상이 장례행렬에 참여했지만, 그녀의 죽음에 항의하는 몇 개월 동안 다시 수많은 희생자가 생겼다. 넉 달이 훨씬 지난 5월 31일 밤 비로소 로자의 시신이 발견됐다. 보도는 금지되었고, 시신은 압류되어 베를린 인근 군기지에서 은밀히 부검된 뒤 일 주일 후에야 베를린으로 옮겨져 6월 13일 안장될 수 있었다.[23] 사민당에선 로자를 공공연히 유대인 좌파 급진주의자라는 딱지를 붙여 배척했고, 일각에선 심지어 신체적 장애로 인해 광신적이고 범죄 성향이 강한 여성의 전형이라는 분석까지 내놨다.

로자의 죽음으로 당시 독일 정치의 큰 흐름이던 좌파세력은 화해할 수 없을 만큼 분열되었다. 그리고 얼마 지나지 않아 극우 포퓰리즘, 극단적인 인종주의와 군국주의로 무장한 나치가 불안한 베를린의 질서를 잠식하기 시작했다. 사민당의 의회민주주의는 나치당에 자리를 내주었고, 로자가 경고했던 '베를린의 질서'는 히틀러의 '피의 질서'로 귀결됐다. "바이마르 공화국은 로자의 시신과 함께 이미 란트베어 운하에 가라앉았다."[24] 대다수 로자 연구자들이 내리는 평가다.

안식 없는 안식 방해자

로자의 죽음은 정치적으로뿐만 아니라 문화적으로도 큰 충격이었고, 많은 예술가들에게 깊은 트라우마를 남겼다.[25] 표현주의의 대가 베크만Max Beckman은 3월 베를린을 방문하고는 〈지옥〉이라는 연작을 만들면서 살해당하는 로자를 〈순교〉라는 작품으로 그려냈고, 젊은 시인 브레히트Bertolt Brecht는 짧은 시 비문으로 그녀를 추모했다.

이제 붉은 로자도 사라졌네

그녀가 누운 곳마저 알 수 없으니

가난한 사람들에게 진실을 말했기에

부자들이 그녀를 이 세상에서 사냥해 버렸네.[26]

작가 츠바이크Arnold Zweig는 로자를 결코 사라지지 않을 세계 평화사상의 순교자라고 평가했고, 잡지 《세계무대》에선 독일 역사상 가장 위대한 여성 혁명가라고 칭했다. 1926년 로자 안장일에는 모더니즘 건축의 거장이자 미니멀리즘의 대표주자 미스 판 데어 로에Ludwig Mies van der Rohe의 〈혁명 추모비〉가 제막되었다.[27] "죽어간 혁명의 영웅들에게" 바치는 이 조형물에는 일종의 제단으로서의 의미가 덧붙여졌다. 낫과 망치의 붉은 별 동판과 붉은 깃발이 부착되고, 로자가 살해되기 직전 《붉은 깃발》에 남긴 글 〈베를린에는 질서가 지배하고 있다〉의 마지막 문장이 새겨졌다. "나는 있었고, 나는 있고, 또 나는 있을 것이다."

로자는 좌파 순교자의 아이콘이 됐지만, '엄청난 안식 방해자'인 그녀 자신도 안식을 찾을 수 없었다. "한 사람이 얼마나 많이 죽임을 당할 수 있는가."[28] 다르게 생각했기 때문에 친구보다는 적이 많았고, 다른 생각을 실천하려 했기에 살해당한 로자는 그만큼 죽어서도 그 다른 생각 때문에 끊임없이 모욕당하고 죽임을 당했다. 무엇보다 로자는 자신이 창당했던 당의 거리두기와 스탈린의 낙인찍기로 가혹하게 외면당했다. 로자가 러시아혁명 이후 전개과정에 대해 비판을 주저하지 않았기 때문이다.[29] 로자의 다른 생각은 반혁명사상으로 배척되었고, 1931년엔 혁명의 적으로 간주되기에 이르렀다. 일종의 정치적 사형선고였고, 그녀에게는 두 번째 죽음이었다.[30] 그런데 다시 1933년 히틀러가 집권하자마자 바로 로자의 글이 모두 분서 대상으로 분류되어 불태워졌다. 매년 1월의 추모식은 말할 것도 없이 금지되었고, 로자 묘역도 그대로 남아있지 못했다. 1934년 11월 관할 구청 결정에 따라 이듬해 초 추념 조형물이 파괴되고 묘석이 철거되면서 어디가 누구의 묘인지도 알 수 없는 지경이 되었다. 전쟁 중이던

살해당하는 로자를 표현한
막스 베크만의 〈순교〉(1919).
※출처: 뉴욕현대미술관 컬렉션.

2019년 재정비된 묘역에 서있는
판 데어 로에의 로자 추념 조형물
〈혁명 추모비〉(1926) 사진.

1941년 4월 말 나치는 묘역을 갈아엎으라고 지시했고, 결국 로자의 묘는 이장도 하지 않은 채 파헤쳐지고 훼손되어 후에 관마저 찾을 수 없게 되었다.[31] 파묘와 부관참시의 세 번째 죽임을 당한 것이다.

68학생운동으로 살아 돌아온 로자

— 서독

나치가 패망하고 전쟁은 끝났지만, 서독에서 로자는 오랫동안 완전히 잊힌 인물이었다. 초기에 독일 노동운동사나 바이마르 공화국사 연구의 일부로 로자에 대한 언급이 간혹 이루어지긴 했지만, 냉전과 반공, 경제호황 속에서 그녀는 살해된 공산주의 지도자의 한 명일 뿐이었고 사실상 무관심의 대상이었다. 심지어 '제2의 로자'라는 별명을 가졌다고 알려진 한나 아렌트Hannah Arendt조차 로자를 진지하고 심층적으로 접하지는 않았다는 게 일반적인 평가다.[32] 로자 살해 명령자로 알려진 발데마르 팝스트가 1962년 80세가 넘어서야 언론에 로자의 살해범에 대한 얘기를 꺼내면서 일반인들의 관심을, 그것도 단지 로자에게 총을 쏜 범인이 누구였나에 초점을 맞춘 가십성 이슈로 눈길을 끌었을 뿐이었다.[33]

그러나 1960년대 중반이 되면서 분위기가 완연히 달라졌다. 무엇보다 이곳저곳에서 로자 관련 출판 붐이 일었다. 시작은 1966년 영국 옥스퍼드대학교 출판부에서 출간한 로자 평전이었다.[34] 이 평전을 통해 로자는 20세기 가장 중요한 인물 중 한 사람으로, 또 그녀의 사상이 지닌 현재적 의미가 본격적으로 주목받기 시작했다.[35] 서독에서는 베를린자유대학 교수가 러시아혁명에 관한 글을 포함해 로자의 정치사상을 담은 글을 묶어 《로자 선집》 첫 권을 출간했다. 이후 로자의 특정 정치사상을 집중적으로 조명하는 전문서적들이 잇따라 발간되었다.[36]

물론 갑작스럽고 뜬금없는 변화는 아니었다. 미국의 매카시즘에 대한 역풍과 소련 흐루쇼프 평화공존론의 영향으로 1950년대 후반 세계적으로 극단적인 반공주의가 일정하게 퇴색한 데다, 영국의 반전·반핵 평화행진 열기가 유럽대륙으로 번졌고, 1960년대 들어서는 미국의 대외 무력 개입과 베트남전쟁에 대한 반대 움직임이 광범위한 반전운동으로 발전했다. 다른 한편 1956년 흐루쇼프의 스탈린 격하와 동시에 폴란드와 헝가리 봉기를 거치면서 현실 사회주의에 대한 반발과 기존 이념을 수정하려는 유럽 사민당에 대한 비판도 대학을 중심으로 확산되었다. 나아가 서독에서는 나치 과거사 문제와 베를린장벽 건설과 같은 특수한 문제들이 더해지면서 새로운 이념 지형이 형성되고 있었다. 이런 다양한 흐름들이 모여 독일 사회를 뒤흔든 '68학생운동'으로 가는 큰 물줄기가 만들어졌고, 그 물줄기 속에서 로자가 다시 불려나온 것이다.[37]

로자 부활의 중심에는 특히 로자의 닮은꼴 청년, 루디 두취케Rudi Dutschke가 있었다. 독일 68학생운동의 카리스마적 지도자 두취케는 로자의 영향을 많이 받은 청년이었다.[38] 1966년 9월 대학생 조직 대표

로자의 초상화를 든 68학생시위대(1968).
60년대 중반 재발견된 로자는 68학생운동
과정에서 신좌파의 정치적 상징으로
다시 살아 돌아왔다.
※출처: dpa

역사학자 존 피터 네틀John Peter Nettl의
《로자 룩셈부르크》(1966) 표지.
옥스퍼드대학 출판부에서 발간된
이 로자 평전은 1960년대 중반 이후 로자
관련 출판 붐의 개시를 알렸다. 로자는 이제
20세기 가장 중요한 인물 중 한 사람으로,
또 그녀의 사상이 지닌 현재적 의미가
본격적으로 주목받기 시작했다.

자 회의에서 두취케는 "로자, 칼, 그리고 레오"를 외치며 강렬한 인상을 남겼고, 현장에 있던 기자는 그를 "신좌파, 막다른 길을 뚫을 것인가"의 주인공으로 등장시켰다.[39] 이어 11월 사민당이 참여한 서독 최초의 대연정이 구성되자 로자를 인용한 연설을 통해 원외 반대 그룹 APO 구성을 주창했고, 이듬해 《슈피겔》지와의 인터뷰에선 의회가 더이상 국민 다수의 염원과 이해를 대변하지 않는다면서 로자가 그랬던 것처럼 인간에 의한 인간의 지배를 최소화하기 위해 분권화된 평의회 직접민주주의를 도입해야 한다고 주장했다.[40]

이렇게 60년대 중반 재발견된 로자는 68학생운동 과정에서 신좌파의 정치적 상징으로 다시 살아 돌아왔다.[41] 사민당 내부에서도 1968년 처음으로 로자에 대한 역사적 평가를 달리하는 이견이 표출됐다. 그것도 당수이자 이듬해 연방총리가 돼 동방정책을 이끌었던 빌리 브란트Willy Brandt를 통해서였다. 브란트는 독일 11월혁명 50주년 기념 행사에서 1918년 혁명 당시 상황과 로자에 대한 사민당 지도부의 이해와 대처가 반드시 옳았던 것만은 아니었다는 취지의 연설을 했다. 특히, "만약 로자가 살아있었다면 그녀는 현재의 마르크스-레닌주의와 싸웠을 것이고, 소련을 비롯한 다른 사회주의 국가에서 정당화되어 있는 당 독재와 투쟁했을 것"이라며 로자에 대한 사민당의 기존 입장과는 다른 인식을 피력했다.[42] 때마침 그해 서베를린에서는 나치가 파괴한 판 데어 로에의 〈혁명 추모비〉를 로자 시신이 버려진 운하 근처 공원에 재건하려는 시도가 나타나기도 했다.[43]

보다 가시적인 변화는 영화와 방송으로부터 왔다. 1969년 1월 로자와 리프크네히트 사후 50주기에 맞춰 방영된 서독 공영방송의 다큐드라마 〈리프크네히트-룩셈부르크의 죽음〉은 독일 TV 다큐드라마사에 새로운 지평을 열며 그녀에 대한 대중적 관심을 촉발시켰고, 그녀에 대한 시청자들의 생각을 바꾸는 계기가 됐다. 나아가 1986년 개봉된 영화 〈로자 룩셈부르크〉는 로자 수용에 또 하나의 도약이었다. 꼼꼼한 시나리오와 탄탄한 구성, 주연 배우의 탁월한 연기로 찬사를 받은 이 영화는 그해 서독에서 최우수 영화상과 여우주연상을 수상했고, 칸영화제에서는 황금종려상 후보작 지명과 함께 여우주연상을 수상하는 대성공을 거뒀다. 이 영화는 그때까지 완고한 비운의 혁명가 로자의 이미지를 인간적인 고뇌 속에서도 휴머니즘과 민주주의를 꿈꾸는 보편적인 여성의 이미지로 그려내는 데 성공했다.[44]

그러나 로자가 서독의 기억문화에서 자리 잡아 가는 과정은 순탄치 않았다. 1969년 처음으로 로자 추념 동판이 제막되었지만 곧 관할 구청에서 떼어버렸고, 1971년 란트베어 운하 근처에 세워진 추념비 역시 극우주의자에 의해 파괴되었다.[45] 1974년 발행된 로자 기념 우표도 마찬가지였다. '독일사에서 중요한 여성' 시리즈의 하나로 로자 기념 우표를 발행한다는 계획이 알려지자 야당의 철회 압력이 거셌고, 담당 장관은 2,000여 통의 항의편지에 시달려야 했다. "다르게 생각할 자유"를 강조하며 우표 발행을 밀어붙였지만, 결국 정상적으로 유통시키지는 못했다.[46] 그로부터 10년을 훌쩍 넘긴 1987년 시민들의 자발적인 노력이 결실을 맺었다. 로자 추념 조형물이 베를린시의 승인을 받아 로자의 시신이 잠겼을 것으로 추정되는 지점에 설치된 것이다.[47] 추

•
1986년 설계 공모에 당선된
로자 추념 조형물(1987).
로자의 시신이 버려진 곳으로 추정되는
지점에 설치되었다. 조형물의
끝부분도 강물에 빠져있다(1987).

••
란트베어 운하 옆
로자와 리프크네히트
추념 동판.

념 조형물 앞 벽면에 세워진 추념 동판에는 이렇게 씌어있다.[48]

사회주의자 로자 룩셈부르크는 억압과 군사주의, 전쟁을 반대하며 투쟁하다 간악한 정치적 살인의 희생자가 되었다. 생명 경시와 사람에 대한 유혈폭력은 인간의 비인간화를 보여주는 것이며, 이것은 결코 어떤 갈등에 대해서도 해결 수단이 될 수 없으며 또 그렇게 되어서도 안 된다(1987년 베를린).

상징적 순교자에서
민주적 사회주의의 상징으로
─동독

동독에서의 로자 수용과정은 서독과는 사뭇 달랐다. 훗날 동독의 대통령이 된 빌헬름 피크Wilhelm Pieck는 1945년 7월 소련에서 귀국하자마자 로자가 묻힌 묘역을 찾았다. 피크는 나치가 파괴한 묘역을 정비하고 추념 조형물을 다시 재건하고자 했고, 철거된 〈혁명 추모비〉의 임시 모형물을 1946년 1월 설치한 뒤 로자─리프크네히트(LL) 추모행사를 다시 재개했다.[49] 그리고 1949년 10월 대통령으로 취임하자마자 직접 사회주의자 묘역 조성 사업을 챙겼다. 그사이 피크는 로자의 관을 찾으려고 이전 묘역을 샅샅이 뒤지며 백방으로 애를 썼지만 찾아내지 못했다. 리프크네히트와 다른 이들의 관만 발견해 새로운 묘역으로 이장했다. 그해 로자가 수감됐던 베를린 여성교도소 앞에 추념 동판이 설치되었고, 1951년 1월엔 유해 없이 빈 관만 묻힌 로자의 묘와 리프크네히트의 묘를 대표 묘소로 한 '사회주의자 추모 묘역' 제막식과 LL 추모 행사가 대대적으로 개최되었다.[50] 이에 따라 로자와 리프크네히트는 동독의 뿌리인 독일공산당 창당 주역이자 사회주의 순

교자로서 거의 종교에 가까운 동독의 국가적 상징으로 자리 잡았다.[51]

그러나 딱 여기까지였다. 동독 사통당에게 로자는 여전히 논쟁적이고 불편한, 이중적 인물이었다. 1951년 당 중앙위원회 산하 연구소에서 로자의 저작과 연설문을 선별해 처음으로 《로자 룩셈부르크: 저술 및 연설문 선집》을 발간하긴 했지만, 피크조차도 서문에서 '룩셈부르크주의'의 위험성을 경고하며 로자의 오류와 실책을 극복해야 한다고 강조했다.[52] 당의 정치이념과 근본적으로 큰 차이를 보인 로자의 사상은 무시되거나 경시되었고, 사람은 존중하되 사상은 버린다는 방침이 당의 기본 노선으로 굳어졌다. 결국 로자는 정치적으로는 국가 공식 행사에서 아이콘으로 내세워졌지만, 사상적으로는 늘 리프크네히트 뒤에 위치했다. 그래서 동독에서는 로자가 신화화와 함께 정치 도구화되었다는 평가가 많다.[53]

이런 이중적인 로자 수용에도 1960년대부터 조금씩 변화의 조짐이 나타났다. 우선 당 내부에서 로자에 대한 입장에 균열이 생겼다.[54] 연구자들 사이에도 로자의 면면을 새롭게 보여주려는 움직임이 생겨났다.[55] 1974년엔 당시까지 출판 금지되었던 로자의 〈러시아혁명에 대하여〉도 수록됐다. "작은 센세이션"이었다. 로자 연구와 역사서술에 큰 진전을 의미하는 사건이었고, 또 당 지도부가 이념적 경직성을 완화하고 보다 유연하고 독자적인 태도로 전환하는 신호였다.[56] 이에 1974년 비록 실현되지는 못했지만, 로자에 대한 새로운 추념 조형물 설치가 추진되어 2개의 안이 제시되기도 했다.[57]

그러나 로자는 사통당이 고정시킨 이념적 틀에 머물지 않았다. 특히, 로자의 자유사상은 동독 내에서도 "사통당에 반대하는 증인"으로 주목받기 시작했다. 동독의 대표적인 반정부 인사인 로베르트 하베만 Robert Havemann은 로자의 "다르게 생각하는 사람들의 자유"에 집중하면서 이를 현실 사회주의의 대안으로 새롭게 발전시켜 나가야 할 '민주적 사회주의'의 핵심 요소로 보았다.[58] 동독의 유명한 저항시인이자 음악가 볼프 비어만Wolf Biermann도 빼놓을 수 없다. 하베만의 사위이기도 한 비어만은 1974년 서독 쾰른의 공연장에서 로자의 '다르게 생각하는 사람들의 자유'를 인용해 "동서독의 통일"과 "동독의 포괄적인 민주화"를 요구했다. 1976년 이른바 '볼프 비어만 사건'은 동독 지식인들의 이탈과 체제 균열의 가속화를 불러왔고, 로자와 '자유'에 대한 동독 국민들의 인식에 변화를 가져오는 계기가 되었다.[59]

바로 이듬해 1월 LL 추모 행사에서 로자의 "다르게 생각하는 사람들의 자유" 현수막이 나타났다. 현수막을 든 세 명은 곧 체포되었지만, 이런 변화는 다시 1980년대 후반 동독 내 민주화운동으로 이어졌다. 결정적으로 1988년 1월 17일 LL 추모 행사에서 동독 내 비판세력이었던 환경/평화/인권 운동 그룹은 몰래 품속에 숨겨온 로자의 초상화와 '다르게 생각하는 사람들의 자유' 현수막을 펼치기 시작했다. 이들 중 많은 이들이 시위 직전 체포되었지만, 로자의 "자유란 항상 다르게 생각하는 사람들의 자유"가 시위대 슬로건으로 본격 등장했다. 로자를 추모하는 행사가 로자의 '자유'를 들고 자유와 민주주의를 요구하는 "로자 데모"로 변모한 것이다.[60]

이날의 로자 데모는 이듬해 동독에서 광범하게 타오른 '평화혁명'

사회주의자 추모 묘역.
1951년 1월 유해 없이 빈 관만 묻힌 로자의 묘와 리프크네히트의 묘를
대표 묘소로 한 '사회주의자 추모 묘역'이 제막되었다.

1988년 동베를린에서 개최된 LL 추모 행사에 등장한 로자 초상화.
로자의 "자유란 항상 다르게 생각하는 사람들의 자유"가
시위대 슬로건으로 본격 등장했다 ※출처: picture alliance/dpa/ADN.

을 위한 일종의 예표였다. 1989년 동독에서의 평화혁명 시기 로자의 '다르게 생각하는 사람들의 자유'는 동독 시민들의 자유와 민주주의에 대한 염원을 대표하는 상징적인 문구로 전면에 내세워졌다. 이 때문에 비어만은 동독 시민들에게 다르게 생각할 자유를 선언한 1989년 평화혁명의 선구자로 여겨졌고, 로자는 동독 정권이 만든 사회주의 순교자 이미지를 깨고 자유와 민주주의를 부르짖는 살아있는 혁명가로 다시 부활했다. 당시 동독 국가평의회 부의장이었던 크렌츠Egon Krenz는 후일 왜 1989년 가을의 시위를 폭력으로 진압하지 않았냐는 질문에 자신은 노스케[*]가 되길 원치 않았다면서 그때의 상황을 70년 전 로자가 마주했던 1918/19년 혁명 때와 동일시했음을 고백하기도 했다.[61]

---

* 노스케Gustav Noske(1868~1946)는 바이마르 공화국의 국방장관(사민당)으로서 1919년 1월 자유군단을 동원해 스파르타쿠스 봉기를 유혈 진압하고, 로자와 리프크네히트의 살해를 최소한 묵인 또는 방조한 것으로 알려져 있다.

5. 다르게 생각하는 사람들의 자유

로자 To Go, 어디나 있다
─통독 이후

1990년 동서독이 통일될 때 이렇게 로자는 자유와 인간의 얼굴을 한 민주적 사회주의의 상징으로 변모해 있었다. 그래서 로자는 빌리 브란트와 함께 서독과 동독에서 모두 수용된 거의 유일한 역사적 인물로 평가되고 있다. 또 서독과 동독 양쪽 모두의 기억 속에 자리한 몇 안 되는 인물 가운데 하나가 되었다는 점에서 독일 기억문화에서 아주 독특한 위상을 차지하고 있다는 분석도 있다.[62]

그러나 통일 이후의 변화와 비교하면 그때까지는 로자는 겨우 뿌리를 내린 정도에 지나지 않는다. 1990년대 독일 내외에서 로자에 관한 출판 붐이 일었고, 로자를 기리는 추념 조형물이 곳곳에 세워졌기 때문이다. 로자 붐이었다. 당장 1990년 로자 기일엔 로자와 리프크네히트가 체포된 곳 입구 바닥에 추념판이 설치되었고, 이듬해엔 조형물 〈거대한 베르타에서 붉은 로자까지〉가 세워졌다. 붉은색이 아닌 분홍색 조형물이 등장했다. 마치 동독과 서독의 로자 인식이 통일과 함께 합쳐져 시너지 효과를 낳은 듯했다. 로자의 이름을 붙인 거리와 광장,

1990년 로자 기일에 로자와
리프크네히트가 체포된 곳 입구 바닥에
추념판이 설치되었다.

로자의 시신이 버려진 곳 근처
인도교가 베를린시의 승인하에
로자 룩셈부르크교로 개칭된 뒤
부착된 표지(2012).

전철역, 교량, 고등학교와 같은 공공장소와 기관, 그리고 재단과 협회, 학회 등 어디에서나 그녀를 접하고 들을 수 있게 되었다.

결과적으로 로자는 베를린 길거리의 걸림돌처럼 도시 곳곳에 내장된 기억이 되었다. 독일에서 로자만큼 이렇게 많은 추념 조형물과 그 이름을 딴 공공장소, 문화적 코드를 가진 인물도 드물 것이다. 로자가 독일 태생이 아니라 폴란드 출신이고 나중에야 독일 국적을 취득했다는 점에서 보면 아마 유일한 역사적 인물일지도 모른다. 이제는 심지어 머그잔에도 로자의 얼굴이 그려져 판매되고 있다. 'Rosa to go'인 셈이다.

혹자의 지적대로 로자는 확실히 1980년대 후반부터 1990년대를 거치면서 강성 이미지보다는 인간적이고 감성적인 측면, 혁명가보다는 자유사상가로 재해석되면서 사회적 수용도 크게 증가했다.[63] 1920년대의 브레히트로부터 1980년대의 투마르킨에 이르기까지 오랫동안 사용되어 온 "붉은 로자에서 '붉은'이 빠진 로자 자체로 떼어져 나왔고", 이름 그대로인 로자(분홍색)로 바뀐 것이다.[64]

덕분에 독일의 유명한 대중 여성잡지 《브리기테*Brigitte*》가 2000년 구독자들을 대상으로 실시한 〈20세기 가장 중요한 여성〉 설문조사에서 로자가 나치에 저항한 '백장미' 조피 숄에 이어 두 번째를 차지하기까지 했다.[65] 로자를 기리는 그 많은 추념물과 곳곳의 이름에 걸맞게 로자가 독일의 문화적 기억에서 중요한 위치를 차지하게 되었음을 보여주는 단적인 예다. 최근 들어 로자와 관련된 문화예술 행사가 더욱 풍성해지고 있다.[66]

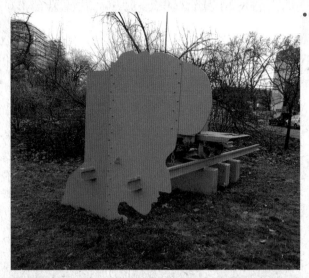

독일 출신의 이스라엘 작가 투마르킨의 로자 추념 조형물(1991).
작가는 의도적으로 분홍색을 뜻하는 독일어 rosa와 로자의 이름을 등치시켰다.

2020년 베를린 '세계 여성의 날' 시위 현수막에 등장한 로자.
클라라 체트킨과 함께 로자는 최근 여성운동의 상징적 인물로 새롭게 조명받고 있다.

그러나 더 극적인 예는 아마 2017년 베를린시가 추진했던 캠페인일 것이다. 베를린시는 "자유의 수도 베를린"을 모토로 관용과 개방의 '자유 베를린#FreiheitBerlin' 캠페인을 벌였는데, 여기서 핵심적인 문구의 하나가 로자의 "다르게 생각하는 사람들의 자유"였다. 캠페인의 일환으로 이 인용문 포스터가 베를린 시내 곳곳에 부착됐고, 시내 건물에는 로자의 초상과 함께 이 인용문 플래카드가 내걸렸지만, 시민들의 반대 의견은 없었다.[67] 그해 독일 공영방송 도이체 벨레DW는 세계 여성의 날 기념 방송에서 '세계를 바꾼 10명의 여성' 중 한 명으로 로자를 꼽았다.[68]

로자는 이제 추념의 대상을 넘어, 또 사회 일부의 정치적 상징을 넘어 새로운 현재적 의미를 획득하면서 자유의 문화적 상징으로 발돋움했다. 2019년 로자 사후 100주기와 2021년 그녀의 탄생 150주년을 전후해 그녀의 삶과 사상이 새롭게 해석되고, 페미니즘과의 접점과 같이 그녀에 대한 시야의 지평도 넓어지고 있다.[69] 한 세기 사이에 일어난 이 극적인 반전, 그것은 단순히 로자 개인에 대한 평가와 인식의 변화를 반영한 것만이 아니라 독일 사회의 이념적 다양성과 포용의 넓이와 관용의 깊이가 그만큼 확장되었음을 의미한다.

다시 광장으로
― 다르게 생각하는 사람들의 기억문화

다시 광장을 걷는다. 로자의 '기억 표지' 이래 세월을 따라 광장도 변했다. 건축공사로 로자의 책갈피가 잠시 파헤쳐지고 다시 묻히는 과정에서 로자의 문구를 잘 모르는 현장 인부들이 엉뚱하게 조립하는 바람에 나중에 이를 다시 긴급히 재설치하는 해프닝도 있었다고 한다. 또 광장 주변에 최신식 고급빌딩이 들어서면서 로자 룩셈부르크 광장이 아니라 로자 룩수스luxury 광장이 됐다는 우스갯말도 있다.[70] 그 역시 다름과 이질성, 다양성의 표현일 게다. 그리고 또 다른 추념 동판 논쟁도 있었다. 로자의 '기억 표지'가 설치되었으니 1931년 8월 광장에서 총격을 받고 쓰러진 당시 경찰관 2명에 대한 추념 동판도 설치해야 한다는 주장이었다. 2016년 1월 구의회에서 이 추념 동판 설치가 의결되어 논란 끝에 QR코드가 광장 바닥에 부착되었다.[71]

이로써 광장엔 많은 추념물들이 집약되어 있다.[72] 격동의 독일 현대사를 온몸으로 품은 광장의 역사만큼이나 그 역사를 담아 광장에 새겼다. 로자 광장은 그래서 20세기 극단의 시대를 헤쳐온 독일의 변

로지 룩셈부르크 광장의 로자 어록.
현재 로자는 추념의 대상을 넘어, 또 사회 일부의
정치적 상징을 넘어 새로운 현재적 의미를 획득하면서
자유의 문화적 상징으로 발돋움하였다.

화상이 고스란히 녹아있는 기억공간이자, 대립과 갈등과 다른 생각들까지도 올곧이 남겨 후세들이 되새길 수 있게 하는, 독일 기억문화의 요체인 셈이다. 이념보다는 역사적 사실을 기반으로 폭력에 희생된 이들을 추모하는 문화, 토론과 존중을 통해 다르게 생각하는 사람들의 기억을 함께 보듬는 문화, 그리하여 결국 대립과 갈등을 넘어 통합으로 가는 그 상징성이 이곳을 채우고 있다. 그렇기 때문에 광장 바닥의 로자 문구는 오늘도 더욱 빛난다.

자유란 항상 다르게 생각하는 사람들의 자유다.

5. 다르게 생각하는 사람들의 자유

아이들의
천국

— 콜비츠 광장

6

🏛 브란덴부르크 문 ❶ (2번 뒤) 콜비츠 광장 Kollwitzstr. 59, 10405 Berlin ❷ 콜비츠의 〈두 아이를 안고 있는 어머니〉 조각상 Prenzlauer Allee 227-228, 10405 Berlin ❸ 기억의 거리 Kirchstr. 11, 10557 Berlin ❹ 케테 콜비츠 박물관 Käthe Kollwitz Museum, Theaterbau am Schloss, Spandauer Damm 10, 14059 Berlin

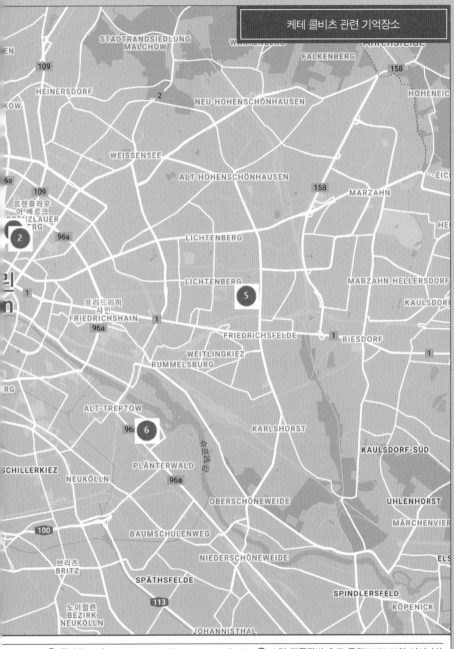

케테 콜비츠 관련 기억장소

❺ 콜비츠 묘지 Zentralfriedhof Friedrichsfelde Berlin ❻ 소련 전몰장병 추모 공원(트렙토우)의 어머니상 Puschkinallee, 12435 Berlin ❼ 귀스트로프교회 〈떠있는 천사상〉 Dom zu Güstrow, Dompl., 18273 Güstrow(지면상 위 지도 내 미표기) ❽ 독일 명예의 전당 '발할라' Walhallastr. 48, 93093 Donaustauf(지면상 위 지도 내 미표기)

이제 더 이상은 안 된다

이곳은 평화와 자유의 기운이 넘쳐난다. 케테 콜비츠Käthe Kollwitz[1]가 평생 그토록 온몸으로 보호하려 했던 아이들이 이제 세월이 지나 그녀의 동상을 마치 할머니 품처럼 오르내리며 즐겁게 뛰놀고 있다. 베를린 프렌츠라우어 베르크Prenzlauer Berg 지역에 있는 이른바 콜비츠 지구Kollwitzkiez.[2] 의사였던 남편 칼 콜비츠는 이곳에서 줄곧 노동자들과 하층민을 위한 의료활동을 펼쳤다. 동상이 세워진 콜비츠 광장에 콜비츠 길이 연이어 있고, 약국이며 카페며 병원이 모두 그녀의 이름을 쓰고 있다. 아이들을 위한 놀이터도 여기저기 마련되어 있다. 어린이 옷집과 인형극장, 아이들과 함께하는 모임방처럼 아이들을 위한 시설과 상점들 역시 유난히 많다. 케테 콜비츠가 꿈꾸고 품었던 아이들의 작은 세상인 셈이다.

어느 예술가가 어머니의 모정을, 아이를 지키겠다는 어머니의 의지를 이토록 처절하고 결연하게 표현해 낼 수 있을까? 독일의 가장 위대한 여성 예술가로 꼽히는 케테 콜비츠. 남성 중심의 프로이센 사

콜비츠 광장의 〈케테 콜비츠 동상〉에 오르는 아이.
콜비츠 동상은 이곳 아이들에게 가장 사랑받는 놀이터다.

회에서 '최초'라는 수식어가 늘 따라붙을 만큼 치열하고 선구적인 삶을 살았고,[3] 빈곤과 기아, 고통과 죽음을 주제로 한 작품들을 통해 당시의 금기를 깨며 시대의 현실을 고발하고 무엇보다 아이들을 향한 휴머니즘과 인간다운 삶을 촉구했다.[4] 그런 그녀의 1914년 10월 30일 일기엔 단 한 줄만이 씌어있었다. "댁의 아들이 전사했습니다."

케테 콜비츠의 둘째아들 페터는 부모의 만류를 뿌리치고 17세에 기어이 자원입대했고, 얼마 지나지 않아 달랑 이 한 장의 전사 통지문으로 돌아왔다. 끊임없는 전쟁의 땅 유럽 대륙이 그나마 전쟁 없이 지낸 가장 긴 43년간의 벨 에포크Belle Époque를 끝내고 무지막지한 '세계대전의 시대'를 연 1차 세계대전이 시작된 지 3개월 만이었다. 독가스까지 동원한 가공할 최신 무기로 4년 이상 유례없이 죽이고 죽는 총력전이 펼쳐졌고, 독일에서만 200만 명이 전사했다.[5]

"너무 많이 죽었다. 이제 더 이상은 안 된다."[6] 아들을 앗아간 전쟁의 트라우마는 케테 콜비츠를 시대의 주요한 반전평화주의자로 변모시켰다. 수많은 부모들과 전쟁과부, 아이들의 절망과 고통, 굶주림은 판화 연작 〈전쟁〉(1918~1922/1923)으로 이어졌다.[7] 그중 여섯 번째 작품 〈어머니들〉은 둥글게 원을 만들어 아이들을 전쟁에 나가지 못하도록 반드시 지키겠다는 어머니들의 결연한 마음을 강렬하게 그려냈다. 그 안에 자신의 아이들이 함께 있다고 생각했다는 콜비츠, 둘째를 막지 못했던 그녀의 통한이 절절히 묻어난다.[8]

전쟁으로 아이들을 잃은 어머니들의 애끓는 비통과 아이들을 지키려는 처절한 모성의지를 형상화하면서 콜비츠는 희생자 대신 저항자로서의 여성이 필요하다는 걸 깨닫는다. 이제 그녀는 본격적으로 전쟁을 반대하는 평화의 예술가로 거듭났다. 1923년 국제 반전의 날에 사용할 포스터 〈살아남은 사람들〉을 만들었고, 이듬해엔 진즉부터 가슴과 작품에 새겨둔 메시지 "다시는 전쟁이 일어나서는 안 된다"를 그대로 드러낸 전쟁 반대 포스터 〈니 비더 크릭〉을 완성했다.[9]

호전적인 군사문화가 팽배해진 사회에서, 더욱이 침략한 가해자가 패전의 피해자로 뒤바뀐 전도된 인식이 지배하는 당시 독일에서 전쟁을 반대하고 평화를 외치는 건 결코 쉬운 일이 아니었다. 평화의 외침은 쉬 부서져 내렸고, 나치의 영향력은 커져갔다.

1932년 7월 케테 콜비츠는 제국의회 선거를 앞두고 나치의 권력 장악을 경고하며 단결을 촉구하는 '긴급호소문'에 남편과 함께 동참했다. 이듬해 2월 또다시 히틀러의 독재를 막자고 호소했다. 그러나 결과는 허망했다. 그녀가 후에 일기에 적은 대로 히틀러는 총통이 되었고, 체포와 구금, 해고, 정당 해산, 언론 장악, 분서를 거쳐 순식간에 나치 독재의 완성으로 나아갔다. 그녀도 예술아카데미 정회원 사퇴를 강요받았고, 마이스터 과정 학과장 직과 작업실도 빼앗겼다. 모든 작품은 전시회에서 내려졌다. 1936년 게슈타포는 그녀의 기고문을 문제 삼아 강제수용소로 보내겠다고 협박했다. 나치가 드리우는 죽음의 그림자는 연작 〈죽음〉(1932~1936)과 닮아있다.[10]

이런 와중에도 아들을 잃은 슬픔을 더 이상 전쟁은 안 된다는 평화 의지로 승화시킨 케테 콜비츠의 예술혼은 이어졌다. 1932년 〈애도하는 부모〉를 18년 만에 마무리했고, 1936년 〈어머니와 두 아이〉를,

케테 콜비츠의
⟨부모⟩
(1921/22).

케테 콜비츠의
⟨어머니들⟩
(1921/22).

케테 콜비츠의
⟨어머니와 두 아이⟩
(1932~1936).

케테 콜비츠의
⟨어머니들의 탑⟩
(1938).

1938년엔 〈어머니들의 탑〉을 완성했다. 둘째아들이 묻힌 벨기에의 한 묘지에 설치된 〈애도하는 부모〉는 전쟁으로 자식을 잃은 부모의 고통을 평화에 대한 간절함으로 형상화한 반전예술의 최고 걸작으로 꼽힌다.[11] 〈어머니들의 탑〉은 이전의 〈어머니들〉과 마찬가지로 어머니들이 온몸으로 인간 탑을 만들어 아이들을 감싸며 보호하는 모습을 표현한 작품이다.

〈어머니들〉이 두려움 속에 다소 수동적이고 방어적이었다면 〈어머니들의 탑〉은 주먹까지 불끈 쥔 훨씬 적극적인 어머니들이 요새를 만들 듯 아이들을 절대 내보내지 않겠다는 강인한 의지를 드러내고 있다.[12] 어쩌면 그녀는 이미 다가올, 이전보다 더 참혹한 전쟁을 직감하고 있었을지도 모른다. "최악은 무엇보다 어떤 전쟁이든 다른 전쟁을 이미 주머니 속에 넣고 있다는 사실이다. 전쟁은 또 다른 전쟁을 부른다. 모든 게, 모든 게 파괴되기까지."[13] 어머니들이 탑을 쌓아 아이들을 보호하려고 할 때 나치의 전쟁기계는 이미 시동을 걸고 있었다.

케테 콜비츠가 〈죽은 아들을 안고 있는 어머니〉(1937~1939) 동상을 완성하던 해 가을 나치의 전격적인 폴란드 침공으로 2차 세계대전의 소용돌이가 휘몰아쳤다. 1차 세계대전의 화약 냄새가 채 사라지기도 전에 아이들을 다시는 전쟁터에 보내지 않겠다며 만든 〈어머니들의 탑〉도 무너져 내렸다. 자의든 타의든 나치의 전쟁놀음에 동원된 장병 530만 명 이상이 사망하고 민간인도 약 120만 명이 목숨을 잃었다. 일흔이 넘은 케테 콜비츠는 다시 붓을 들었다. 1941년 〈아이를 지키는 어머니 I, II〉와 〈씨앗은 분쇄되어서는 안 된다〉를 연이어 만들었

•
케테 콜비츠의 〈아이를 지키는 어머니〉I, II(1941)

••
케테 콜비츠의 〈씨앗은 분쇄되어서는 안 된다〉(1941).
괴테 작품에서 인용한 이 문구는 콜비츠가 1차 세계대전에 참전한 둘째아들이
사망한 후 일기에 기록한 이래 반전 의지를 강조할 때 사용해 왔다.

다.[14] 그해 12월 그녀는 자신의 유언이라며 절규 같은 글을 남겼다: '씨앗은 분쇄되어서는 안 된다.' 이 요구는 '니 비더 크릭'과 마찬가지로 그저 막연한 염원이 아니라 명령이고 요구다![15]

그러나 그녀의 유언, 그녀의 절규는 이루어지지 않았다. 죽은 둘째 아들의 이름을 딴 손자 역시 이듬해 동부전선에서 사망했다. 그토록 전쟁으로부터 아이들을 지키려 했던 그녀는 결국 전쟁으로 아들에 이어 손자까지 잃었다. 공습을 피해 남편과 50년 이상을 살았던 베를린 집을 떠나 드레스덴 근처 모리츠부르크Moritzburg의 한 곳에 거처하던 그녀는 나치가 패망하기 불과 얼마 전, 그토록 열망하던 전쟁의 끝을 보지 못한 채 쓸쓸히 눈을 감았다.

잊힌 전쟁, 남겨진 어머니

독일에서 1차 세계대전은 상대적으로 거의 잊힌 전쟁이다. 이 전쟁의 참상을 기억하고 경각심을 일깨우는 기억문화는 사실상 자리 잡지 못했다. 무엇보다 2차 세계대전이 살상과 파괴의 규모, 잔혹함 면에서 기존의 그 어떤 전쟁보다 극심했고 상상을 초월한 정도였기 때문이기도 하다. 2차가 1차를 밀어낸 것이다. 더욱이 명백한 2차 세계대전의 전범국으로서 독일의 역사적 과오와 책임에 대한 무게감이 훨씬 컸기 때문일 수도 있다.[16] 그러나 간과할 수 없는 사실은 나치가 1차 세계대전의 전범국 책임마저 상대화하고 수정했을 뿐 아니라, 새로운 전쟁을 준비하면서 참전 군인들을 영웅화하고 반전 평화의 싹을 송두리째 뽑았다는 점이다. 그 대표적인 사례가 1925년 베를린에 문을 연 '반전反戰박물관'이다.

반전박물관은 1차 세계대전의 참상과 비인간적인 전쟁범죄 현장을 적나라하게 고발한 수백 장의 사진을 담아 1924년 4개국 언어로 펴낸 《전쟁과의 전쟁》의 저자 에른스트 프리드리히Ernst Friedrich가 기

베를린 시내 반전박물관.
《전쟁과의 전쟁》의 저자 에른스트 프리드리히가 반전과 평화를 기치로
1924년 문을 연 최초의 반전박물관으로 나치에 의해 철거되었다가
후에 그의 후손이 다시 문을 열었다.

반전박물관 앞에 세워진 평화 조형물 〈부서진 소총〉.

부금을 모아 직접 설립한 곳이다. 자신의 사진들과 전쟁 소품들, 콜비츠의 작품을 포함한 반전 평화주의 예술작품들을 전시했다. 그러나 나치가 정권을 장악하자 1933년 3월 즉각 박물관을 없애고 건물을 강탈했다. 더 나아가서 건물을 나치 돌격대의 가장 악명 높은 고문실로 사용하다 1936년엔 아예 건물을 철거해 버렸다.[17]

케테 콜비츠 역시 마찬가지였다. 나치에 의해 전시를 금지당했던 그녀는 전쟁이 끝난 후에도 서독에선 한참 동안 잊힌 예술가였다.[18] 1954년 발행된 〈인류를 도운 위인〉 우표 시리즈에 그녀가 등장하긴 했어도 제목 그대로 휴머니즘 차원이었다.[19] 그녀의 삶과 예술이 다시 제대로 평가되고 기려지기까진 한 세대 이상이 걸렸다. 그녀의 작품에 대해서도 초기에는 내용과 메시지보다는 순전히 형식적인 미적 측면만이 간간히 언급되었을 뿐이었다.

1967년 탄생 100주년을 계기로 서독 내 케테 콜비츠 수용의 전환점이 마련되었다. 여러 전시회가 동시다발적으로 개최되었는데, 특히 서베를린 예술아카데미가 연 그녀의 추모전이 중요했다. 이 추모전을 계기로 아들이 간직하고 있던 어머니의 일기와 각종 서한이 예술아카데미에 장기 대여 방식으로 기증되었고, 좀 더 넓은 시각에서 그녀의 작품과 삶이 조명되기 시작했다. 1973년 다시 프랑크푸르트에서 전시회가 개최되면서 그녀에 대한 재발견이 본격화되었다.[20] 하지만 박물관을 설립하려는 후손들의 노력은 오랫동안 결실을 맺지 못했다. 1980년대 중반에야 사후 40주기를 계기로 지방은행과 개인 소장가를 통해 비로소 쾰른과 서베를린에 각각 케테 콜비츠 박물관이 설립되었

베를린 케테 콜비츠 박물관(2021).
1980년대 중반 서베를린 시내에 문을 연 이래로 35년간 그녀의 작품을 전시해 왔다.
2022년 가을 베를린 샤로텐부르크성 부속 건물Theatrebau로 확장 이전했다.

신위병소에 설치된
〈죽은 아들을 안고 있는 어머니〉.
'전쟁과 폭정에 희생된 이들을
위하여'라는 문구가 동상 아래
새겨져 있다.

트렙토우 공원 내
소련 전몰장병 추모 공원에 세워진
〈고향의 어머니〉(1947). 전쟁에 희생된
아들을 애도하는 고향의 어머니 모습을
형상화했다.

다.[21]

통독 후 케테 콜비츠는 다시 주목 대상이 되었다. 당시 헬무트 콜 총리가 베를린 시내 중심에 있는 신위병소를 독일 중앙 추모 기념관으로 변경하면서 그녀의 〈죽은 아들을 안고 있는 어머니〉 작품을 추모 조형물로 사용하자고 제안했기 때문이었다.[22] 그러나 반대 의견도 만만치 않았다. 우선 그녀의 작품은 높이 38센티미터의 작은 동상이었기에 이를 4~5배 크기로 확대해야 하는 문제가 있었고, 또 1차 세계대전의 희생자를 염두에 둔 것이었기에 나치의 만행과 2차 세계대전의 희생자를 모두 포괄할 수 있어야 하는 게 아니냐는 문제 제기도 있었다. 여기에 기독교적 상징인 피에타상이 유대인 희생자들과는 어울리지 않는다는 지적도 덧붙여졌다.

결국 나치에 희생된 모든 이들을 새겨넣은 동판을 건물 입구에 별도 부착하는 것으로 정리되면서 확대된 〈죽은 아들을 안고 있는 어머니〉가 실내 중앙에 설치되었고, 신위병소는 '전쟁과 폭정에 희생된 자들'을 기억하는 국가적인 추모 공간이 되었다.[23] 죽은 아들을 안고 비통해하고 있는 어머니의 모습을 통해 후대에는 전쟁과 폭력 없는 평화로운 세상이 지속되길 바라는 간절한 염원과 메시지가 이곳에 압축적으로 담겨있는 것이다.

이제 베를린에는 전쟁으로 희생된 아들을 기억하는 어머니들이 중요한 공공장소 곳곳에서 오늘의 아들들을 지켜보고 있다. 시내 신위병소에 1차 세계대전으로 희생된 아들을 바라보던 케테 콜비츠의 〈죽은 아들을 안고 있는 어머니〉가 전쟁과 폭정에 희생된 모든 이들을 기리고 있다면, 동쪽 트렙토우 공원엔 2차 세계대전 당시 베를린 점령 전투에서 희생된 수많은 소련군 장병들을 애타게 기다리고 있는 〈고향의 어머니〉가 있다.[24] 전쟁은 끝났지만, 죽은 아들과 돌아오지 않는 아들의 어머니들은 이렇게 남아 '니 비더 크릭'을 되뇌고 있다.

콜비츠 광장, 아이들의 천국이 되기까지

동독에서는 비록 이념적으로 이용된 측면이 있지만, 그리고 형식주의 논쟁을 비켜가진 못했어도 콜비츠의 작품과 삶은 일찍부터 높이 평가받았다. 그녀가 남편과 함께 50년 이상을 살았던 이 옛 동베를린 지역의 집 주변 광장과 길이 1947년 그녀의 이름을 따서 개명되었다. 집 앞엔 그녀의 작품이 세워지기도 했다. 동독 예술아카데미는 1951년부터 그녀의 작품 전시회를 열었고, 이듬해엔 그녀를 기리는 우표가 발행되었다. 또 '케테 콜비츠상'을 제정해 1960년부터 수여하기 시작했다. 1961년 지금의 그녀 동상이 광장에 세워졌다.[25]

물론 단지 케테 콜비츠의 이름을 붙여 광장과 거리를 개명했다고 해서 콜비츠 지구가 지금과 같은 아이들의 천국으로 변모했을 리는 없다. 당연히 그 이면엔 다른 요인들이 작용했다. 먼저 꼽을 수 있는 게 동베를린의 68'반란자'들 중 한 명인 베티나 베그너Bettina Wegner의 노래다.[26] 1968년 바르샤바조약군의 프라하 점령에 항의해 전단지를 만들어 배포했던 그녀는 감시 속에서도 끊임없이 억압에 항거한 동독

아이들의 친구 케테 콜비츠 동상 주변에서 열리는 아이들 축제.
콜비츠 광장에서는 아이들을 위한 작은 축제가 자주 개최되고,
광장 앞의 콜비츠 길을 따라 매주 생태와 기후를 주제로 한
유기농 시장이 들어선다.

내 '저항의 아이콘'이자 동베를린에서 알 만한 사람은 다 아는 언더그
라운드 싱어송 라이터였다.[27]

1976년 만들어 부른 베그너의 노래 〈아이들〉은 2년 뒤 서베를린
에서 공연되었고 음반으로 제작되어 25만 장 이상 판매되는 대히트를
치면서 동서독 전체에 널리 알려졌다. 자신의 아이를 생각하며 순식
간에 써 내려간 시구에 곡을 붙인, 아이들을 폭력 없이 바르고 맑게
자라게 해야 한다는 외침이었다.[28]

이리도 작은 손이 있어요
조막만 한 손가락들이 붙어있는.
그 위를 절대 내리치면 안 되어요
그러면 부러지고 말아요.

이리도 작은 발이 있어요
오물조물 발가락들을 가지고 있는.
그 위를 절대 밟아서는 안 되어요
그러면 걷지 못할 테니까요.

이리도 작은 귀가 있어요
예민하고 뭐든 받아들이는.
절대 소리 질러선 안 되어요
그러면 듣지 못하게 되니까요.

이리도 예쁜 입이 있어요
모든 소릴 낼 수 있는.
절대 금지해선 안 되어요
그러면 어떤 말도 못하게 되니까요.

이리도 투명한 눈이 있어요
모든 것을 볼 수 있는.
절대 가려서는 안 되어요
그러면 아무것도 이해할 수 없게 되어요.

이리도 여린 영혼이 있어요
열려있고 완전히 자유로운.
절대 괴롭혀서는 안 되어요
그러면 망가져버리니까요.

이리도 연약한 척추가 있어요
아직은 제대로 보이지 않는.
그걸 결코 구부려서는 안 되어요
그러면 부서져버려요.

곧고 맑은 사람이
아름다운 목표가 되어야 해요

척추 없는 사람을

우린 너무 많이 보아왔답니다.

베티나 베그너의 〈아이들〉이 회자되던 무렵 콜비츠 지구 내 후제
만 길Husemannstraße에 동독에서는 처음으로 독립적인 어린이방이 등
장했다. 콜비츠 광장 바로 앞길에서다. 동독의 대표적인 민권운동가
로 89평화혁명에 중요한 역할을 한 포페 부부Gerd & Ulrike Poppe가 지
인들과 함께 아이들을 위한 대안적인 보육 모델로 독립적이고 자율적
인 공간을 연 것이다.[29] 1968년 학생운동 당시 서독에서 시도된 공동
거주, 어린이방과 같은 대안적인 생활 방식과 새로운 반권위주의 양
육 모델의 영향을 받아 동독에서 이루어진 첫 시도였다. 부모들이 직
접 내부를 수리하고 꾸며 1980년 10월 문을 열었다. 아이들의 개성과
자의식, 창의성, 공동체 능력을 자유롭게 펼칠 수 있도록 하자며 반권
위주의적인 대안적 보육을 실현코자 했다.

그러나 동독의 현행 보육제도를 거부하고 당국의 간섭을 배제한
자율적인 어린이방은 곧 체제에 대한 도전으로 받아들여졌다. 슈타지
의 수색이 이루어졌고, 중단을 종용받기도 했다. 1983년 12월 울리케
포페가 다른 일로 체포, 구금되었다가 석방된 지 며칠 지나지 않아 갑
자기 트럭을 몰고 들이닥친 당국은 어린이방 집기를 모두 싣고 사라
졌다. 동독에서 최초이자 유일했던 대안적 어린이방은 이렇게 짧게
막을 내렸다. 그렇지만 아이들을 폭력 없이 자라게 해야 한다는 베그
너의 노래를 막을 수 없었듯이, 아이들을 자유롭고 창의적으로 키우

겠다는 부모들의 생각과 의지를 막을 수는 없었다.[30]

이와 함께 콜비츠 지구와 주변 지역에선 이미 1970년대 중반부터 동베를린 내에서도 특별한 하위문화/반反문화가 출현하고 있었다. 동베를린과 동독의 여러 지역에서 온 젊은이들이 이곳의 빈집들을 차지하면서부터다. 그들의 복장부터가 예사롭지 않았다고 한다. 동독 당국의 공식적인 문화정책이 허용하는 테두리를 넘어 새로운 것을 시도하려는 예술가들이 모여들었고, 자연스럽게 당국과의 충돌이 잦아지면서 정치적 반대 그룹과의 접촉도 늘어났다.

독립극장 그룹과 소규모 지하 인쇄소가 생겨났고, 지하 예술잡지와 독립음악도 주로 이곳에서 제작되었다.[31] 작업은 자택에서 하고, 행사는 인근 교회에서 개최하며, 글은 지하 잡지에 게재하는 식이었다.[32] 반정부 그룹 활동가들도 이곳으로 모여들었다. 함께 논의하고 실험하고 대안적인 삶을 꿈꿨다. 도시 재개발, 교육, 환경보호, 경제 체제, 사회적 책임과 같은 논쟁적인 주제가 토론 대상이 되었다.

이런 움직임 중에서도 특히 동독 최초의 독립 자유극단인 '진노베르Zinnober'는 주목할 만하다. 1979/80년에 만들어진 진노베르는 동베를린에서 오랫동안 무료 공연활동을 펼쳤던 일종의 전설적인 지하 연극패였다. 동베를린 인근 지방에서 활동하던 인형극 배우들이 뜻을 같이하는 이들과 자발적으로 결성해 콜비츠 지구에 둥지를 틀고 아이들과 어른들을 위한 작품을 무대에 올렸다. 당연히 진노베르의 공연은 은밀히 비공개로, 또는 지역축제의 하나로 위장해 교회나 주민센터에서 거의 불법상태로 이루어졌다. 진노베르의 작품 가운데 〈브레

1980년대 초 동독 최초의 독립 어린이방.
※출처: 연방슈타지문서청(BStU).

동베를린의 독립극장 '진노베르'의 현재 모습.
통독 후 어린이들을 위한 극장(Theater o.N.)으로 변모했다.

멘 음악대〉와 〈꿈같은〉은 알음알음 순회공연을 통해 큰 성공을 거뒀고, 1986년부터는 서독으로 초대 공연을 나서기도 했다.

덕분에 진노베르 극장은 1980년대 동베를린 하위문화의 모델이 되었고, 단지 공연만이 아닌 새로운 꿈을 꾸고 나누는 무대가 되었다. 나중엔 당국의 위협으로 한동안 해산되기도 했지만, 1987년 동독 저명 작가들의 노력으로 작품 〈꿈같은〉이 동독 예술아카데미에서 공연되면서 금지조치가 해제되었다.[33]

이처럼 콜비츠 광장 주변으로 당국의 간섭과 획일성을 거부하고 독립적이고 대안적인 삶을 지향하는 젊은 사람들이 모여들면서 특히 아이들에게 보다 자유분방한 동네 분위기가 만들어진 것이다.[34]

평화와 인권마당 콜비츠 지구

나아가 콜비츠 지구는 동독 내 독립적인 여성운동의 온상이기도 했다. 무엇보다 케테 콜비츠의 반전평화주의에 맞닿은 여성 평화운동의 근거지였다. 1982년 10월 결성된 동베를린의 '평화를 위한 여성들 Frauen für den Frieden' 그룹이 그 중심이었다. 평화를 위한 여성들은 동독의 관변 여성단체가 아닌 자발적인 여성 그룹이면서 당국의 정책에 반대하는 반정부 그룹이기도 했다. 이미 1980년 전후 서독을 포함한 서유럽에서 활발하게 전개되고 있던 반전평화운동의 영향을 받았지만, 직접적인 결성 계기는 국가 긴급사태 시 여성들도 징집하겠다는 병역법 개정이었다.[35]

　잘 알려진 대로 1970년 중반 이후 유럽 내 미-소 간의 군비 경쟁과 유럽 내 핵 위기에 대한 우려가 고조되고 있었다. 소련이 동구권에 신형 SS-20 중거리 미사일을 배치하자 NATO는 1979년 12월 이른바 '이중결정'을 내놨다. 소련과 협상하되 서독을 포함한 서유럽에 퍼싱 II와 순항미사일 같은 미군의 신형 핵미사일을 실전 배치하는 방안을 동시에 추진한다는 결정이었다. 직후 소련의 아프가니스탄 침공에 이어 1981년 미국 레이건 정부가 군비 확충정책을 추진하면서 위기감은 더욱 커졌다. 서유럽 내 반전평화운동이 급속히 확산되었다.[36] 동독 정부는 이를 빌미 삼아 동독 내에서도 꿈틀거리고 있었던 평화운동의 움직임에 아랑곳하지 않고 여성 징병제를 밀어붙였고, 결국 동독 인민회의가 1982년 3월 병역법 개정안을 통과시킨 것이다.[37]

여성 징집제는 즉각 반발을 불러왔다. 동독의 대표적인 반정부 여성 인사로 콜비츠 지구에 살고 있던 화가 베르벨 볼라이Bärbel Bohley와, 역시 이 동네에서 어린이방을 만들었던 울리케 포페, 그리고 로베르트 하베만의 부인 카탸 하베만Katja Havemann, 베티나 베그너가 그 중심에 섰다.[38] 처음엔 개별적인 항의로 시작해 1982년 10월 당시로서는 상당히 많은 130여 명의 서명을 받은 항의서가 호네커 서기장 앞으로 보내졌다. 여성의 병역 의무화는 결코 여성 평등을 위한 것이 아니며, 거부권을 인정해야 한다는 요구였다.

그러나 돌아온 건 주모자에 대한 조사였다. 베르벨 볼라이와 울리케 포페가 체포되었다. 곧 풀려나긴 했지만, 감시는 계속되었다. 그럼에도 불구하고 이들은 서명운동과 전단지 살포, 평화워크숍과 같은 행사를 꾸준히 이어갔다. 1983년 5월 사순절을 계기로 서베를린의 유명한 야외공연장 '발트뷔네'에서 개최된 베티나 베그너와 존 바에즈의 합동 콘서트에서 호네커에게 보낸 항의서가 배포되었고, 1984년 초부턴 "모입시다, 항의합시다, 이제는 소리쳐야 할 시간입니다, 그렇지 않으면 아무도 듣지 않을 것입니다"는 구호 아래 교회를 활용한 항의

동베를린의
'평화를 위한 여성들' 그룹.

1983년 8월 동베를린 구속교회에서 열린 '군축 촉구 단식—생명을 위한 금식'에
참여한 동독의 대표적인 여성 민권운동가 베르벨 볼라이.
※출처: Robert—Havemann—Gesellschaft.

기도회가 활발히 펼쳐졌다. 교회 내 기도 중에 언급된 내용에 대해서는 처벌할 수 없다는 규정을 이용한 정치적 성격의 기도회였다.

덕분에 각 도시에서 40여 개의 여성 그룹들이 생겨나면서 동독 여성운동 세력도 크게 확장되었다.[39] 아울러 서유럽 여성 평화운동 그룹과의 접촉과 연대활동도 긴밀해졌다. 서베를린의 여성 평화운동 단체는 물론 범유럽 차원의 유럽핵군축운동과 연대해 1983년 서독 연방하원의 핵미사일 실전 배치 승인에 반대하는 운동에 동참했고, 1984년 세계여성평화회의, 1985년 군축 촉구 공개서한에 동참하기도 했다.[40]

더욱이 '평화를 위한 여성들'의 활동을 통해 동베를린 내 여러 반정부 그룹 사이의 연대와 통합 움직임도 본격적으로 시작되었다. 그 결실의 하나가 '평화와 인권 이니셔티브IFM(Initiative Frieden und Menschenrechte)'다. 평화를 위한 여성들 핵심 인사들을 주축으로 "평화는 인권이다"를 외치며 1986년 초 결성된 IFM은 동독 내 첫 교회 외부 정치 조직이자 드물게 국제적 네트워크를 가졌던 반정부 평화·인권 그룹으로 평가된다. 더욱이 IFM은 "시간은 충분히 무르익었다"를 기치로 1989년 9월 출범해 평화혁명의 주도적 정치세력으로 부상한 '새로운 포럼'의 모태이기도 하다.[41]

평화를 위한 여성들로부터 IFM을 거쳐 새로운 포럼에 이르기까지 콜비츠 지구는 동베를린 내 민주화운동의 진원지가 되었다. 베르벨 볼라이와 포페 부부를 비롯해 핵심 인물들이 거의 모두 이 동네에 살고 있었기 때문이다.[42] 특히, 베르벨 볼라이의 아틀리에는 1980년대 동독 내 평화와 인권을 향한 개혁의 씨앗이 싹트고 자란 가장 중요한

동독 여성단체의 반전 포스터(1984).
문구는 "아이들에게 생명을 준 우리 여성들은
평화를 위해 투쟁할 의무가 있다.
우리의 숨이 붙어있는 한 평화를 위해
투쟁할 것이다"라는 내용이다.
※출처: 동독박물관(DDR Museum).

콜비츠 광장에 세워진
'평화혁명의 자리'
안내 기둥.

아지트 가운데 하나였다. 89평화혁명 당시엔 핵심 인물들의 자택이 모임 장소와 연락 사무실로 사용되었고, 콜비츠 광장은 대규모 시위 장소가 되었다.

결국 콜비츠 지구는 동베를린 인권·평화운동가들의 주요 활동무대이면서 평화혁명을 준비한 숨겨진 산실이었다. 케테 콜비츠의 삶이 인권과 평화에 집중되어 있었던 것처럼, 훗날 베를린장벽의 붕괴를 이끈 89평화혁명의 주역들이 인권과 평화의 이름으로 케테 콜비츠 동네에 모여있던 셈이다. 지금 콜비츠 광장에 '평화혁명의 자리' 안내 기둥이 서있는 이유다.[43]

노예를 해방시키는 하나님, 우리를 용서하소서

'평화와 인권 이니셔티브'는 예외지만, 콜비츠 지구가 동베를린 내 하위문화와 저항의 중심지로 기능했던 데는 지역 교회의 후견인 역할이 컸다. 잘 알려진 대로 동독에서 교회는 반정부 인사들의 피난처이자 이들이 모여 활동할 수 있는 거의 유일한 준합법적 공간이었다. 동독 지도부는 슈타지를 통해 주민과 활동가들을 감시했지만, 막상 교회에 직접 개입하는 건 꺼려했다. 이 때문에 이미 평화운동의 중심으로 발전해 온 일부 교회는 반정부 활동가들의 공개 토론/행사 공간으로 자리 잡았다. 베를린장벽 붕괴에 크게 기여한 라이프치히의 니콜라이교회 외에 동베를린에도 시민운동에 중요한 역할을 한 교회가 여럿 있었다.[44] 콜비츠 지구 인근의 겟세마네교회와 시온교회, 프리드리히스하인 지역의 사마리아교회가 대표적인 예다.[45]

특히, 겟세마네교회는 1980년대 동베를린 반정부 인사들과 평화운동 그룹의 집결지였고, 만남과 토론의 장소였다. 평화혁명 시기에는 가장 중요한 시위 장소이기도 했다. 겟세마네교회는 그런 점에서 동베를린 민주화운동의 상징적 공간이었다.[46] 2009년 장벽 붕괴 20주년 기념 행사가 이 교회에서 열렸다는 사실만으로도 그 역사적 역할에 대한 현재의 평가가 어떠한지를 충분히 짐작할 수 있다.[47] 통일 후에도 겟세마네교회는 인권과 반전 평화, 민주주의, 사회적 통합, 국제 연대를 위해 보다 나은 대안을 찾고 소통하는 곳으로 널리 알려져 있다. 더불어 교회 안팎에 의미 있는 조형물들이 곳곳에 세워져 그 자체로도 중요한 기억문화의 장소라고 할 만하다.[48]

콜비츠 지구를 넘어 동독의 민주화운동에서 교회의 역할이 컸던 건 사실이지만, 독일 역사에서 교회가 항상 긍정적인 역할을 했던 것만은 아니었다. 가까운 시기, 특히 나치 치하에서는 침묵과 외면으로 일관하거나 심지어 나치에 부역했던 부끄러운 역사를 숨길 수 없다. 겟세마네교회를 비롯해 베를린의 많은 교회 역시 마찬가지였다. 무엇보다 나치 정권이 제공한 외국인 강제노역을 적극적으로 이용했던 전력을 가지고 있다. 물론 그 과거를 어떻게 기억하고 회개하며, 또 어떤 방식으로 대처해 나가고 있는지도 중요하지만 말이다.

제2차 세계대전 기간 중 나치는 어마어마한 인원을 강제노역에 동원해 비참한 환경 속에서 이들을 착취했다. 총 약 2,600만 명, 독일 내에서만 1,300만 명이 투입되었고, 베를린에서도 50여만 명이 강제노역에 시달렸다.[49] 독일 교회들도 이 시기 1만 2,000명 내외의 강제노역자를 수용했다고 한다. 베를린에는 1942년 예루살렘교회 주도로 이 교회 묘지에 이른바 '묘지수용소Kirchliches Friedhoflager'라는 강제수용 시설이 만들어졌다.[50] 전쟁으로 사망자들이 급격히 증가하자 27개

동베를린 민주화운동의 상징적 공간이었던
겟세마네교회 입구에 설치된 〈축복하는 예수〉상.
원래 베르나우어 길 '화해의 교회Versöhnungskirche'
앞에 서있던 것으로 1985년
'화해의 교회'가 폭파된 이후 다른 곳에
보관되었다가 1993년 이곳으로 옮겨졌다.

겟세마네교회 뜰에 설치된 에른스트 발라흐Ernst
Barlach(1870~1938)의 작품 〈영혼의 투쟁가〉.
사나운 동물의 등을 밟고 선 채 두 손으로 검을 든
대천사 미카엘의 모습을 한 5미터 높이의
이 작품은 장벽 붕괴 5주년인 1994년 11월 9일에
동독의 민주화운동을 기념하기 위해 세워졌다.

교회 묘지 담당자들이 모여 '외국인 노동자'들을 투입하기로 결정한 것이다.

　주요 전쟁시설로 분류된 이 묘지수용소엔 소련에서 끌려온 100명 이상의 민간인들이 감금되어 처참한 상태에서 베를린 내 39개 개신교 교회와 3개의 가톨릭 성당의 잡일 업무에 투입되었다. 묘지를 정비, 관리하고 장례 허드렛일을 도맡은 것이었다. 형식적으로는 외국인 노동인력이었기에 소액의 임금이 지불되었지만, 수용소 밖으로 나갈 수 없었던 이들은 실제로는 열악한 수용소에 갇혀 음식과 의료품을 제대로 공급받지 못한 채 가혹한 노동에 시달려야 했다. 묘지 운영과 장례가 중요한 수입원이었던 교회로서는 최소의 비용으로 큰 수익을 거둔 셈이다. 더욱이 체력적으로 중노동을 감당하지 못한 50대 이상의 인력들은 수용소 내에서 사망하거나 베를린 인근의 악명 높은 작센하우젠 강제수용소로 보내졌다.[51]

　제2차 세계대전이 끝날 무렵 묘지수용소가 완전히 파괴되어 없어지자 이곳이 존재했다는 사실조차 오랫동안 잊혔다. 교회가 수용소까지 설치해 가며 노동자들을 착취했었다는 사실은 수십 년간 은폐된 채 망각 속에 묻혀있었다. 수용소가 묘지 뒤편 구석에 눈에 띄지 않도록 조그맣게 지어진 데다 외부 출입이 금지된 탓도 컸다. 1990년대 중반 이 사실이 밝혀지면서 각 교회는 과거의 행적을 반성하고 회개를 통해 본격적인 청산에 나섰다. 2000년부터 강제노동자들을 찾아 생존자들에게 용서를 빌고, 피해자에 대한 보상을 추진했다.[52]

　이 외에 과거사를 공론화하기 시작했다.[53] 실무 그룹이 구성되어

토마스교회 묘지 입구에 설치된 강제노역자들을 위한 추념관(2002).
매년 나치의 강제노역 희생자들을 기리는 추모 장소이자
정보·교육센터로 활용되고 있다.

베를린 예루살렘교회 '묘지수용소' 터와 〈기억의 돌〉(2021).
이 돌에는 "이곳에서 42개 교회가 강제노동수용소를 운영했다"고 적혀있다.
현재 묘지수용소 터는 야외전시관으로 조성 중이다.

묘지수용소를 추적했고, 고고학자들이 사라진 터를 발굴하면서 막사와 감자 저장고가 발견되었다. 2002년 묘지수용소 맞은편 토마스교회의 교회 묘지 입구에 추념관이 설치되었다. 묘지수용소 현장에는 42개 교회와 성당이 이 강제노동 수용소를 운영했다고 적시한 추념석도 함께 세웠다. 이후 매년 11월 중순 나치의 강제노역 희생자들을 기리는 추모식이 열리고 있다. "노예를 해방시키는 하나님, 우리를 용서하소서." 〈기억의 돌〉에 적힌 또 다른 문구다.

콜비츠를 기억하는 두 개의 특별한 전시

베를린 시내에서 묘지수용소가 발굴될 무렵 콜비츠 지구에선 특별한 전시회가 개최되기 시작했다. 이미 쾰른과 베를린, 모리츠부르크에 케테 콜비츠 박물관이 만들어져 그녀의 작품이 상설 전시되고 있었지만, 콜비츠 자택이었던 건물 보수공사가 1997년 초 마무리되면서 실시한 공모전의 결과다. 전후 콜비츠 광장의 동상 외에 콜비츠 집 앞에도 그녀의 작품 〈두 자녀를 안고 있는 어머니〉가 설치되어 있었는데, 공사 때문에 근처 박물관으로 옮겨진 상태였다. "케테 콜비츠의 휴머니즘과 사회 비판적 정신, 그리고 현재 사이를 연결하는 다리를 마련해 이곳을 생동감 넘치는 기념관으로 만들려는" 이 공모전의 당선작은 시각적 이미지를 통해 그녀가 시민들의 기억 속에 깊이 각인될 수 있도록 다양한 작품의 연속적인 전시와 토론을 결합한 프로젝트였다.

첫 작품으로 현대적인 그래픽과 사진이 들어있는 큰 액자 형식의 '플라스틱 박스'가 콜비츠 집 앞에 선보였고, 2006년까지 약 9년에 걸쳐 이 액자 안에 총 29개의 작품이 전시되었다.[54] 더욱이 여러 나라의 작가들이 참여하면서 작품 주제와 형식도 다양해지고, 각 주제에 따른 토론도 이어져 매번 시민들에게 새로운 담론을 제공했다. 이 새로운 방식의 '길 프리젠테이션'은 콜비츠 길을 살아있는 기념관으로 만들었을 뿐만 아니라 젊은 세대를 위한 새로운 '문화적 기호'를 만드는 데 이바지했다고 평가받는다.[55]

다른 하나의 전시회는 전혀 예상치 못한 뜻밖의 계기로 이루어졌다. 2012년 2월 말 바이에른 검찰이 뮌헨의 한 주택에서 1,500점이 넘는 예술작품들을 압수했다. 이듬해 11월 관련 사실이 언론에 보도되면서 일명 '구를리트 사건Fall Gurlitt'으로 국제적인 주목을 받았다. 사건의 요지는 탈세 혐의 용의자의 자택을 압수수색하던 중 출처 불명의 예술작품들이 대거 발견되었고, 이 작품들 중 최소 500점 이상이 1930년대 후반 나치에 의해 강탈되었던 작품들일 것으로 의심된다는 것이었다.[56] "나치의 보물", 즉 나치가 약탈한 예술품이 발견되었다는 얘기가 나돌았다.

언론 보도 직후 연방정부와 바이에른 주정부가 공동 구성한 특별 TF팀이 본격적인 작품 조사에 착수했다. 그러나 최근까지 이루어진 연구 결과에 따르면, 구를리트 소장품 중 14점만이 약탈된 예술품으로 확인되어 합법적인 소유권자에게 넘겨졌을 뿐 나머지 445점은 불법적이라고 보기 어렵고, 1,000여 점 이상은 출처가 명확하지 않다고 분류되었다.[58] 결국 구를리트 사건은 1937년 7월 뮌헨에서 열린 나치의 〈퇴폐예술전〉에 뿌리를 둔 것이라고 할 수 있다.

잘 알려진 대로 〈퇴폐예술전〉은 나치 선전장관 괴벨스가 나치 이

케테 콜비츠 집 앞 전시 프로젝트. 전시된 작품들의 주제는 홀로코스트, 팔레스타인, 여성 등으로 다양화되었고, 형태 역시 그림, 사진, 설치미술 등 다양했다.[57]

※출처: 파트 빈더의 홈페이지(pat-binder.de).

전시 프로젝트 이후 최근까지 케테 콜비츠 집 앞에 남겨진 작품.
현재는 2022년 베를린 샤로텐부르크성 건물에 새롭게 문을 연
'케테 콜비츠 박물관'의 포스터가 전시되어 있다.

념에 맞지 않는다고 판정한 현대 예술작품들을 배제하기 위해 기획한 전시회였다. 이 전시회에 걸린 120명 이상의 예술가들 작품이 나치의 선동으로 조롱당하고 폄하되었다. 〈퇴폐예술전〉은 뮌헨에 이어 베를린을 비롯한 주요 대도시를 순회하며 개최되었고 300만 명 이상이 방문했다. 괴벨스는 〈퇴폐예술전〉 하루 전날 인근에서 〈위대한 독일예술전〉을 열어 두 전시회를 대비시키는 기획 이벤트를 펼쳤다.

나아가 나치는 1938년 5월 말 퇴폐예술품 수거법을 시행했다. 자의적으로 '퇴폐예술'로 낙인찍은 작품들을 그 어떤 합의나 보상 없이 일방적으로 강탈하고 몰수했다. 이후 이 작품들을 외국에 헐값으로 처분하거나 소각 또는 파기했고, 상당수는 분실되었다. 당시 나치가 강탈한 약 2만 1,000점의 작품 중 약 1만 7,000점은 흔적도 없이 사라졌다고 한다. 구를리트 사건에서 논란이 된 부분이 그가 귀중한 예술작품들을 나치의 손아귀에서 건져낸 보존자였는지 아니면 나치 약탈의 수혜자였는지 여부였다. 나치 약탈 예술품은 여전히 세계 예술계의 관심거리다.

구를리트 소장품 중에는 케테 콜비츠의 작품도 포함되어 있었다. 나치는 그녀의 작품들을 전시장에서 내리라고 지시하면서 "제3제국에서는 자식들을 보호할 어머니들은 필요하지 않다. 국가가 그들을 보호할 것이다"라고 강변했다.[59] 2017년 탄생 150주년을 기념해 케테 콜비츠 특별전시회가 열렸다. 공교롭게도 같은 해 나치의 〈퇴폐예술전〉 80주년을 맞아 본과 베른에서 구를리트 소장품의 일부가 전시되면서 뜻하지 않게 그녀의 작품이 다시 주목을 받게 된 것이다.[60]

평화 속에서 안식하라

베를린에는 콜비츠 광장의 동상 외에도 케테 콜비츠를 기리는 조형물들이 여러 곳에 남겨져 있다.[61] 우선 그녀의 묘비다. 여느 것들과 다르게 그녀의 묘비는 마치 기념비처럼 그녀를 기억하게 하는 독특한 징표로 서있다. 케테 콜비츠는 자신의 생애 마지막 10년 동안 몇 개의 묘비 작품들을 만들며 독특하게도 자신의 것도 직접 제작했다. 가족들의 이름이 새겨진 묘비 윗부분의 〈그의 손 안 평화 속에서 안식하라〉(1935/1936)는 그녀의 부조 작품이다.[62] 자신을 푹 감싼 큰 손 안에서의 안식을 기원한 것이다. 그녀는 '보호하는 손'이라는 주제로 종종 스케치를 했는데, 어쩌면 자신이 그려왔던 그림들처럼 어머니인 듯 천사인 듯한 이 큰 손에서 인생의 여정을 위로받고 싶었는지도 모르겠다. 전쟁에서 아들을 잃고도 또다시 광기어린 나치의 전쟁몰이를 지켜보아야 했던 애끓는 심정과 평화에 대한 염원이 오히려 살아있다.

케테 콜비츠는 이 작품을 만들며 괴테의 시를 인용했다. "신은 동양에 있다!/ 신은 서양에 있다!/ 남쪽과 북쪽의 땅들/ 그의 손 안 평화

케테 콜비츠가 직접 만든
자신의 묘비. 부조 작품은
〈그의 손 안 평화 속에서 안식하
라〉(1935/1936).
자신을 푹 감싼 큰 손 안에서의
안식을 기원한 것이다.

베를린 슈프레강 옆 산책로에
2013년 조성된 '기억의 거리'의
케테 콜비츠 두상. 이 조형물 측면에는
"약하고 도움이 필요한 이 시대의
사람들을 위해 역할을 다하고 싶다"는
그녀의 문장이 적혀있다.

속에서 안식하라!"[63] 그녀는 괴테의 생각을 늘 가깝게 느꼈다고 한다. 1943년 5월 마지막 일기에도 "나는 오감의 진실로부터 왔다"는 괴테의 서한 문구를 인용하기도 했다.[64] 그녀는 평생 '약함의 힘'을 대변한 예술가로 살아오면서 오감으로 진실을 표현하던,[65] 시대를 넘는 진정한 휴머니스트였고 평화주의자였다.[66]

2013년 베를린의 슈프레강 옆에 조성된 '기억의 거리'에도 케테 콜비츠 두상이 세워졌다. 20세기 독일 현대사에서 과학, 문화, 정치 분야에 큰 업적을 남긴 인물들과 자유와 인권을 위해 투쟁했던 "칼 없는 영웅"들을 기리기 위해 만들어진 곳이다.[67] 동서독 통일의 구호였던 '우리는 국민이다'는 제목의 동상이 입구에 세워져 있고, '칼 없는 영웅'으로 선정된 인물들의 두상이나 흉상이 그리 길지 않은 거리 양쪽으로 배치되어 있다. 케테 콜비츠의 두상 아래에는 "약하고 정말 도움이 필요한 이 시대의 사람들을 위해 역할을 다하고 싶다"는 그녀의 문장이 적혀있다. 개막식에 참석한 콜 전 총리는 케테 콜비츠의 두상이 제막될 때 "그녀는 평생 동안 평화의 이상을 위해 투쟁했다. 현재 우리 독일 국민들에게 평화의 길이 당연하게 여겨지고 있다면 이는 케테 콜비츠의 헌신이 큰 역할을 한 결과"라고 강조했다.[68] 콜 전 총리의 흉상도 후에 이곳에 세워져 현재 총 11명이 서있다.

물론 베를린뿐만 아니다. 가장 최근의 일로 케테 콜비츠는 2019년 5월 독일 최고의 '명예의 전당'으로 알려진 남부 도시 레겐스부르크의 '발할라Walhalla'에 입성하기에 이르렀다.[69] 독일어를 모국어로 하는 역사상 위대한 인물 중 131번째로 그녀의 흉상이 이곳에 세워진 것이

독일 명예의 전당 '발할라Walhalla.' 독일어를 모국어로 하는 역사상
위대한 인물 중 131번째로 케테 콜비츠의 흉상이 세워졌다.

'발할라'에 세워진
케테 콜비츠 흉상(2019).
지난 180년 동안 추가된 35명
가운데서도 몇 안 되는 여성 중
하나인데다, 화가/조각가로는
거의 유일한 인물이다.

다. 1842년 개관 당시 이미 96명의 흉상이 설치되어 있었다는 점을 고려하면 지난 약 180년 동안 35명의 흉상만이 추가된 셈이다. 평균 5~6년에 한 명꼴로 선정되었다는 의미다. 케테 콜비츠는 이곳에서 몇 안 되는 여성 중 하나인데다, 화가/조각가로는 거의 유일한 인물이다. 2017년 12월 선정된 뒤 1년 이상의 작업을 거쳐 흉상이 설치됨으로써 케테 콜비츠는 나치 저항자 조피 숄(2003), 작가 하인리히 하이네(2010)와 함께 독일 현대사의 가장 중요한 인물 중 한 명으로 기려지게 되었다.

6. 아이들의 천국

동서남북의 콜비츠, 평안하십니까

독일 북부의 소도시 귀스트로Güstrow에는 케테 콜비츠의 얼굴을 한 천사상이 교회 내에 떠있다.[70] 에른스트 발라흐Ernst Barlach의 가장 유명한 작품 〈떠있는 천사Schwebender Engel〉(1927)다. 베를린 겟세마네 교회에 서있는 그의 〈영혼의 투쟁가Geistkämpfer〉가 저항적 천사상이라면 귀스트로교회의 천사상은 평화의 천사상이면서 동시에 전쟁을 경고하는 천사상이다.[71]

그런데 경고의 방식이 특이하다. 침묵과 성찰이다. 1차 세계대전을 기억하며 눈을 감고 손을 가슴에 모으고 있다. 발라흐에 따르면, "이 천사는 백 년이 지나고 또 수백 년이 지나도 여전히 이 자리에 머물 것이며, 오늘처럼 어떤 마찰도 없이 공중에 떠있을 것이다. 천사는 전쟁의 희생자들을 기억하며, 눈을 감고 있기에 어떤 것도 그의 기억을 방해하지는 못할 것이다."[72]

그러나 발라흐의 첫 〈떠있는 천사〉 상은 나치가 들어서자 철거되었다. 심지어 얼마 후엔 대포를 만드는 데 사용되었다. 평화의 천사가

케테 콜비츠의 얼굴을 한 〈떠있는 천사〉.
에른스트 발라흐의 작품으로 1차 세계대전 희생자들을 기리며 전쟁을 경고하고 평화를
염원하는 천사라는 의미에서 '평화의 천사상', '전쟁 경고상'이라고도 불린다.

아이들의 손길에 곳곳이 닳고 닳은 케테 콜비츠 동상.

나치의 전쟁무기가 된 것이다.[73] 전쟁이 끝난 뒤에도 한동안 리얼리즘 논란으로 천사는 허공을 떠돌아야 했다. 1953년 3월에야 감춰둔 원형 모델을 이용해 다시 만들어졌고 원래 자리로 돌아올 수 있었다. 1980 년대 천사는 인권과 평화의 온기를 머금었다. 떠있던 자리가 동독 북부 지역의 인권·평화운동 중심지가 되면서다. 89평화혁명 당시엔 이 조그만 소도시에 '새로운 포럼'이 조직되어 꾸려졌다.[74] 이렇게 〈떠있는 천사〉는 굴곡진 세월을 온몸으로 겪었다. 격동의 현대사가 그 품에 고스란히 담겨있는 것이다. 그래서 〈떠있는 천사〉는 20세기 독일의 기억을 상징하는 대표적인 동상이 되었다.[75]

케테 콜비츠는 이제 베를린 외에도 독일 곳곳에 서있고, 앉아있고, 또 떠있다. 그녀가 인용했던 괴테의 문구처럼 동쪽에도/ 서쪽에도/ 남쪽과 북쪽에도/ (그녀는 있다)/ (그러나) 평화 속에서 안식하고 계십니까. 아니면 또 다른 전쟁으로 가슴에 두 손을 모으고 있습니까. 왠지 오늘도 케테 콜비츠의 얼굴을 한 천사가, 아니 천사의 얼굴을 한 케테 콜비츠가 지난 세기의 전쟁과 폭력을 경고하고, 다시금 평화를 외치며 불안하게 이 땅을 내려다보고 있을 것만 같다. 그녀가 남긴 말이 여전히 결코 가볍지 않게 맴돈다.

평화주의는 그저 편하게 지켜보는 게 아니라 일이다, 아주 고된 일이다.[76]

주

1. 떠나온 자들과 돌아온 노래들

[1] 베를린시의 2012. 4. 11 보도자료 "Birken aus Birkenau!"와 베를린 비엔날레 사이트 www.berlinbiennale.de/de/1569/berlin-birkenau 참조.

[2] '폴란드 액션Polenaktion'에 대해서는 가령 베를린 유대박물관의 www.jmberlin.de/thema-polenaktion-1938 참조. '바그너-뷔르켈 액션Wagner-Bürckel-Aktion'은 독일 중부 지역의 바덴과 자르팔츠에서 6,500명의 유대인을 프랑스 귀르스Gurs 강제수용소로 이송하는 작전이었다. 이에 대해서는 귀르스박물관 사이트 gurs.saarland/lager/wagner-buerckel-aktion과 Landeszentrale für politische Bildung BW, *Materialien: "Es war ein Ort, an dem alles grau war..." Die Deportation der badischen Jüdinnen und Juden nach Gurs im Oktober 1940*(Stuttgart, 2020) 참조.

[3] 이런 역사를 근거로 안할터역 부지에는 앞으로 나치 치하 추방/탈출/망명의 역사를 담을 새로운 '망명박물관Exilmuseum'이 2026년까지 설립될 예정이다.

[4] 그래서 예를 들어 베를린에서 멀고도 악랄했던 소련 점령지 내 말리 트로스티네츠Maly Trostinez 절멸수용소까지(당시에는 인근 민스크역) 운임은 24.55마르크였다. 이곳은 증거를 인멸해 절멸수용소 중에서도 거의 알려지지 않은 채로 남아있었는데, 이송된 이들은 모두 도착 후 수시간 이내, 길어도 수일 내에 인근 숲에서 사살당하거나 이동식 가스실에서 살해당했다. Christa Mehany-Mitterrutzner, "Vernichtung – Deportationen nach Maly Trostinec, 1942", Dokumentationsarchiv des österreichischen Widerstandes ed., *Deportation und Vernichtung–Maly Trostinec*(Wien, 2019), pp. 13~64. 2009년 기억의 열차협회는 독일제국철도가 이송 운임으로 벌어들인 금액이 총 4억 4,500만 유로에 상당한다고 추산했다. Zug der Einnerung e.V., "445 Millionen Euro"(Nov. 2009), www.zug-der-erinnerung.eu/aktuell11-2009.html.

[5] Silke Schäfer, *Zum Selbstverständnis von Frauen im Konzentrationslager: Das Lager*

Ravensbrück, Diss. (TU Berlin, 2002), pp. 64~66 참조.

[6] 덕분에 2차 세계대전이 끝날 무렵 독일의 신발 생산 공법은 완전히 달라졌고, 전후 세계시장을 장악하는 기술경쟁력을 확보하게 됐다고 평가된다. Anne Sudrow, "Vom Leder zum Kunststoff. Werkstoff-Forschung auf der "Schuhprüfstrecke" im Konzentrationslager Sachsenhausen 1940~1945", Helmut Maier ed., *Rüstungsforschung im Nationalsozialismus*(Göttingen, 1998), pp. 214~249 참조.

[7] MER사 후신업체는 나치시절 자사 사업에 대한 조사를 했지만, 때늦은 그 연구 결과도 공개하지 않기로 결정했다고 한다. Martin Doerry, "Reisekonzern DER Touristik hält Studie zurück: Das Millionengeschäft mit den Auschwitz-Transporten", *Der Spiegel* (2019. 12. 6)

[8] '수정의 밤'을 추방과 절멸의 맥락에서 간명하게 설명한 글로는 Arno Herzig, "1933~1945: Verdrängung und Vernichtung", *bpb*(2010. 8. 5).

[9] 당시 독일철도 측은 이미 박물관의 상설 전시회 개최만으로도 충분할 뿐만 아니라 많은 승객들이 오가는 기차역에서 지나치게 진지하고 무거운 주제를 전시하는 게 어울리지 않고 안전상으로도 위험하다는 입장이었다. 결국 연방 교통장관의 중재로 개최가 결정되었다. 한편, 프랑스에서는 변호사이자 역사학자로 나치 희생자 가족단체를 이끈 세르주 클라스펠트Serge Klarsfeld 부부의 노력으로 2015년 1월부터 3년 동안 프랑스 국민의회와 18개 기차역에서 나치에 의해 끌려간 프랑스 어린이와 청소년 1만 1,000명의 기억을 담은 전시회가 개최되었다. 프랑스 국영철도 SNCF는 독일철도와 달리 전시회 개최를 환영하고 지원했다고 전해진다. Sarah Ross, "Initiative Elftausend Kinder – Deutsche Bahn AG verweigert Stellplätze für Fotoausstellung"(2005. 2. 3), www.aviva-berlin.de/aviva/content_Public%20Affairs.php?id=3884. 이 일을 함께 추진한 세르주의 부인인 베아테 클라스펠트Beate Klarsfeld에 대해서는 이 책의 2권 3장 참고.

[10] 2007년 6월에 설립된 '기억의 열차협회'인 Zug der Erinnerung e.V.와 주요 활동은 www.zug-der-erinnerung.eu 참고.

[11] 당초 〈기억의 열차〉가 요청했던 베를린 중앙역Hauptbahnhof은 제외되었고, 베를린에서는 오스트반호프Ostbahnhof, 베스트하펜Westhafen, 쇠네바이데Schöneweide, 리히텐베르그Lichtenberg와 그루네발트역에서 정차, 전시회를 개최했다.

[12] 알라이다 아스만이 남편 얀 아스만과 공동으로 2018년 독일출판협회의 평화상을 수상한 이후 가진 인터뷰에서 재차 강조한 얘기다. Michael Köhle, "Aleida Assmann über kulturelles Gedächtnis" Zusammenleben braucht eine gemeinsame Geschichte,

Deutschlandfunk(2018. 7. 30).

[13] 첫 번째 표지는 '수정의 밤' 15주년에 맞춰 1953년 한 추모 행사와 함께 17번 선로 앞에 부착되었다. 그렇지만 행사는 경찰의 저지로 제대로 진행되지 못했고, 표지는 곧 사라졌다. 20년이 지난 1973년 나치희생자연합Bund-PRV이 조직된 후 당시의 역사를 기억하고 추모하기 위한 행사가 적극적으로 조직되면서 이곳에 다시 새로운 표지가 부착되었다. 하지만 이 기념판도 얼마 지나지 않아 다시 사라져버렸다.

[14] "Gedenkveranstaltung im Plenarsaal des Deutschen Bundestages zum 40. Jahrestag des Endes des Zweiten Weltkrieges in Europa", www.bundespraesident.de/SharedDocs/Reden/DE/Richard-von-Weizsaecker/Reden/1985/05/19850508_Rede.html.

[15] '역사가 논쟁'를 비롯해 서독 내 홀로코스트에 대한 인식의 변천사는 이 책 1권 4장 참조. 인용문은 위의 Michael Köhle(2018).

[16] 이송 규모가 그루네발트역을 능가했던 모아비트역에서는 69번과 81번 및 92번 선로가 이용되었는데, 이 선로의 상공을 가로지르는 도로 교량 푸틀리츠Putlitz교 중간 지점에 조각가 하세Volkmar Haase의 작품이 세워졌다. "Deportations-Mahnmal", bildhauerei-in-berlin.de/bildwerk/deportations-mahnmal-4835 참조.

[17] 기억·미래·책임재단Stiftung Erinnerung, Verantwortung und Zukunft에 대해서는 홈페이지 www.stiftung-evz.de/ 참조.

[18] 브란덴부르크주의 과학연구문화부 장관이 2019년 행사에서 연설한 "Erinnerung an Deportationen ist Mahnung auch für heute". mwfk.brandenburg.de/sixcms/media.php/9/PM%20372%20Gedenken%20am%20Mahnmal%20Gleis%2017%20%28003%29.pdf.

[19] 2022년 1월 27일 '걸으면서 책읽기Laufend lesen' 행사는 buecherboxx.info/2022/ 01/ 21/27-01-2022_laufend-lesen/ 참조.

[20] 북박스 프로젝트에 대해서는 buecherboxx.info/ 참조. '17번 선로 북박스'에 대해서는 베를린시의 소개 사이트 www.berlin.de/aktuell/ausgaben/2013/dezember/ereignisse/artikel.224191.php와 지속적인 행사와 새 소식을 알리는 홈페이지 buecherboxx.info/tag/gleis-17/ 참조.

[21] '책 읽기로 기억하기' 행사는 buecherboxx.com/medien/filme-zur-buecherboxx에서 볼 수 있다.

[22] 기억의 열차협회의 사이트 www.zug-der-erinnerung.eu/kinder.html 참조.

[23] 반제회의 회의록에는 테레지엔슈타트의 역할이 "실질적인 이행과정에서 유대인 문

제의 최종해결지"로 규정되었는데, '고령자 게토'로 명명되면서 실질적으로는 절멸 수용소로 가는 중간 또는 환승 수용지이나 회부에는 게토 또는 유대인 정착지로 선전되었다.

[24] 테레지엔슈타트의 생존자인 Kathy Kacer, *Die Kinder aus Theresienstadt, Ravensburger Buchverlag*(Ravensburg, 2003), p. 9.

[25] 1944년 6월 국제적십자위원회와 덴마크 정부 시찰단이 처음 테레지엔슈타트를 방문한 뒤 본격적으로 선전영화를 제작해 1945년 4월 2차 방문한 국제적십자위원회 시찰단에게 상영했다. 이 다큐멘터리를 제작한 게론Kurt Gerron(1897~1944)은 1930년대 독일의 유명한 배우이자 감독이었으나 네덜란드로 망명 후 잡혀 1944년 2월 말 테레지엔슈타트로 이송되었다. 그해 8월 강압에 못 이겨 다큐멘터리를 제작했으나 제작을 마치자 바로 아우슈비츠로 이송되어 살해당했다.

[26] 당시 오페라에서 고양이 역할을 한 엘라 스테른Ela Stern의 2018년 9월 21일 BR Klassik과의 인터뷰, "Kinderopfer in Theresienstadt".

[27] Milan Kuna, *Musik an der Grenze des Lebens. Musikerinnen und Musiker aus böhmischen Ländern in nationalsozialistischen Konzentrationslagern und Gefängnissen* (Frankfurt/M, 1993), p. 205.

[28] 음악은 플루트, 두 개의 클라리넷, 트럼펫, 피아노, 바이올린, 첼로, 팀파니, 심벌즈 등이 포함된 연주단이 맡았고, Rudolf Freudenfeld가 감독했다. 무대장치는 František Zelenka, 안무는 Kamila Rosenbaumová가 담당했다고 한다.

[29] Ralf Baumann, "Wir wollten singen, wir wollten leben", *Konstanzer Anzeiger*(2014. 11. 26.), p. 3.

[30] 영화 트레일러는 www.youtube.com/watch?v=uDozLeex1p0에서 볼 수 있다.

[31] "Frei sein für einen Augenblick", *Süddeutsche Zeitung*(2020.1. 19).

[32] 폴락은 오스트리아 비엔나 출생으로 부모들과 함께 체코로 옮겨졌다가 후에 다시 테레지엔슈타트로 이송되었다. 폴락의 일기는 브렌너Hannelore Brenner가 《나의 테레지엔슈타트 일기》로 편집, 출간했다. Helga Pollak-Kinsky, *Mein Theresienstädter Tagebuch 1943-1944*(Berlin, 2014).

[33] 〈브룬디바〉에 대한 브렌너의 라디오 피처는 1997년 자유베를린방송SFB에 〈브룬디바와 테레지엔슈타트의 아이들〉로, 1998년 오스트리아방송ORF에 소년합창단 녹음과 함께 방송되었다. 브렌너의 연극 대본 〈게토의 눈물 1944—28호실의 소녀들〉이 2003년 프라이부르크에서 음악이 가미된 오페라로, 2005년 잘츠부르크에서 연극 무대에

올려졌고 이후 계속해서 청소년 오페라 등으로 발전했다. 2004년엔 폴락의 일기와 생존자들의 증언을 종합한 《28호실의 소녀들》이 발간되었다. 폴락 외에도 더 많은 희생자들의 목소리들을 담기 시작한 것이다. 그리고 그해 9월 처음으로 이 전시회를 독일 북부 슈베린에서 개최했다. 2005년엔 책 출판과 전시회 등 관련된 모든 활동이 'Room 28 Projects'로 체계화되었다. 나아가 2007년엔 청소년 교육 사업을 포함해 활동을 '지속가능하게' 뒷받침할 조직적 틀인 협회Room 28 e.V.도 창립했다. 유가족도 아닌 제3자에 의해 기억을 위한 활동이 이렇게 광범위하고 체계적으로 전개된 사례는 드물다. 협회 홈페이지 www.room28.net와 프로젝트 홈페이지 www.room28projects.com 참조. 한편, 미국에서는 생존자 주자나 저스트만Zusana Justman이 1987년 폴락을 만나 인터뷰한 이후 제작한 〈테레지엔 일기Terezín Diary〉(1990), 〈아이들의 목소리Voices of the Children〉(1998) 등의 영화들로 테레지엔슈타트의 아이들이 알려지게 됐다.

34 예를 들어, 독일 에르푸르트 역사박물관의 전시회 소개. Geschichtsmuseum der Landeshauptstadt Erfurt, 〈Die Mädchen von Zimmer 28. L 410, Theresienstadt〉(2020년 1월 25일~6월 28일). 〈브룬디바〉 공연을 함께 준비했던 크라사와 그 동료들, 아이들에게 그림을 가르쳐주었던 예술가들, 이들은 모두 불행과 공포, 절망으로부터 아이들을 보호하고, 그래도 희망을 가지고 정상적인 삶을 살아내도록 도왔다. 이와 관련된 영화인 〈아이들의 목소리〉는 1999년 에미상 외에도 여러 영화제에서 수상했다.

35 전시회에 대한 상세한 사항은 홈페이지를 참고. www.room28.net/bildungsprojekt/ ausstellung/.

36 그래서 '민주주의와 관용을 위한 연대—극단주의와 폭력 반대Bündnis für Demokratie und Toleranz–gegen Extremismus und Gewalt: BfDT'와 같이 민주주의와 관용을 증진하려는 기관과 단체들이 '소녀들의 방 28호'를 지원하고 있다. '민주주의와 관용을 위한 연대'는 2000년 연방 내무부와 법무부에 의해 설립된 이래 민주주의와 관용을 진흥하는 시민사회의 노력을 지원하고 있다. '민주주의와 관용을 위한 라운드테이블Runder Tisch für Demokratie und Toleranz Arzberg' 역시 전시회에 필요한 재정 지원과 함께 프로그램을 마련하는 데 여러 도움을 주고 있다.

37 Johannes Tuchel, "Planung und Realität des Systems der Konzentrationslager 1934 ~1938", Ulrich Herbert et. al., *Die nationalsozialistischen Konzentrationslager. Band 1*(Frankfurt/M, 2002), p. 48.

38 요한 에서는 시인이면서 노동운동가로 1933년 구금되어 반역죄 혐의로 강제수용소로 이송되었다. 그의 묘비 옆에는 '모어졸다텐' 가사가 새겨진 추념 동판이 함께 서있다.

그리고 루돌프 고구엘은 반나치 투쟁가로 1933년 체포되어 10여 년 이상 여러 차례 투옥되었다. 전후 서독에서 동독으로 넘어가 동베를린의 독일현대사연구소DIZ와 훔볼트대학교 등에서 연구부서장 등을 역임했다.

[39] Wolfgang Langhoff, *Die Moorsoldaten. 13 Monate Konzentrationslager*(Stuttgart: Verlag Neuer Weg, 1992), p. 193.

[40] Ibid, p. 194.

[41] 세계 각국의 평화·반전·민주화 운동 가요로도 널리 알려지고 애창되었다. 현재 독일어 외에 영어, 스페인어, 불어, 네덜란드어, 이탈리아어 등 전 세계적으로 최소 500개 버전의 〈모어졸다텐〉이 있는 것으로 알려져 있다. "KZ-Häftlinge setzen mit dem Lied. Die Moorsoldaten", *Deutschlandfunk*(2018. 8. 27)

[42] 연방하원 홈페이지 "Ruth Klügers Erlebnisse als Zwangsarbeiterin"(2016.1.27.), www.bundestag.de/webarchiv/textarchiv/2016/kw04-gedenkstunde-nachher-403424. RIAS 이날 챔버합창단이 부른 〈모어졸다텐〉은 www.youtube.com/watch?v=a Wv0wnYTDe8 에서 들을 수 있다.

[43] 연설문은 www.bundestag.de/parlament/praesidium/reden/2016/001-403846에서 볼 수 있다.

[44] 1980년대부터 생존자들을 중심으로 추진된 엠스란트수용소정보센터DIZ Emslandlager 작업이 기반이 되었다. 홈페이지 diz-emslandlager.de 참조.

[45] 추방음악축제 홈페이지 www.verfemtemusik.de 참조. 수상자 명단 중에는 한국 젊은 음악가들도 있다.

[46] 2001년 슈베린에서 처음 개최한 뒤 이듬해부터 2년마다 열리고 있는 '추방음악축제'가 불러오는 음악들은 돌아온 노래들과 함께 기억의 장을 넓히고 있다. '소녀들의 방 28호'가 독일에서 처음 전시회를 가진 것도 2004년 축제 때였다. 2018년 10회 축제에서는 〈브룬디바〉가 개막식을 장식했다. 이때의 〈브룬디바〉 공연에는 어린 시절 테레지엔슈타트에서 직접 〈브룬디바〉 공연에 참여했던 생존자도 참석했다.

[47] 홈페이지 https://www.hmt-rostock.de/hochschule/zentrum-fuer-verfemte-musik/ 참조.

[48] www.jemumv.de/symposium-2019/

[49] 독일 중부의 졸링엔Solingen에 설립된 추방예술센터Zentrum für verfolgte Künste는 홈페이지 verfolgte-kuenste.com 참조.

2. 망각을 거부하는 책 읽기

1 베를린 시내 코펜 광장Koppenplatz에 1996년 설치된 칼 비더만Karl Biedermann의 공모 당선작 〈버려진 방Der verlassane Raum〉이다.

2 넬리 작스의 시집 《죽음의 집에서In den Wohnungen des Todes》(1947)에 수록된 시 〈오 굴뚝 들이여O die Schornsteine〉의 뒷부분이다. 1933년 5월 그녀의 책도 나치에 의해 분서되 었다. 번역은 약간 차이가 있지만 원문은 넬리 작스의 작품 세계를 국내에 소개한 나연숙, 〈넬리 작스 작품에 나타난 폭력과 희생〉, 《비교문학》 33, 2004, 196쪽에서 볼 수 있고, 시 전체에 대한 해석은 195~199쪽 참조. 이 외에 아리아네 후믈, 〈넬리 작스 작품 속에 나타나는 변화 속의 고향과 과제로서의 평화〉, 《독일현대문학》 29, 2007, 305~328쪽도 참조할 수 있다.

3 아도르노Theodor W. Adorno(1903~1969)는 1949년 《문화비평과 사회Kulturkritik und Gesellschaft》에서 아우슈비츠 이후 누가 시를 쓸 수 있겠냐며 이같이 천명했지만, 1947 년 《죽음의 집에서》에 이어 1949년 《별의 침식Sternverdunkelung》을 펴낸 넬리 작스는 파울 첼란Paul Celan(1920~1970)과 함께 유대인들의 고통과 아우슈비츠의 잔혹함을 역설 적이게도 서정적으로 읊은 시인으로 평가받고 있다. 파울 첼란은 독일어를 사용하는 루마니아 태생 유대계 시인으로. 나치에 의해 부모를 잃고 평생을 트라우마에 시달리 다가 파리 센강에서 자살했다.

4 〈버려진 방〉의 옆 건물(Koppenplatz 6번지)에는 건물주를 비롯해 당시 거주 중이던 유대 인들이 아우슈비츠 등으로 끌려가 죽임을 당한 사연이 있다. 훗날 이 건물을 구입한 독일인들의 자발적인 이니셔티브로 2001년 이들의 이름과 유대 랍비 Baal Schem Tow(1698~1760)의 문구 "망각은 추방이지만 기억은 대속代贖이다Vergessen ist Verbannung, Erinnerung ist Erlösung"를 새긴 추념 동판이 설치되었다. www.gedenktafeln-in-berlin.de/nc/gedenktafeln/gedenktafel-anzeige/tid/ilse-goldschmidt.

5 5·10분서에 대한 개괄적인 소개는 Jan-Pieter Barbian, *Literaturpolitik im 'Dritten Reich': Institutionen, Kompetenzen, Bestätigungsfelder*(Frankfurt/M, 1993), pp. 54~60, Ernst Fischer, Reinhard Wittmann eds., *Geschichte des deutschen Buchhandels im 19. und 20. Jahrhundert. Drittes Reich Teil 1*(Berlin, 2015), pp. 7~72 참조.

6 존 하트필드의 작품세계에 대해서는 국내에도 많이 소개되었는데, 가령 조한렬, 〈존 하트필드의 포토몽타주에서 사진과 텍스트〉, 《헤세연구》, Vol. 37, No. 2, 2017, 213~233쪽 참고.

7 나치의 정권 장악과정에 대한 간략한 개관은 Michael Wildt, *Nationalsozialismus:Aufstieg und Herrschaft.Informationen zur politischen Bildung 314*(Pforzheim, 2012), pp. 28~45 참조. 작가들과 지식인들에 대한 '청소' 작업에 대해서는 가령 J.W. Aust, Thomas Aust, "Literatur und Presse"(2008. 3. 17), www.bpb.de/39570 참조.

8 J.W. Aust, Thomas Aust(2008)과 Jan-Pieter Barbian, "Die organisatorische, personelle und rechtliche Neuordnung des deutschen Buchhandels", Ernst Fischer, Reinhard Wittmann eds.,(2015), pp. 73~160, 특히 pp. 135~143 참조.

9 그래서인지 2001년 5월 9일엔 소행성의 별자리가 '소행성 넬리 작스(18396)'라고 명명되었다. 또 우리에게 넬리 작스의 시는 윤이상 선생이 각별히 작품화한 것으로도 소개되었다. 윤이상 선생은 넬리 작스의 시로 여러 작품을 작곡했고, 흔히 평화의 교향곡으로 불리는 교향곡 5번에서는 각 악장마다 작스의 시를 사용한 것으로 알려져 있다. www.hani.co.kr/arti/culture/music/551230.html와 www.seoul.co.kr/ne ws/newsView.php?id=20180123031008 참조.

10 칼스바트 결의와 이에 따른 검열에 대한 하이네의 비판에 대해서는 "Karlsbader Beschlüsse vom 20. September 1819", www.heinrich-heine-denkmal.de/dokumente/karlsbad.shtm 참조.

11 하인리히 하이네(Heinrich Heine(1797~1856))는 1829년 발간한 《여행 화첩 3권》에서 "시에 큰 가치를 둔 적도 없고 내 시를 칭찬하든 비난하든 괘념치 않는다"면서 "그러나 나는 인간해방 전쟁에서 용감한 전사였으므로 내 관 위에 검을 놔달라"고 썼다. Ursula Stein,Heinrich Heine-ein deutscher Europäer im französischen Exil(Berlin, 2011), p. 36.

12 하이네와 청년 독일파에 대한 금서령에 관련해서는 조창섭, 〈청년 독일파Das junge Deutschland 연구〉,《독어교육》14, 1996, 427~451쪽 참조.

13 근대 이후 서구에서의 주요한 분서 사건에 대해서는 독일 연방의회 입법조사처에서 간략히 정리한 문서를 참조할 수 있다. Wissenschaftliche Dienste des Deutschen Bundestages,Bücherverbrennungen seit der Frühen Neuzeit(Berlin, 2007).

14 Hartmut Steinecke, "Schluß mit Heine!" Der Dichter und sein Werk im national-sozialistischen Deutschland, *Heine-Jahrbuch*, 2008, pp. 173~205. 하이네는 전후에도 특히 서독에서는 한참 동안 크게 평가받지 못했지만, 옛 동베를린 시내 몇 곳에 하이네 동상이 세워졌다. 동서독의 하이네 수용에 대해서는 Heidi Beutin, Wolfgang Beutin,*Schöne Seele, roter Drache:zur deutschen Literatur im Zeitalter der Revolutionen*(Frankfurt /M, 2008), pp. 117~130 참조. 물론 하이네는 이후 새롭게 재평가되었고, 2010년 독일

최고의 명예의 전당이라고 알려진 레겐스부르크의 '발할라Walhalla'에 그의 흉상이 설치되었다. 발할라에 대해서는 이 책 1권 6장 참고.

[15] 그라프는 베를린 신문 《Berliner Börsen-Courier》의 기사를 읽고 자신의 저작들이 금서 목록에 오르기는커녕 권장도서 목록에 포함된 것으로 오독했다고 알려져 있다. 사실 당시 한 권을 제외하고는 그라프의 모든 작품이 이미 헤르만의 금서목록에 올라있었다.

[16] 이 기고문이 발표된 이후 그라프는 아인슈타인Albert Einstein(1879~1955) 등과 함께 두 번째 국적 박탈자 명단에 올랐다. 나치는 1933년 8월 1차 국적 박탈자 명단을 공표한 뒤 1945년 4월까지 359번에 걸쳐 총 3만 9,006명의 국적을 박탈했다. "Erste Ausbürgerungsliste 1933", kuenste-im-exil.de/KIE/Content/DE/Objekte/mann-heinrich-erste-ausbuergerungsliste-1933.html?single=1 참조.

[17] 국내에서는 시인 김남주에 의해 번역된 '분서' 및 최근 이옥용이 옮긴 《나, 살아남았지 —베르톨트 브레히트 시선집》(2018)에서의 '분서' 등이 소개되어 있다.

[18] 《세계무대Weltbühne》의 1933년 1월호에 실린 악셀 에게브레히트Axel Eggebrecht (1899~1991)의 "Wer weiterliest, wird erschossen".

[19] 1920년대 독일 언론사史에서 황금기라고 할 수 있을 만큼 수많은 언론매체가 창간되고 발행되었다. 1928년 기준 독일에서 총 3,356개의 일간지, 그중 베를린에서만 147개 신문이 발간되고 있었다. 물론 10만 부 이상을 발간하는 대형 신문은 26개 정도였는데, 극우 성향의 후겐베르크 그룹이 공격적인 사세 확장과 통신사 운영 등을 통해 시장 장악력과 영향력을 급속히 확대해 나갔다. 1920년대 국수주의와 나치 이념의 확산에 기여한 것으로 알려져 있다. Stephan Weichert, Leif Kramp, *Der Berliner Pressemarkt: Historische, ökonomische und international vergleichende Marktanalyse und ihre medienpolitischen Implikationen*(Berlin, 2009), pp. 7~10.

[20] 국내에 '문학의 황제'로 소개된 독일의 문학평론가 마르셀 라이히-라니츠키Marcel Reich-Ranicki는 투홀스키를 "천재는 아니지만 20세기 독일 문학사에서 따라올 사람이 없는 작가"라면서 독일 저널리즘사에서도 가장 성공적인 재담가Unterhaltungskünstler이자 문예비평을 정치화한 탁월한 업적을 보였다고 평가했다. "75. Todestag Kurt Tucholsky: Ein Weltverbesserer mit Schreibmaschine", *Handelsblatt*(2010. 12. 21)에서 재인용. 그는 또 자신의 자서전에서 젊은 시절 투홀스키가 "우리의 우상"이었다고 회고했다. 《나의 인생: 마르셀 라이히라니츠키 자서전》, 문학동네, 2014.

[21] 1913년부터 투홀스키는 이그나츠 브로벨Ignaz Wrobel, 테오발트 티거Theobald Tiger, 페터 판터Peter Panter의 필명으로 활동하기 시작했고, 1915년 법학 박사학위를 취득한 직

316

후 징집당해 제1차 세계대전이 끝날 때까지 종군신문을 발간하기도 했다. 그는 여러 지면에 글을 발표하며 총 7개의 필명을 사용했다. 생전에 발표한 3,000여 편의 글 중 약 1,552편을 《세계무대》에 발표했다. 《세계무대》에 실린 총 1만 4,000여 편 중 11퍼센트 이상을 차지한 것이다. Gabriele Rose, "Theobald Tiger an Peter Panter—Kurt Tucholsky und seine Alter Egos in der Weltbühne", *FEShistory*(2018. 7. 10).

[22] 〈우리 부정론자들Wir Negativen〉에서 투홀스키는 제1차 세계대전 4년 반 동안 줄곧 "예"만을 말하도록 강요받았다면서, 인간성을 잊게 만드는 가치관과 물신적 노동만을 강요하는 사회, 여전히 전쟁을 용인하고 개인보다 집단을 우위에 두는 국가 등에 대해 "우리는 아직 예라고 말할 수 없다"고 직격탄을 날렸다. Kurt Tucholsky, "Wir Negativen", *Die Weltbühne*, No. 12, 1919.

[23] 참전자평화동맹Friedensbund der Kriegsteilnehmer과 투홀스키의 역할에 대해서는 Reinhold Lütgemeier-Davin, "Nie wieder Krieg! Tucholskys Rolle innerhalb der pazifistischen Organisationen der Weimarer Republik", Friedhelm Greis, Ian King eds., *Der Antimilitarist und Pazifist Tucholsky: Dokumentation der Tagung 2007*(St. Ingbert, 2008), pp. 57~82 참조.

[24] 1905년 《연극무대》를 창간해 20년 이상 발행인 겸 편집장으로 활동한 야콥존이 1926년 말 갑작스럽게 사망하면서 3년 전부터 파리 특파원으로 일하던 투홀스키가 베를린으로 돌아와 편집장을 맡았지만, 5개월 만에 오시에츠키에게 넘기고 투홀스키는 다시 파리로 돌아갔다. 투홀스키는 이후 1935년 스웨덴에서 사망할 때까지 파리와 스위스, 스웨덴 등지에 머물렀다.

[25] Ivo Heiliger, "Windiges aus der deutschen Rechtsprechung", *Kritische Justiz*, Vol. 26, No. 2, 1993, pp. 194~198 참조.

[26] 오시에츠키는 1932년 5월 수감되었다가 그해 연말 성탄절 사면을 통해 227일 만에 석방되었다.

[27] 투홀스키가 1930년 5월 6일자 《세계무대》에 발표한 시 〈제3제국Das Dritte Reich〉. 투홀스키는 1929년 발간한 《독일, 모든 것 위에 뛰어난 독일》을 통해서도 바이마르 공화국의 현실과 국수주의를 신랄하게 비판했는데, 이 책 제목은 독일의 애국가(독일인의 노래) 1절에 나오는 구절이다. 이 구절을 나치는 나치가와 합쳐 국가로 사용했다. 전후 서독은 국가 공식 행사에 이 구절을 제외하고 독일의 노래 3절만 사용했고, 통독 후에 이를 공식화했다. 한편, 존 하트필드와 협업해 제작한 《독일, 모든 것 위에 뛰어난 독일》은 몽타쥬 기법의 사진들을 이용해 텍스트의 효과를 높였는데, 이에 대해서는 천

현순, 〈사진과 텍스트의 혼종화 현상―쿠르트 투홀스키의 《독일, 독일이 최고》를 중심으로〉, 《브레히트와 현대연극》 19권, 2008, 153~175쪽 참조.

[28] 투홀스키의 〈제3제국으로의 여정Reise ins Dritte Reich〉.

[29] 《세계무대》 25주년을 기념해 1930년 9월 9일자에 실은 투홀스키의 "Fünfund-zwanzig Jahre". 토이취란트Teutschland는 독일을 일컫는 고어로 새로운 독일을 추구했음을 의미한다고 해석할 수 있다: www.textlog.de/tucholsky-presse-jacobsohn.html.

[30] Alexander Gallus, "Weltbühne: Republikaner ohne Republik-Weimars legendäre Wochenschrift", *Die Zeit*, No. 12, 2018. 그는 또 2012년 펴낸 《세계무대》 연구서에서 20세기 독일 지성사의 고향이라고 평가한 바 있다. Alexander Gallus, *Heimat Weltbühne. Eine Intellektuellengeschichte im 20. Jahrhundert*(Göttingen, 2012).

[31] 독일평화협회Deutsche Friedensgesellschaft는 설립 후 이듬해 회원이 2,000여 명으로 늘었고, 1902년에는 60여 개 지방 조직에 6,000여 명의 회원을 거느린 조직으로 성장했다. 제1차 세계대전 발발 당시 100여 개 지방 조직에 회원이 약 1만 명 수준이었고, 1927년 즈음엔 회원 수가 약 3만 명으로 증가했다. 현재의 독일평화협회 현황과 활동에 대해서는 협회 홈페이지를 참조: www.dfg-vk.de.

[32] 독일평화카르텔Deutsches Friedenskartell(DFK)은 1914년부터 독일평화협회 회장이던 역사가 루드비히 크비데Ludwig Quidde(1858~1941)의 주도로 창설된 연합 조직으로 1929년까지 바이마르 공화국 내 반전·평화운동 단체들이 참여, 한때 최대 28개 단체까지 포괄하였다. 크비데는 군국주의적인 팽창정책을 밀어붙인 빌헬름 2세를 폭정을 일삼다 살해당한 로마의 칼리굴라Caligula 황제에 빗대 비판한 《칼리굴라》(1894)의 저자로, 독일평화협회 회장과 독일평화카르텔 의장 등을 맡으며 세계평화회의를 조직하는 등 평화운동에 기여한 공로로 1927년 독일의 두 번째 노벨평화상 수상자가 됐다. Karl Holl, "Der Historiker und Pazifist Ludwig Quidde(1858~1941)", *Die Friedens-Warte*, Vol. 77, No. 4, 2002, pp. 437~454 참조.

[33] 1921년부터 잡지 《평화주의자Der Pazifist》를 발행해 오던 프리츠 퀴스터Fritz Küster (1889~1966)가 1925년 《다른 독일Das Andere Deutschland》을 후속 잡지로 펴내기 시작했으며, 나치가 정권을 잡은 직후 1933년 3월 발간 금지되었다.

[34] 베를린돔Berliner Dom은 베를린 미테 지구 동쪽에 위치하고 있는 교회로 슈프레강 가 박물관섬의 랜드마크이다. 독일 내에서 가장 큰 규모의 개신교 교회 건물이다.

[35] 〈3분만 들으라Drei Minuten Gehör〉라는 시는 투홀스키가 필명으로 1922년 7월 29일자 《Republikanische Presse》에 발표한 자신의 첫 반전시다. 남성들에게 1분, 여성들에게 1

분, 그리고 청년들에게 1분씩 얘기하는 형식으로 쓰인 이 시는 청년들을 향해 "병역 의무 반대Keine Wehrpflicht! 군인 반대Keine Soldaten!"를 외치며 "너희는 미래다!/ 하고 자 하면 너희는 모두 자유다!/ 하고자 하면 승리는 너희 것이다!/ 니 비더 크릭"으로 끝맺고 있다.

³⁶ 콜비츠에 대해서는 이 책의 1권 6장 참고. 콜비츠도 '니 비더 크릭'운동에 참여하고 있 었고, 1922~1923년 〈전쟁〉이라는 제목으로 일련의 판화를 만들면서 1924년 집회 포 스터 제작을 의뢰받아 이 작품을 만들었다. www.kollwitz.de/plakat-nie-wieder-krieg 등 참조.

³⁷ 《다른 독일Das Andere Deutschland》 또한 마찬가지다. 이 잡지의 핵심 기고가 중 한 사람 이 투홀스키였고, 《다른 독일》의 필화 사건으로 1928년 9개월의 징역형을 받은 글쓴 이 역시 《세계무대》의 가장 활동적인 기고가였다. 당시 반전운동가와 평화주의자들은 모두 한 배를 타고 있었던 셈이다.

³⁸ 로카르노조약Locarno Pact은 스위스 로카르노에서 독일, 프랑스, 벨기에, 영국, 이탈리 아, 폴란드, 체코슬로바키아 대표들이 체결한 일련의 국지적 안전보장조약이다. 그러 나 이 조약은 1936년 3월 히틀러에 의해 일방적으로 파기되어, 독일군의 라인란트 진 군과 재무장이 이루어졌다. "Die Konferenz von Locarno 1925", www.dhm.de/lemo/ kapitel/weimarer-republik/aussenpolitik/konferenz-von-locarno-1925.html; "Vor 90 Jahren: Die Verträge von Locarno", bpb(2015. 11. 30), www.bpb.de/kurz-knapp/ hintergrund-aktuell/216424/vor-90-jahren-die-vertraege-von-locarno/ 참조.

³⁹ 투홀스키가 필명으로 《세계무대》 1929년 9월 17일자에 실은 기고문 〈단어 하나가 빠 졌다Mir fehlt ein Wort〉에 적은 문구 "Sprache ist eine Waffe. Haltet sie scharf."

⁴⁰ 투홀스키는 필명으로 《세계무대》 1931년 8월 4일자에 실은 〈감시받는 전쟁구역Der bewachte Kriegsschauplatz〉이라는 기고문에서 제1차 세계대전 당시 제국군 헌병이 탈영 병을 사살하는 장면을 서술하면서 마지막에 "군인은 살인자Soldaten sind Mörder"라는 이 문장을 썼다.

⁴¹ Tucholsky, Wir Negativen(Reinbek Rowohlt Verlag, 1988), pp. 124~129.

⁴² 당시 여론의 주목을 끈 헌법재판소의 이 판결이 나오기 전에는 벌금형 등이 선고됐다. 헌법재판소의 판결문은 다음 사이트 참조: www.bundesverfassungsgericht.de/ SharedDocs/Entscheidungen/DE/1995/10/rs19951010_1bvr147691.html.

⁴³ 베벨 광장에서의 분서 구호와 분서/금서 대상 작가들에 대한 간략한 소개는 서장원, 《망명과 귀환이주》, 집문당, 2015 참조.

[44] 투홀스키와 함께 헤르만의 블랙리스트에 포함된 《세계무대》의 활발한 필진이자 작가인 케스트너Erich Kästner(1899~1974)는 제2차 세계대전 후 《투홀스키 선집》(1946)의 서문으로 쓴 〈투코와의 만남Begegnung mit Tucho〉에서 투홀스키를 이렇게 적었다.

[45] 투홀스키 외에 저명한 작가이자 토마스 만의 친형인 하인리히 만, 작가이자 언론인으로 라디오 방송에서 나치를 비판했던 알프레드 케르 등이 4관왕에 올랐다.

[46] 이후 나치 돌격대SA의 존넨부르크Sonnenburg 수용소를 거쳐 이듬해 올덴부르크 인근에 위치한 나치 친위대SS의 에스터베겐Esterwegen 강제수용소로 이송되었다. 수용소에서 당한 고문과 가혹행위, 그리고 강제노역으로 오시에츠키는 1934년 말 이미 병약자로 분류되어 있었지만, 1935년 가을 국제적십자위원회가 방문했을 때조차 가혹행위를 당한 흔적이 온몸에 가득했다고 전해진다.

[47] 오시에츠키를 노벨평화상 후보로 추천하고 수여를 촉구한 이 캠페인의 국제적인 움직임에 대해서는 Irwin Abrams, "The multinational campaign for Carl von Ossietzky", www.irwinabrams.com/articles/ossietzky.html 참조. 주도적인 역할을 한 빌리 브란트의 회고와 서신 교환은 Wilhelm Büttemeyer ed., *Willy Brandt, Die Nobelpreiskampagne für Carl von Ossietzky, Oldenburger Universitätsreden*, No. 20(Oldenburg, 1988) 참조. 오시에츠키 구명운동에 대해서는 Elke Suhr, *Zwei Wege-ein Ziel. Tucholsky, Ossietzky und Die Weltbühne* (München, 1986) 참조.

[48] 오시에츠키의 수상과정에 대한 간략한 설명은 www.nobelprize.org/prizes/peace/1935/ossietzky/biographical 참조.

[49] 빌리 브란트가 1971년 12월 오슬로대학에서 한 노벨평화상 수상 기념 강연 '우리 시대의 평화정책.' 전문은 www.nobelprize.org/prizes/peace/1971/brandt/lecture/ 참조.

[50] Irwin Abrams(1991)의 앞 글.

[51] 투홀스키가 필명으로 《세계무대》 1931년 3월 31일자에 발표한 시 〈길 위에 장미를 뿌려라Rosen auf den Weg gestreut〉. 전문은 www.textlog.de/tucholsky-rosen-weg.html 참조.

[52] 미카 울만Micha Ullman은 1939년 텔아비브 출생의 이스라엘 조각가로 1991년부터 2005년까지 독일 슈투트가르트 국립예술대학 교수를 재직했다. 그의 작품은 현재 베를린의 공공장소 5곳에 세워져 있는데, 모든 작품들 속엔 작가의 철학과 사상이 일관되게 흐르고 있다. "Micha Ullman erhält den Moses-Mendelssohn-Preis", *Der Tagesspiegel*(2010. 9. 8).

[53] 비문의 마지막 '독일포도' 문장은 《세계무대》 동료이자 분서작가로 체포 직전 망명한 발터 메링Walter Mehring(1896~1981)이 프랑스 남부 망명지에서 오시에츠키를 생각하

며 보낸 열 번째 서신에서 발췌한 것이다.

54 역시 《세계무대》의 동료이자 분서작가, 1차 국적 박탈자 명단에 오른 리온 포이흐트 방어Lion Feuchtwanger(1884~1958)의 비문이다. 이 외에 2010년 오시에츠키가 숨을 거 둔 병원 앞에도 추념 동판이 설치됐다. 물론 이런 조형물 외에 1962년과 1963년 세계 인권연맹 독일지부 동독 평화위원회가 각각 오시에츠키 메달을 수여하기 시작했고, 1983년엔 함부르크 국립도서관의 그의 이름을 따 명명되었다. 1984년 올덴부르크시 가 오시에츠키상을 만들어 격년마다 시상하고 있고, 오랜 논란 끝에 1991년 올덴부르 크대학에 그의 이름을 붙였다.

55 투홀스키 탄생 100주년을 전후해서 그의 업적을 기리고 계승하려는 움직임이 활발히 펼쳐졌다. 1988년 투홀스키협회가 설립되어 매년 컨퍼런스를 개최하고, 그의 생애에 대해 그리고 그가 남긴 정치적·문학적 유산을 체계적으로 연구해 총서를 발간하고 있다. 1995년부터는 투홀스키상을 제정해 시상하고 있다. 협회 홈페이지 tucholsky-gesellschaft.de 참조.

56 케스트너는 《에밀과 탐정》(1928), 《날으는 교실》(1933) 등으로 국내에도 널리 알려져 있 는 독일 작가다. 베벨 광장 분서 현장에서 케스트너는 하인리히 만과 에른스트 글래 저에 이어 호명되며 자신의 책이 불길 속으로 던져지는 것을 바라보아야 했다. 인용 문은 그의 《파비안》(1931)에 나오는 문구다.

57 이 행사에 대해서는 www.warorpeace1818.org 참고. 브레히트의 인용구는 www. youtube.com/watch?v=Bm4f7pK1yhI 행사 홍보 동영상에서 볼 수 있다.

58 행사 홈페이지 www.lesengegendasvergessen.de 참고. 2021년 5월 19일 행사는 코로나 로 인해 디지털 라이브 행사로 진행됐는데 이때 낭송된 글은 로자 룩셈부르크, 투홀 스키, 브레히트, 케스트너 등의 문장들이었다.

59 매년 독일 전역에서 개최되는 각종 '망각을 거부하는 책 읽기'와 유사한 기념 행사 정 보는 www.buecherlesung.de에서 볼 수 있다.

60 종합적인 학술 작업과 분서 발간 작업이 포츠담대학교 모세스 멘델스존센터Moses Mendelssohn Zentrum를 중심으로 이루어지고 있다. 연구소 홈페이지 www.verbrannte-buecher.de 참조. 분서 관련 자료들을 데이터베이스화하는 작업에 대해서는 verbrannte-und-verbannte.de, 2013년부터 클라우드 펀딩을 통해 진행되고 있는 분서 만행장소 발굴 작업은 verbrannte-orte.de 참조.

61 케스트너가 분서에 대해 언급한 말이다. Erich Kästner, *Über das Verbrennen von Büchern*(Zürich, 2013), p. 11.

3. 기억되는 여성, 기억하는 여성

[1] Mirko Schwanitz, "Rehabilitierung. Späte Gerechtigkeit für die "Hexen von Bernau", *Deutschlandfunk*(2017. 5. 27). 이 추모 조형물을 제작한 아넬리에 그룬트Annelie Grund는 스테인드 글라스 예술가이자 음악가로 주로 유리와 강철, 석재를 사용하여 작품활동을 하고 있다.

[2] Aleida Assmann, 《기억의 공간》, 그린비, 2011, 39~80쪽.

[3] 독일에서는 약 2만 5,000명이 희생된 것으로 추산되고 있다. 지금은 리히트슈타인에 속해있는 파두츠Vaduz와 쉘렌베르크Schellenberg는 당시 '마녀의 땅'이라는 악명을 얻었다고 한다. 이에 대해서는 Manfred Tschaikner, "Hexenverfolgung", *Historisches Lexikon des Fürstentums Liechtenstein*(2011. 12. 31).

[4] Hannes Soltau, "Bernau rehabilitiert Opfer der Hexenverfolgung", *Der Tagesspiegel* (2017. 4. 12)와 위의 Schwanitz 기사 참조.

[5] 라이프치히 여성문화협회Frauenkultur e.V.를 비롯해 여러 도시에서 마녀사냥에 대해 연구하는 단체들이 생겨났고, 희생자들에 대한 추모와 명예회복 작업이 진행되고 있다. 독일과 유럽 내 마녀사냥 추모비가 세워진 장소에 대해서는 www.anton-praetorius.de/opfer/orte_2.htm 참고.

[6] 마녀사냥꾼, 마녀추적자, 마녀집행관 등 '마녀재판Hexenprozessen'은 나치의 모습과 꼭 닮았다. 유대인 사냥, 유대인 추적, 유대인 집행관으로 이어져 아우슈비츠로 대표되는 불태움의 장소가 만들어졌기 때문이다.

[7] '마녀카드 파일Hexenkartothek'에 대해서는 가령, Sönke Lorenz, Dieter R. Bauer eds., *Himmlers Hexenkartothek. Das Interesse des Nationalsozialismus an der Hexen-verfolgung*(Bielefeld, 2000), p. 133와 "Der H-Sonderauftrag. Hexenprozesserfassung als Gegnerbekaempfung", *Der H-Sonderauftrag*(Forsite-Verlag), pp. 1~7 등 참고.

[8] Armin Fuhrer, "Himmlers geheime Hexenkartothek: Der bizarre Sonderauftrag des Reichsführers-SS", *Focus*(2020. 5. 27). 1938년 이후 이 임무H(exen)-Sonderauftrag를 맡은 레빈Rudolf Levin은 마녀재판의 인종 및 인구통계학적 결과에 대한 연구, 마녀재판에서 여성의 가치평가, 마녀재판에 대한 이전 문헌 개요 및 주제별 참고문헌 등으로 체계적인 연구를 추진하고자 했고, 1941년부터는 피해자 연구의 접근방식을 취하면서 유대인의 범죄증거를 수집하는 데 주력했다. 이를 통해 가령 《H-컴플렉스의 정신과학적 토대》, 《H-재판의 경제적 영향》과 같은 자료집이 만들어졌다.

[9] Volker Insel, "Hexenwahn im 20. Jahrhundert: Himmlers Hexenkartothek", *Mitteldeutscher Rundfunk*(2020.8.10.). 1980년대 초 역사가인 게하르트 쇼르만Gerhard Schormann(1942~2018) 교수에 의해서 다양한 마녀재판에 대한 자료가 알려지게 됐다. 쇼르만 교수는 '헥센-쇼르만Hexen-Schormann'이라는 별명을 얻을 정도로 많은 마녀사냥 연구서를 집필했다.

[10] 1967~2008년 영국 웨일스대학 역사학 교수였던 Stuart Clark, *Witchcraft and Magic in Europe, Volume 4: The Period of the Witch Trials*(A&C Black, 2002), p. 14.

[11] 독일에서는 1990년 중부 지방의 소도시 벤스베르크Bensberg 시청사에 "마녀로 몰려 심문과 고문을 당하고 교수형에 처해진 무고한 여성들을 위한" 추모 동판이 설치된 이래 60여 개 도시에서 추모 조형물이 설치되었다. 특히, 교황 선교단체인 미시오Missio 는 2020년 8월 10일 처음으로 '세계마녀광기 반대의 날International Agianst Witchcraft (madness)'을 제정해 어린이, 소녀, 여성들에 대한 국제인신매매, 착취, 강제매춘 등을 반대하는 프로젝트들을 만들어 여성보호 활동에 적극적으로 협력하고 있다.

[12] "Kirchliche Hexenverfolgung war Unrecht", *Katholisch*(2016. 4. 12).

[13] 플뢰첸제 형장에서 같은 기간 이슬로 사라진 2,890여 명 가운데 12퍼센트가량이 여성이었다. 335명의 여성들 중 164명은 주로 반역죄를 재판하기 위해 나치가 1934년 특별 설치한 인민법원VGH에서, 31명은 제국군사법원에서 사형을 선고받았다. 나머지 140명 중에도 반나치 활동 등 정치적 이유로 사형을 선고받은 경우가 많았다. 악명 높은 인민법원은 약 1만 6,000명 이상을 재판해 5,200여 명에 대해 사형선고를 내렸다. 나치 정권하에서 사형선고를 받은 총 6만여 명 중에 1만 6,000명이 인민법원 같은 사법기관을 통해 사형을 선고받아 합법을 가장한 사법학살로 평가되고 있으며, 4만 명 이상이 군사법원에서 사형이 선고된 것으로 알려져 있다. 플뢰첸제 형장 등에서 이루어진 사법학살에 대해서는 Johannes Tuchel, *Justizmorde bis zur letzten Stunde* (Berlin, 2020), 인민법원에 대해서는 Stiftung Topographie des Terrors, *Der Volks-gerichtshof 1934~1945 — Terror durch "Recht"*(Berlin, 2018) 참조.

[14] Martha Schad, *Frauen gegen Hitler: Vergessene Widerstandskämpferinnen im National-sozialismus*(München, 2010) 참고. 미국인 여성 밀드레드 하르낙Mildred Harnack (1902~1943)은 남편 아비드Arvid Harnack(1901~1942)와 함께 1942년 9월 체포된 지 3개월 만에 남편을 플뢰첸제 형장의 이슬로 떠나보내고 자신도 2개월 뒤 "독일을 참 사랑했다"는 말을 남기고 참수되었다. 베를린에 추념 조형물이 설치되어 있는 몇 안 되는 여성 저항자 중 한 명이다. 현재 베를린에는 그녀의 이름을 딴 고등학교와 거리가

있고 당시 거주하던 주택에 추념 동판도 남아있다. 박사학위를 받은 기센대학에는 그녀의 추념비가 있고, 고향 위스콘신의 출신학교에서는 매년 '밀드레드의 날' 행사가 개최되고 있다. 2018년엔 그곳에도 그녀의 추념 조형물이 설치되었다고 한다. 이에 대해서는 news.wisc.edu/mildred−fish−harnack−honored−as−hero−of−resistance−to−nazi−regime 참고. 릴로 헤르만에 대한 조형물 〈아이를 안고 있는 어머니〉도 조각가 Sabina Grzimek에 의해 제작되어 1984년 베를린 리히텐베르크의 프라이아 광장 Freiaplatz에 설치되었으며 2020년엔 기념판도 함께 부착되었다.

[15] www.gedenkstaette−ploetzensee.de/mord−durch−fallbeil−und−strang 아래 verwertung−der−leichname과 rechnung 참고.

[16] "Widerstand zur NS−Zeit: Frauen gegen Hitler", *Mitteldeutscher Rundfunk*(2020. 4. 22).

[17] "Frauen gegen das NS−Regime: Weiblicher Widerstand gegen nationalsozialistisch−faschistische Strukturen", *Buergeruniversitaet*(2020. 8. 28).

[18] "75 Jahre Proteste in der Rosenstraße−Wie man Mörder stoppt", *Der Tagesspiegel*(2018. 2. 26). 코드명은 간단히 "de−Judaize"로 기록되기도 한다.

[19] René Schlott, "Frauenproteste gegen Deportation. "Gebt unsere Männer frei!"", *Der Spiegel*(2018. 3. 2).

[20] "75 Jahre Proteste in der Rosenstraße−Wie man Mörder stoppt", *Der Tagesspiegel*(2018. 2. 26).

[21] 훗날 나치는 독일인과 결혼한 유대인들을 추방할 계획은 세우지 않았다고 알려졌다. 다만, 이들의 지위를 박탈하고 직장에서 내쫓기 위해 로젠슈트라세에 감금한 경우가 많았다고 한다.

[22] 주로 저항과 투쟁, 용기와 자유를 주제로 작품활동을 해온 동독 출신의 조각가 잉에 보르크 훈징어Ingeborg Hunzinger의 작품 〈Frauenprotest 1943〉이다. 훈징어에 대해서는 이 책의 2권 3장도 참고. 그녀 역시 혼혈 유대계 여성이었다. 문구의 원문은 "Die Kraft des Zivilen Ungehorsams und die Kraft der Liebe bezwingen die Gewalt der Diktatur".

[23] 슈테코StäKo는 베를린 지역 나치 상기장소 상설회의Ständige Konferenz der NS−Gedenkorte im Berliner Raum의 약칭으로 베를린 시내 총 5개 장소에 대한 기억문화를 담당하고 있다. 저항자 기념관, 반제회의 기념관, 유럽 유대인 희생자들을 위한 추모 공간, 테러의 지형 기념관, 작센하우젠 강제수용소 기념관에서 정례적인 행사와 집회 등을 주최하고 있다. 2009년 12월 15일 설립된 슈테코는 연방정부의 지원기관이기도 하다. 홈페이지 Ort−der−Erinnerung.de 참고. 또 로젠슈트라세 데모 사건은 마가렛테 폰 트로타

Margarethe von Trotta(1942~) 감독에 의해 2003년 영화로도 제작되었다.

[24] 《잔해를 치우는 여성들의 신화》를 저술한 트레버Leonie Treber 박사에 따르면, '잔해여성'이라는 용어는 베를린에서 유래했다. 실제로 가옥의 약 4분의 3이 파손된 베를린의 경우, 1946~1947년 사이 약 2만 5,000~3만 명의 여성들이 매일 잔해를 치우고 정리하는 일을 했다는 기록이 있다. 베를린에서 일하는 여성의 약 5퍼센트에 해당하는 인원으로 그다지 높은 비율은 아니었지만, 다른 도시보다는 꽤 높았다. Leonie Treber, *Mythos Trümmerfrauen*(Essen, 2014) 참조. 국내에서는 특히 박인원의 〈독일 집단기억 속의 '폐허여성'〉, 《독어독문학》 143, 2017, 135~153쪽을 참조할 수 있다. 저자는 잔해를 치우는 여성들을 "폐허여성"으로 번역했다.

[25] Leonie Treber(2014), pp. 28~34.

[26] 1950~60년대 동독에서 개최된 〈세계 여성의 날〉 행사에서 '잔해를 치우는 여성'은 나치 폭압을 극복하고 새로운 사회를 건설하는 여성으로서 재건과 평등의 아이콘으로 자주 등장했다. 다른 한편으로는 전후 몇 년 동안 생계가 어렵고 일일 배급량이 적었기 때문에 많은 여성들이 잔해 제거 일을 추가 선택했다는 설명도 있다. 등록 잔해여성들에게는 육류와 빵, 버터 등 생필품이 더 많이 배급되었다는 것이다. Make Linde und Anette Kiefer, "Trümmerfrauen", *Planet-Wissen*(2020. 3. 23) 참고. 결국 잔해여성들이 국가 재건을 위해 자발적으로 참여한 것처럼 비춰졌지만, 경제적인 유인도 있었고 강제적인 측면도 있었던 셈이다.

[27] Merith Niehuss, Familie, *Frau und Gesellschaft. Studien zur Strukturgeschichte der Familie in Westdeutschland 1945~1960*(Göttingen, 2001).

[28] 1952년 5월 2일 32명의 잔해여성과 17명의 작업 노동자에게 연방 공로십자훈장이 수여되었다.

[29] Leonie Treber, 'Mythos "Trümmerfrau": deutsch-deutsche Erinnerungen", *bpb* (2015. 4. 8). 최근에는 서독에서 부진한 나치 잔재 청산에 대한 여론 돌리기를 위해 잔해여성을 영웅화한 측면도 있다는 분석도 제기된다.

[30] 1965년 동베를린 에버트Friedrich Ebert(1894~1979) 시장이 잔해여성 기념 행사에서 언급한 말이다. "Trümmerfrauen bauten mit am Fundament", *Neues Deutschland*(1965. 6. 30), p. 1.

[31] Treber의 앞의 책 pp. 383~404과 Nicole Kramer, 'Ikone des Wiederaufbaus. Die "Trümmerfrau" in der bundesdeutschen Erinnerungskultur", Jörg Arnold/Dietmar eds., *Luftkrieg. Erinnerungen in Deutschland und Europa*(Göttingen, 2009) 참고.

[32] 트레버는 "특히 여성이 손과 양동이로 엄청난 양의 잔해를 치워야 했다는 사실은 전체 잔해물의 크기와 규모를 고려할 때 불가능한 일"이라고 분석하고 있다. Joachim Mohr, "Mythos Trümmerfrauen. Als Deutschland ohne Männer war", *Der Spiegel*(2018. 2. 1). 그럼에도 불구하고 기록사진에는 대부분 잔해여성들만이 특별한 주인공으로 등장하고 있다. 때문에 연출된 사진을 통해 여성들이 기계나 설비의 도움을 받지 않고 엄청난 양의 잔해를 치운 것으로 왜곡된 인상을 남겼다는 게 최근의 일반적인 분석이다. 결국 '잔해여성'은 신화화된 이미지라는 평가가 주류라고 할 수 있다. Robert Probst, "Ein arrangierter deutscher Mythos", *Süddeutsche Zeitung*(2014. 12. 3); Christian Frey, "Heerscharen von Trümmerfrauen waren ein Mythos", *Die Welt*(2014. 11. 20) 등 참고.

[33] Leonie Treber(2015).

[34] Ordensverleihung zum Tag des Ehrenamts unter dem Motto "Zukunft braucht Erinnerung", Bundespraesident(2018.12.4.)

[35] 자비네 헤링Sabine Hering(1947~) 교수는 1983년 카셀에 독일여성운동아카이브Archiv der deutschen Frauenbewegung(현재 독일 여성운동재단 아카이브)를 설립한 독일 내 여성운동사 분야 권위자로 꼽힌다. 너무 오랫동안 여성운동이 역사 연구와 기억문화에서 무시되었다는 게 헤링 교수의 지론이다. 리타 바케Rita Bake 박사는 여성들의 업적을 가시화하고 기리기 위해 함부르크에 여성 전용 묘지공원을 조성하는 운동을 펼치고 있다. 또 다른 수훈자인 기젤라 복Gisela Bock(1942~) 교수는 유럽여성사 전공자로서 1970년대 베를린에 여성센터Frauenzentrums in Berlin, 여성여름대학 등을 만들고, 가사노동 임금 캠페인을 주도하면서 독일 여성운동에 크게 기여했다는 평가를 받고 있다.

[36] 홈페이지: www.digitales-deutsches-frauenarchiv.de.

[37] DDF는 연방정부 지원 사업으로 선정돼 2020년 185만 유로를 지원받았다. "Das Digitale Deutsche Frauenarchiv erhält institutionelle Förderung durch den Bund", DDF 홈페이지(2020.1.14.). 연방정부의 보도자료는 다음 사이트 참고: www.bmfsfj.de/bmfsfj /themen/gleichstellung/gleichstellung-und-teilhabe/digitales-deutsches-frauenarchiv.

[38] 토마토 3알이 DDF에 갖는 의미에 대해서는 "Platz da! Digitales Deutsches Frauenarchiv startet", *Deutsche Welle*(2018.9.13.) 참고.

[39] 특히, 아우크스푸르크는 "여성평등을 위한 헌신적인 삶"의 공로로 그녀의 동반자 하이만과 함께 독일의 '민주주의 100인'으로 선정되었다.

[40] 이 외에 특히 사회진단 개념을 창시하고 사회사업을 학문으로 정립하는 데 기여한 또 다른 여성운동가 앨리스 살로몬Alice Salomon이 그녀의 65세 생일에 헌증한 사진앨범

을 온라인으로 직접 넘겨보는 건 특별한 체험이 될 거라는 기사도 있다. 살로몬은 '사회교육의 이론과 실습의 공동설립자'로 여성의 기억문화 영역에서 특별한 위치를 차지하고 있다. 그의 업적이 인정되어 훔볼트대학 2층 복도 갤러리에는 노벨상 및 역사상 중요한 업적을 남긴 남성들 사이에 그녀의 초상화도 함께 걸려있다.

[41] 지방도시의 여성아카이브 중 헤링 교수의 독일여성운동아카이브(카셀, 1983년 설치)와 함께 특별히 언급해야 할 페미니스트 아카이브가 있다. 1983년 쾰른에 설치된 〈FMT: frauen media turm〉이다. 1977년 페미니스트 대중잡지 《EMMA》(여성해방을 의미하는 emanzipation에서 잡지명을 만들었다고 한다. www.emma.de)를 창간해 성매매 반대운동, 포르노 금지운동 등을 이끌어온 슈바르처Alice Schwarzer가 잡지 편집실 건물에 설립해 운영해 오고 있으며, DDF에도 참여하고 있다. frauenmediaturm.de 참고.

[42] 바케 박사는 2007년부터 독일유대연구소와 함께 나치에 의해 희생된 여성들의 걸림돌 설치를 위해 자료 발굴과 조사 작업을 진행해 2020년까지 총 22권의 책자를 발간했다. 이 프로젝트로 2010년 함부르크역사협회로부터 '라펜베르크 메달Lappenbergs-medaille'을 수상했다.

[43] 함부르크 여성운동 지도: Frauenorte-hamburg.de.

[44] 올스도르프 묘지Friedhof Ohlsdorf 내에 마련된 여성정원은 2000년 설립된 여성정원협회Garten der Frauen(e.V.)가 설계, 재정, 관리를 담당하고 있고, 바케 박사가 회장직을 맡고 있다. 뜻을 같이하는 여성들이 십시일반해 조성하고 있는 자발적인 프로젝트인 것이다. 홈페이지 www.garten-der-frauen.de 참고.

[45] "Garten der Frauen: Vergessen? Erinnern! Leben!", *Deutschlandfunk*(2006. 4. 14).

[46] '민주주의 역사의 장소' 홈페이지 www.demokratie-geschichte.de/karte/a-z.php 참조. 베를린에는 총 23곳이 '민주주의 역사의 장소'로 선정되었는데 브란덴부르크 문, 베를린돔, 사회주의자 묘(독일노동운동 추모관), 연방하원, 베를린역사박물관, 저항 박물관, 시온교회 등이 여기에 포함되어 있다.

[47] www.fembio.org. FemBio 데이터베이스(오프라인)에는 모든 시대 및 국가의 3만 1,000명 이상의 여성들 전기가 포함되어 있고, 다양한 기준(약 250개 속성)에 따라 검색할 수 있다고 한다. 이 오프라인 데이터베이스 중 현재 1만 1,376명의 여성 전기를 온라인 사이트에서 볼 수 있다.

[48] 마리아 안나 모차르트Maria Anna Mozart(1751~1829)는 오스트리아의 피아노 연주자이자, 하프시코드 연주자로 볼프강 아마데우스 모차르트의 누나다. 평소 마리아네라고 불리었으며 '나네를'이라는 별명으로 자주 불렸다. 괴테의 여동생 코넬리아 슐로서

Cornelia Friederica Christiana Schlosser(1750~1777) 역시 문학적 재능이 뛰어났던 것으로 알려져 있다.

[49] 독일에서 기억문화의 공간적 범위를 지역공동체로 확장해야 한다는 주장은 특히 실비아 슈라우트Sylvia Schraut 교수와 플레체크Sylbia Pletschek 교수를 중심으로 2000년대 중반 이후 집중적으로 제기되었다. 두 교수의 논문, "Erinnerung und Geschlecht – auf der Suche nach einer transnationalen Erinnerungskultur in Europa", *Historische Mitteilungen 19*(2006), pp. 15~28와 이들이 묶어 발간한 책 *The Gender of Memory: Cultures of Remembrance in Nineteenth-and Twentieth-Century Europe*(Frankfurt/M: Campus Verlag, 2008) 및 *Erinnern, vergessen, umdeuten? Europäische Frauenbewegungen im 19. und 20. Jahrhundert*(Frankfurt/M: Campus Verlag, 2019) 참고.

[50] 루이제 오토-페테스Louise Otto-Peters(1819~1895)는 여성해방과 노동자 동등권을 주창하며 1865년 독일여성단체협회ADF(Allgemeinen Deutschen Frauenverein)를 설립해 30년간 회장을 지낸 독일 여성운동의 개척자다. 또 헬레네 슈퇴커Helene Stöcker(1869~1943)는 여성의 자결권과 새로운 윤리를 주장하며 모성보호연맹Bund für Mutterschutz을 설립하고(1904/05) 자유연애와 미혼모 권리보호 등에 헌신했던 선구적인 여성이었다. 이들을 포함해 수많은 여성들이 단지 여권 신장만이 아닌 민주주의 발전에 기여한 인물로 재평가되어야 한다는 주장이 힘을 얻고 있다. 최근 관련 논의에 대한 리뷰와 제언은 Hedwig Richter, *Warum finden Frauen in der Demokratiegeschichte so wenig Betrachtung? Arbeitspapier aus der Kommission "Erinnerungskulturen der sozialen Demokratie"*(Düsseldorf: Hans-Böckler-Stiftung, 2020) 참고.

[51] 파울라 티데Paula Thiede(1879~1919)는 1890년 베를린에서 여성인쇄노동자협회를 설립하고 1896년 일일 9시간 노동시간을 쟁취하는 큰 성과를 두었다. 1898년엔 남성노동자 조직과 통합한 독일인쇄보조노동자연합 위원장으로 선출되어 세계 최초의 여성 산별노조 지도자로서 1906년 단체협약을 성공시키면서 1919년 사망할 때까지 20년 동안 조직을 이끌었다. 또 엠마 이어러Emma Ihrer(1857~1911)는 노동운동과 함께 여성운동을 주도했으며, 1892년 여성 주간신문 《평등》을 창간했다. Uwe Fuhrmann, *Gewerkschafterinnen in der Erinnerungskultur der Gewerkschaften, Arbeitspapier aus der Kommission "Erinnerungskulturen der sozialen Demokratie"* (Düsseldorf: Hans-Böckler-Stiftung, 2020) 참고.

[52] 오토 한Otto Hahn(1879~1968)은 핵분열과 방사성 물질을 발견한 공로로 1944년 노벨 화학상을 수상했다.

[53] www.nobelprize.org/nomination/redirector/?redir=archive/show_people.php&id =6097 참고. 아주 뒤늦게 그녀의 업적을 기리는 움직임이 시작되어, 1997년 새로운 원소가 그녀의 이름을 따 명명됐고(마이트너리움meitnerium), 유럽물리학회는 2000년부터 핵물리학에 기여한 과학자들에게 '리제 마이트너상'을 수여하고 있다. 그리고 독일 물리학회와 오스트리아 물리학회는 2008년부터 매년 '리제 마이트너 강의' 행사를 개최하고 있다.

[54] 훔볼트대학 본관 안뜰에는 막스 플랑크Max Karl Ernst Ludwig Planck(1858~1947), 헤르만 폰 헬름홀츠Hermann Ludwig Ferdinand Helmholtz(1821~1894), 테오도르 몸젠Christian Matthias Theodor Mommsen(1817~1903)의 동상이 서있다.

[55] 훔볼트대학의 여성 큐레이터가 제안한 지 6년 만에 이룬 결실이라고 한다. 동상 제작비는 기부를 받아 충당했다. www.hu-berlin.de/de/pr/nachrichten/archiv/nr1407/pm_140709_00 참고.

[56] Marie Juchacz, Rede am 19. Februar 1919 vor der Nationalversammlung in Weimar. 지금은 통상 연설 인사말에 "숙녀·신사 여러분"과 같이 여성Damen을 먼저, 남성Herren을 나중에 부르지만, 당시엔 남성을 먼저 지칭했다. 당시 여성운동가로서 여성 참정권 쟁취에 앞장서 온 유카츠는 여성의 정당 가입이 허용된 1908년 바로 사민당에 가입, 1917년 다수파 사민당USPD의 중앙위원회 여성위원으로 임명됐고, 당 여성기관지《평등Gleichheit》의 책임도 맡게 됐다. 이후 여성으로서는 유일한 헌법준비위원회 위원으로 참여했고, 바이마르 공화국 출범 후 실시된 선거에서 연이어 당선되어 1920~1933년 제국의회 의원을 지냈다.

[57] 독일노동자복지협회AWO(Arbeiterwohlfahrt)는 젊은 시절부터 야학을 통해 여성들의 힘겨운 삶을 나누고, 여성들의 상호부조와 육아수당, 실업수당 등 노동자 복지를 고민해 온 유카츠가 평소 주장해 온 평등과 복지를 실현하기 위해 만든 조직이다. AWO는 현재 회원 30만 265명, 명예회원 7만 2,453명, 정규직원 24만 2,069명을 거느리고 독일 전역에 1만 8,000개 이상의 시설/서비스센터를 두고 있다(2023). 80개 이상의 기관, 이니셔티브 및 단체들이 단체회원으로 AWO에 가입되어 있으며, 주로 아동 및 청소년 복지, 장애인 지원, 노숙자 및 노인 근로, 이민자, 난민 등 다양한 사회사업을 펼치고 있다. www.awo.org/die-awo-zahlen-und-fakten 참고.

[58] 게르트 빈너Gerd Winner(1936~) 작품으로 "민주주의의 희망"을 표현한 것이라고 한다.

[59] Warum kennt kaum jemand Marie Juchacz? 100 Jahre Frauenwahlrecht, *Deutschlandfunk Kultur*(2018. 11. 12).

[60] 헤드비히 돔의 무덤은 사후 몇 년 후에 사라져버렸다고 하는데, 2007년 독일 여성언론인연합JB이 무덤의 행방을 추적하고 기금모금 캠페인을 벌여 다시 만들어진 것이다. 2019년 베를린-쉐네베르크의 역사적인 성마테우스교회의 묘지공원Matthäus-Friedhof 내에 명예무덤으로 지정되었다. 묘비는 당초 예술가 오에터Ulrike Oeter가 디자인한 흰색 대리석에 유리예술가 탄츠Detlef Tanz가 제작한 붉은색 유리가 덧붙여진 것으로 2007년 9월 공개되었다가 2018년 베를린시가 명예묘지로 지정하면서 2019년 3월 그녀의 사후 100주년에 빛을 보게 됐다.

[61] Hedwig Dohms, "Die Antifeministen", *bpb*(2018. 4. 20.).

[62] Hedwig Dohm, *Schicksale einer Seele*(1899). 헤드비히 돔은 신문과 잡지에 사회비판과 여성인권 등에 관한 100편 이상의 기고문을 실었다. 동시에 소설과 희곡, 산문집 등을 통해 여성들의 교육, 결혼, 고용, 모성 등의 구체적인 문제를 다뤘다. 그녀의 사상에 대해서는 국내 소개 논문 박인원, 〈독일 페미니즘 고전 읽기―헤드비히 돔의《안티페미니스트. 페미니즘을 위한 변론서》〉,《독일어문학》94, 2021, 317~337쪽 참고.

[63] "Hedwig Dohm(1831~1919)―Zum 100. Todestag einer Visionärin", *Jounalistinnen*(2019. 6. 2.)

[64] 헤드비히 돔의 전기를 쓴 이사벨 로너Isabel Rohner를 중심으로 그녀의 삶과 업적을 "드러내기" 위해 발족된 이니셔티브 'Hedwig Dohm sichtbar machen'는 사라진 그녀의 무덤을 찾는 일뿐만 아니라 잊힌 그녀를 기념하기 위한 다양한 사업을 펼치고 있다. 2006년부터 매년 그녀에 대한 행사를 개최하고 있는데, 2021년 3월 '세계 여성의 날'엔 그녀의 업적을 온라인으로 공개하기도 했다. hedwigdohm.de 참고.

[65] 1987년 동독의 독일여성협회DFD 일제 틸레Ilse Thiele 회장이 개장 행사에서 조각가 발터 아르놀트Walter Arnold가 제작한 클라라 체트킨의 흉상을 공개했다. 이 흉상은 실물보다 크고, 약 1미터 높이의 받침대에 장착되었다.

[66] 클라라 체트킨은 통독 이후 벌어진 거리 이름 논쟁의 대표적인 인물이기도 하다. 동독 시절부터 1995년까지 베를린 미테 지역 내 연방하원 건물과 의원실 건물이 들어서 있던 거리 이름이 클라라 체트킨 슈트라세였지만, 당시 헬무트 콜 총리를 중심으로 기민/기사연합 의원들이 반대하면서 다시 이전 이름인 도로테엔슈트라세Dorotheenstrasse로 환원되었다.

[67] 연방하원 홈페이지 www.bundestag.de/dokumente/textarchiv/2019/kw26-de-frauen-widerstand-646432 참조. 결의문은 dip21.bundestag.de/dip21/btd/19/110/1911092.pdf에서 내려받을 수 있다.

[68] 앞의 루이제 오토-페터스(독일여성단체협회ADF 설립)와 헤드비히 돔, 아니타 아우크스 푸르크(동성애 해방운동)와 리다 하이만은 물론이고 헬레네 슈퇴커(모성보호연맹 설립)와 엠마 이어러(노동운동 주도), 헬레네 랑에(여성교육 선구자)와 게르트루트 보임머(여성교육 평등권과 혼인법/가족법에서의 동등권), 마리 유카츠, 그리고 로자 룩셈부르크에 이르기까지 여성평등을 위해 헌신한 많은 여성운동가들이 독일 민주주의의 발전에 크게 기여한 인물로 인정받았다. www.demokratie-geschichte.de/koepfe/ 참고. 한편, 연방 하원은 2021년 6월 '독일 민주주의 역사장소 재단 설립에 관한 법'을 의결해 민주주의 역사에서 중요한 장소와 인물이 연방정부 차원에서 기려지게 됐다.

[69] 동독의 여성작가 이름트라우트 모르그너Irmtraud Morgner(1933~1990)가 1983년 그녀의 《마녀소설Ein Hexenroman》에서 칼 마르크스의 유명한 〈포이에르바흐에 관한 테제 11〉을 패러디해 적은 글이다. 원문은 "Die Philosophen haben die Welt bisher nur männlich interpretiert. Es kommt aber darauf an, sie auch weiblich zu interpretieren, um sie menschlich verändern zu können." 〈민주주의 100인〉에서의 그녀 소개는 www. demokratie-geschichte.de/koepfe/2455 참고.

4. 꽃무덤 베를린, 그 지형도

[1] 브레히트가 1952년 오스트리아 빈에서 열린 '평화를 위한 세계민족대회Kongress der Völker für den Frieden'에서 한 연설이다.

[2] 〈독일 미제레레〉는 브레히트가 1차 세계대전을 배경으로 한 체코 야로슬라프 하셰크의 반전 소설 《착한 병사 슈베이크》(1921~1923)를 2차 세계대전 상황으로 옮겨 쓴 희곡 《2차 세계대전의 슈베이크Schweyk im zweiten Weltkrieg》(1943)에 포함된 시다. 브레히트의 《슈베이크》 희곡은 우리말로 번역되어 있고(김기선 옮김, 《제2차 세계대전 중의 슈베이크》, 성신여자대학교출판부, 2008) 논문으로도 소개되었다. 김기선, 〈브레히트와 파시즘 비판—《제2차 세계대전 중의 슈베이크》 연구〉, 《브레히트와 현대연극》 4권, 1997, 23~56쪽; 최영진, 〈저항으로서의 유머—브레히트의 《슈베이크》를 중심으로〉, 《독일 언어문학》 72, 2016, 59~87쪽 참조.

[3] "Wer hat denn eigentlich wen erschossen? Stundenentwurf zum Thema Horst-Wessel-Lied und Kälbermarsch", Neue Musikzeitung, 47. Jahrgang, No. 11, 1998. 〈송아지 행진곡〉은 브레히트의 앞의 책 p. 84.

[4] 특히, 이 극은 크게 브레히트의 글, 데사우Paul Dessau(1894~1979)의 음악, 브레히트의 《전쟁교본》(1955) 사진집에서 채택한 27장의 사진으로 구성되어 있다. Nina Ermlich Lehmann et al. eds., *Fokus Deutsches Miserere von Paul Dessau und Bertolt Brecht: Festschrift Peter Petersen zum 65. Geburtstag*(Hamburg, 2005), p. 165.

[5] 브레히트-데사우의 《독일 미제레레》에 대해서는 Nina Ermlich Lehmann et al. eds., *Fokus Deutsches Miserere von Paul Dessau und Bertolt Brecht: Festschrift Peter Petersen zum 65. Geburtstag*(Hamburg, 2005) 참조. 연주 시간 1시간 30분의 《독일 미제레레》가 완성된 지 20여 년이 지난 1966년에야 처음으로 동독 라이프치히에서 초연되었다. "오 독일, 창백한 어머니여"로 시작하는 시구는 브레히트의 시 〈독일Deutschland〉(1933)에서 발췌된 것이다.

[6] 서독의 전후 나치 과거 청산과정은 국내에도 여러 논문들을 통해 소개되어 있다. 가령, 노명환, 〈서독의 탈나치화와 새로운 독일의 방향〉, 《외대사학》 8호, 1998, 187~200쪽과 송충기의 논문들: 〈미군정 정책과 "탈나치화" 작업〉, 《대구사학》 69권, 2002, 121~144쪽과 〈나치 청산과 독일인(1948~1952)〉, 《서양사론》 제80호, 2004, 139~165쪽, 그리고 〈사법적 청산에서 역사적 성찰로: 독일의 사례〉, 안병직 외, 《세계의 과거사 청산: 역사와 기억》, 푸른역사, 2005, 40~77쪽 등.

[7] 최근의 연구 결과에 따르면, 예컨대 연방 내무부는 직원의 66퍼센트가 나치당원으로 채워진 때가 있었고, 1970년까지도 그 비율이 50퍼센트에 이르렀다고 한다. 더욱이 수사기관인 연방 범죄청BKA은 간부 47명 중에 35명이 나치당원, 심지어 대부분 게슈타포 출신이었다. 그리고 연방 부처에서 나치 출신 직원들이 모두 은퇴한 시기는 1980년대 초였다고 한다. Stefan Creuzberger, Dominik Gepperts eds., *Die Ämter und ihre Vergangenheit: Ministerien und Behörden im geteilten Deutschland 1949~1972*(Paderborn, 2018) 참조. 히틀러 정권이 서독 공무원 사회를 접수했다는 평가는 Joachim Perels, "Die Übernahme der Beamtenschaft des Hitler-Regimes: Benachteiligung der Entlassenen und Privilegierung der Amtsinhaber der Diktatur", *Kritische Justiz*, Vol. 37, No. 2, 2004, pp. 186~193.

[8] '두 번째 죄'는 작가 랄프 지오다노Ralph Giordano가 1987년 출판한 책 제목이다. *Die zweite Schuld oder Von der Last, Deutscher zu sein ist*(Hamburg, 1987).

[9] 1950년대 동독 내무부 직원의 14퍼센트, 그리고 대학교수의 28퍼센트 정도가 나치당원이었고, 심지어 사통당(SED) 중앙위원회에도 나치 출신자들이 포함되어 있었다고 한다. Ernst Piper, *Geschichte des Nationalsozialismus: Von den Anfängen bis heute*(Bonn,

2018), pp. 393~394 등 참조. 국내에 소개된 구 동독의 나치 청산에 대해서는 최승완의 여러 논문, 예컨대 〈소련점령지역(SBZ)/동독(DDR)에서의 나치 과거 청산작업에 대한 비판적 검토〉, 《역사학보》 169호, 2001, 269~303쪽과 〈반파시즘적, 민주적 변혁? 소련군정하 동독 지역의 탈나치화(1945~1948)〉, 《대구사학》 69호, 2002, 145~180쪽, 그리고 〈냉전기 동독의 대 서독 선전공세〉, 《역사와 경계》 54호, 2005, 227~259쪽 등 참조.

[10] Ernst Piper(2018), pp. 401~424.

[11] Alexander & Margarete Mitscherlich, *Die Unfähigkeit zu trauern. Grundlagen kollektiven Verhaltens*(München, 1967). 인용문은 그녀가 2009년 언론과의 인터뷰에서 언급한 말이다. www.sueddeutsche.de/politik/margarete-mitscherlich-1.464648-0 참조.

[12] 연방 법무부의 과거사 조사위원회 연구 결과에 따르면, 1949~1973년 법무부 간부 170명 중에 90명이 나치당원, 34명이 나치 돌격대 출신이었고, 나치의 제국법무부에 근무했던 인원도 15퍼센트가 넘었다. 2019년 연방 법무부 장관은 이 연구 결과를 요약한 브로슈어를 발간하면서 이 수치는 나치 범죄에 대한 사법적 처리가 왜 이토록 지연되었는지, 나치 희생자들의 고통이 왜 이토록 무시되어 왔는지, 동성애자들과 신티·로마(집시)와 같은 많은 희생자 그룹이 왜 이토록 차별받아 왔는지를 명확히 보여주는 것이라고 지적했다. Manfred Görtemaker & Christoph Safferling, *Die Akte Rosenburg—Das Bundesministerium der Justiz und die NS-Zeit*(Berlin, 2019).

[13] 프리츠 바우어Fritz Bauer(1903~1968)에 대한 일반적인 정보는 www.fritz-bauer-forum.de/와 www.fritz-bauer-institut.de/fritz-bauer 등 참조. 현재 프랑크푸르트 지방고등법원 앞에는 그를 기려 두 개의 동판과 〈단지 빙산의 일각일 뿐〉(2016)이라는 기념비가 세워져 있다.

[14] 페터 바이스Peter Weiss(1916~1982)의 《수사Die Ermittlung》에 대해서는 국내에도 다음 논문으로 잘 소개되어 있다: 탁선미, 〈페터 바이스의 《수사》와 독일의 기억문화〉, 《독일문학》 제144집, 2017, 127~157쪽.

[15] 키징거Kurt Georg Kiesinger(1904~1988) 총리는 나치 전력으로 전후 미군에 체포되어 18개월 동안 수용소 생활을 하기도 했다.

[16] Ernst Piper(2018), pp. 422~423 참조. 불프 전기는 Klaus Kempter, *Joseph Wulf. Ein Historikerschicksal in Deutschland*(Göttingen, 2012).

[17] 키징거 총리가 클라스펠트Beate Klasfeld(1939~)의 표적이 되긴 했지만, 기실 당시 대연정 내각에도 여러 명의 나치 출신 장관들이 포진해 있었다.

[18] '클라스펠트 스캔들'의 의미에 대해서는 가령 "Eine Attacke mit symbolischer Wucht", *Deutschlandfunk Kultur*(2018. 11. 7) 참조. 68운동과 클라스펠트에 대해서는 이 책의 2권 3장에 보다 상세히 소개되어 있다. 국내에 소개된 독일 68운동과 과거사 극복 노력에 대해서는 이진모, 〈독일 역사정치 속의 68운동과 과거 극복〉, 《역사와 담론》 50호, 2008, 271~297쪽과 이희영, 〈독일 '68세대'와 과거 극복―나치 과거에 대한 세대경험의 연속성과 단절에 대하여〉, 《한국사회학》 40집 3호, 2006, 32~61쪽 등 참조.

[19] Michael Sontheimer, "Willy Brandt in Warschau―Kniefall vor der Geschichte", *Der Spiegel*(2020. 12. 6) 참조.

[20] 〈홀로코스트〉에 대해 세부 내용이 사실과 다르다는 등의 비판은 물론 극우주의자들이 방송탑 2개를 폭파시키는 등 반발도 거셌다고 한다. www1.wdr.de/stichtag/stichtag-fernsehserie-holocaust-100.html 참조. 국내에도 이 드라마에 대한 몇 개 글이 있다. 당시 서독 내 이 드라마 수용 및 영향의 사회문화적 배경에 대한 신명훈, 〈드라마 〈홀로코스트〉와 독일의 과거청산: 하나의 전환점?〉, 《역사와 문화》 20, 2013, 7~32쪽과 조원옥, 〈영화로 불러낸 기억의 변화, 홀로코스트 영화〉, 《대구사학》 90, 2008, 325~349쪽, 특히 334~339쪽 참조. 이 외에 홀로코스트 관련 12편의 영화들을 개관한 이승진, 〈기억과 재현: 홀로코스트 영화〉, 《열린정신 인문학 연구》 14, 2013, 211~238쪽도 참조할 수 있다.

[21] 1980년대 이후 독일의 풀뿌리 역사/기억 운동과 추모관/기념관 운동에 대해서는 특히 Jenny Wüstenberg, *Zivilgesellschaft und Erinnerungspolitik in Deutschland seit 1945*(Bonn, 2020: 영문 원서는 Civil Society and Memory in Germany(Cambidge Univ. Press, 2017) 참조. 기념관 설립 통계치는 Volkhard Knigge, "Unannehmbare Geschichte begreifen", *Aus Politik und Zeitgeschichte*, No. 3 -4, 2016, pp. 3~9 참조.

[22] www.bundespraesident.de/SharedDocs/Reden/DE/Richard-von-Weizsaecker/Reden/1985/05/19850508_Rede.html에서 연설문을 볼 수 있다.

[23] 바이츠제커 대통령의 이 연설에 모두가 긍정적인 반응만을 보인 건 아니다. 일부 정치인들의 반발도 있었다. 바이츠제커 대통령의 연설에 대한 반응, 영향 등에 대해서는 Katrin Hammerstein, Birgit Hofmann, "Wir [⋯] müssen die Vergangenheit annehmen ―Richard von Weizsäckers Rede zum Kriegsende 1985", *Deutschland Archiv*(2015.12.18.) 참조.

[24] 함부르크에서 공연되기 전 동독에서는 두 번째로 동베를린에서 공연되었다.

[25] 1990년 통독 이후 독일 연방정부와 의회의 기억문화 진흥정책 관련해서는 Carola S.

Rudnick, "Die Erfindung der Gedenkstättenpolitik und das geschichtspolitisch umkämpfte Ende der Singularität der NS-Aufarbeitung nach 1990", *lernen-aus-der-geschichte.de*(2020), lernen-aus-der-geschichte.de/Lernen-und-Lehren/content/14895 등 참조.

[26] 유대계 독일 역사가 마리엔네 아베르부흐Marianne Awerbuch(1917~2004)의 "독일 전체가 경고비Das ganze Land ist ein Mahnmal"라는 말은 알라이다 아스만에 의해 여러 번 반복적으로 인용되었다. 가령, Aleida Assmann, "Die Grauen Busse-ein unruhiges und unfertiges Denkmal", Thomas Müller et al. eds., *Vergangen? Spurensuche und Erinnerungsarbeit—Das Denkmal der Grauen Busse*(Zwiefalten, 2017), p. 26.

[27] '독일 전체가 경고비'에 대해서는 www.deutschland-ein-denkmal.de/ 참조. 지그리트 지구르드손Sigrid Sigurdsson(1943~)은 오슬로에서 태어나 어릴 적 독일로 이주해 온 여류 예술가다.

[28] 지그리트 지구르드손의 〈기억의 건축물Ein Raum der Architektur der Erinnerung〉 개념은 그녀의 "Deutschland-ein Denkmal-ein Forschungsauftrag 1996 bis……"(www.gedenkstaettenforum.de/uploads/media/GedRund92_13-20.pdf) 참조.

[29] 지구르드손의 지도는 2000년 전시회와 온라인을 통해 동시에 공개되어 누구나 자유롭게 접근할 수 있다. 또 지구르드손의 데이터베이스는 2007년부터 연방정부가 나치 피해자에 대한 보상금 지급 여부를 결정할 때 역사적 사실을 검토하는 근거로도 사용되고 있다. 누구나 참여 가능한 '오픈 아카이브'에 대해서는 sigrid-sigurdsson.de/archive/ 참조.

[30] 호하이젤Horst Hoheisel(1944~)의 퍼포먼스 원제는 〈The Gateways of the Germans〉(Berlin, 1997). 아스만은 2006년 발간된 저서《과거의 긴 그림자》의 표지에도 이 빛 조명 사진을 사용하고 있을 만큼 이 퍼포먼스를 독일 기억문화사에서 획기적인 한 사건으로 보고 있다.

[31] James E. Young, "Die Kunst des Denkmals", Thomas Müller et al.의 앞의 책(2017), p. 179.

[32] 반기념비Counter-Monument에 대해서는 Quentin Stevens, Karen A. Franck, *Memorials as Spaces of Engagement: Design, Use and Meaning*(New York, 2015), pp. 50~51 참조.

[33] 호하이젤의 대표적인 네가티브 기념비Negativ-Denkmale 작품은 카셀에 위치한 〈Negative Memorial Aschrottbrunnen〉(Kassel, 1986/87)이다. 건축가 크니츠Andreas Knitz(1963~)와의 공동 프로젝트에는 여기에 소개하는 두 개 작품 외에도 본에 설치한

분서 조형물 〈Lesezeichen-Erinnerung an die Bücherverbrennung〉(Bonn, 2013)과 〈Crushed History-Zermahlene Geschichte〉(Weimar, 1997~2002)〉 등 다수가 있다. 관련 프로젝트들과 사진들은 www.zermahlenegeschichte.de/ 참조.

34 이 추모 조형물의 제목은 〈추모비에 대한 추모Denkmal an ein Denkmal〉이다. 인용문을 포함해 이에 대해서는 앞의 James E. Young(2017)의 글 참조. 부헨발트 강제수용소에 대한 간략한 소개는 고유경, 〈빛과 그림자, 바이마르와 부헨발트〉, 《독일사 깊이 읽기》, 푸른역사, 2017, pp. 241~252 참조.

35 당시 안락사 대상자들을 실어 나르던 버스(Mercedes-Benz 0 3750)와 같은 크기와 형태로 만든 '회색버스'는 2005년 'T4 액션'(안락사) 희생자들을 추모하기 위한 경쟁공모를 통해 2006년 라벤스브뤼크Ravensburg 지역의 바이센나우Weissenau 정신병원에서 처음으로 공개되었다. 2007년 1월 27일부터 복제된 두 번째 회색버스가 독일 여러 도시들로 이동하기 시작했다. 오리지널 버스는 Ravensburg-Weissenau 정신병원 입구에 추모관으로 남아있다.

36 '회색버스'와 시민 참여에 대해서는 www.euthanasie-gedenken.de/pdf/falk_grauer_bus_08.pdf 참조.

37 "Denkmal der grauen Busse in Emmendingen"(www.forschung-bw.de/VersFHist/Mahnmal/Standorte/ZfP_Emmendingen_2019_01_28.pdf) 참조.

38 아스만의 앞의 글 Aleida Assmann(2017), pp. 21~23.

39 James E. Young,, "The Counter-Monument: Memory against Itself in Germany Today," *Critical Inquiry*, Vol. 18, No. 2, 1992, p. 295.

40 군 내 히틀러 암살미수 사건(1944. 7. 20) 주모자들이 총살된 벤들러블록Bendlerblock 안뜰에 1952년 이들을 추모하고 기념관 설립을 위한 초석이 놓이고 한참이 지난 뒤 1968년 기념관이 문을 열긴 했지만, 현재와 같은 형태로 정비된 것은 그로부터 20년이 지나서였다. 1983년 바이츠제커 당시 베를린 시장이 나치 저항자들에 대한 종합적인 문헌 정리와 상설 전시를 의뢰하면서 비로소 가능해진 일이었다. Hans-Günter Behrendt ed., *Erinnerungsorte der Bundeswehr*(Berlin, 2019) 참조.

41 트렙토우 공원Treptower Park 내 중앙 추모관은 동시에 승전 기념관이자 묘지공원이기도 하다. 7,000명의 전몰장병들이 묻혀있다. 브란덴부르크 문 인근 티어가르텐 Tiergarten 지역에 설치된 추모관은 예외적으로 당시 영국군 관할 지역이었던 곳이고, 1945년 11월 연합군 퍼레이드가 펼쳐진 가운데 개관되었다. 이 외에 베를린 판코우 Pankow 지역의 쇤홀처 하이데Schönholzer Heide, 부허 슐로스파크Bucher Schlosspark에도

추모관들이 조성되어 있다.

[42] 반제회의Wannsee-Konferenz 기념관은 1980년대 후반부터 추진되어 1992년 개관했고, 관내 도서관(자료센터)을 요제프 불프의 이름을 붙여 명명했다. '테러의 토포그래피 재단'은 1987년 베를린 750주년을 기념해 민간단체들의 이니셔티브로 마련한 전시회를 모태로 1994년부터 연방정부의 재정 지원도 함께 받게 되면서 1995년 독립 재단으로 발전했고, 2005년부터 강제노동 자료센터 관리 등 기능도 확장되고 있다. 국내 연구 논문으로 구연정, 〈베를린 「테러의 지형도」: 역사적 폐허에서 살아있는 기억의 터로〉, 《독일어문화권연구》 28, 2019, 11~35쪽과 전진성, 〈통일독일 수도 베를린의 발명— 도시공간의 형성과 기억의 도구화에 관하여〉, 《대구사학》 106, 2012, 23~28쪽, 그리고 최호근, 《기억의 미래》, 고려대 출판문화원, 2019, 252~259 등 참조.

[43] 신위병소Neue Wache는 베를린 시내 중심 운터 덴 린덴Unter den Linden에 위치한 전쟁/폭력 희생자를 위한 중앙 추모관이다. 200여 년 전인 1816~1818년 만들어진 건축물로 시대마다 기능과 쓰임을 달리한 그 자체가 독일 역사의 증인이다. 이 책의 2권 1장에 다시 언급된다.

[44] 독일에 이어 2005년 11월 유엔이 1월 27일을 국제 홀로코스트 희생자 추모의 날로 정해 이듬해부터 기리고 있다. 유럽 유대인 희생자 추모비 재단은 역시 많은 논란 끝에 2005년 브란덴부르크 문 옆에 현재의 추모비와 추모 기념관을 완공했다. 이에 대해서는 국내에도 많이 소개되어 있다. 특히 구연정, 〈독일 기억문화의 정치화와 베를린의 홀로코스트 추모비(2005)에 나타나는 미학적 형식의 문제〉, 《독일어문학》 26, 2018, 1~23쪽과 〈통일 후 독일 홀로코스트 추모기억의 새로운 형식과 베를린 홀로코스트 추모비(2005)〉, 《독어독문학》 59, 2018, 145~164쪽, 그리고 전진성(2012), 18~23쪽 등 참조.

[45] 이 책의 1권 1장 〈떠나간 자들과 돌아온 노래들〉 참조. 특히 독일의 강제노동 배상과 '기억·책임·미래재단'에 대한 국내 자료로는 가령 이동기의 《현대사 몽타주》, 돌베개, 2018, 174~191쪽과 이상목, 〈독일의 강제노동 배상: 영향요소의 학제적 고찰과 한일 관계에 대한 시사점〉, 《경상논총》 39, 2021, 1~32쪽, 박진완, 〈독일의 기억, 책임 그리고 미래재단의 설립에 관한 법률을 통한 국가사회주의 시대의 강제노동자에 대한 배상에 대한 검토〉, 《세계헌법연구》 19, 2013, 147~177쪽, 그리고 박재영, 〈독일의 과거극복, 어디까지 왔나?—"기억·책임·미래재단"을 중심으로〉, 《동학연구》 26, 2009, 115~140쪽 등 참조.

[46] 멩겔레Josef Mengele는 SS-기갑사단의 의사이면서 1943~1945년 아우슈비츠-비르케

나우Auschwitz-Birkenau 강제수용소에 투입된 수용소 의사였다. 이곳에서 수감자를 대상으로 온갖 잔인한 인간 해부 실험이 자행되었다. 2차 대전이 끝난 후 멩겔레는 나치 전범으로 수배되었지만 남미로 도주했다. 1979년 브라질 해변 휴양지에서 수영을 하다 뇌졸중으로 익사한 것으로 알려져 있다.

47 신티Sinti와 로마Roma는 유럽에서 가장 큰 집시 그룹으로 나치의 인종청소 대상이 되어 강제수용되고 집단학살당했다. 조형물은 카라반Dani Karavan(1930~)의 작품이고, 테두리 문구는 슈피넬리Santino Spinelli(1964~)의 시다. www.stiftung-denkmal.de/denkmaeler/denkmal-fuer-die-im-nationalsozialismus-ermordeten-sinti-und-roma-europas/ 참조.

48 레아 로쉬가 나치 학살에 대한 실제적인 반성의 가시적 표식으로서 경고비를 세울 것을 제안하면서 추모비 건설 프로젝트가 시작되었다. 1989년 1월 역사가 에버하르트 예켈Eberhard Jäckel(1929~2017)과 함께 레아 로쉬는 기념비 건립을 위한 시민 이니셔티브인 '미래 베를린Perspective Berlin'을 조직했고, 빌리 브란트 전 총리와 노벨문학상 수상자 귄터 그라스Günter Grass(1927~2015) 등 저명 인사들의 지지를 얻었다. 추모 기념관이 문을 열기까지 "14년 동안 유럽에서 살해된 600만 유대인을 추모하기 위해 싸운" 레아 로쉬는 "모든 추모관의 어머니, 홀로코스트의 카산드라 또는 유대인 전문가"로 평가되고 있다. "Ein großer Baum fängt viel Wind", *Tageszeitung*(2004. 2. 18) 참조. 추모비는 페터 아이젠만Peter Eisenman(1932~)에 의해 설계되었다.

49 다그마르 폰 빌켄Dagmar von Wilcken(1958~)에 의해 디자인된 지하 정보센터는 4개 주제별 전시 공간으로 구성되어 있다.

50 군터 뎀니히Gunter Demnig(1947~)에 의해 시작된 〈걸림돌Stolperstein 프로젝트〉의 역사와 현황에 대해서는 www.stolpersteine.eu, 베를린 내 걸림돌 설치 현황에 대해서는 www.stolpersteine-berlin.de 참조. 걸림돌 프로젝트는 그동안 국내 언론을 통해서도 많이 소개되어 잘 알려져 있다. 논문으로는 가령 이홍경의 〈독일의 홀로코스트 추모 문화의 새로운 흐름—'걸림돌 프로젝트' 연구〉,《독어독문학》146, 2018, 129~147쪽 참조.

51 걸림돌에 걸려 넘어질 위험 등이 제기되었지만 걸림돌에 대한 가장 큰 반대 논리는 걸림돌이 사람들에게 밟히고 더럽혀진다는 것이다. 즉, 추모석을 밟는 행위로 희생자들이 다시 짓밟힌다는 의견이다. 이에 따라 가령 뮌헨의 경우 걸림돌 설치를 반대해 왔다. 국내 소개 논문으로 이홍경,〈걸림돌'을 둘러싼 논란〉,《독일어문학》26, 2018, 177~196쪽 참조.

52 T4 액션에 대한 간략한 설명은 가령 Ingo Loose, "Aktion T4 Die ›Euthanasie‹—Verbrechen im Nationalsozialismus 1933 bis 1945", www.gedenkort-t4.eu/de/wissen/aktion-t4와 www.t4-denkmal.de 등 참조.

53 베를린 필하모니는 1963년 개관했다. 〈T4 액션〉 추모 조형물은 2011년 11월 연방하원의 결정에 따라 베를린시가 디자인 공모전을 통해 선정한 작품이다. www.stiftung-denkmal.de/denkmaeler/gedenk-und-informationsort-fuer-die-opfer-der-nationalsozialistischen-euthanasie-morde 참조.

54 Stefan Endlich, "Herausforderung eines Ortes", Thomas Müller et al.의 앞의 책(2017), pp. 166~168 참조.

55 2001년 민간 이니셔티브에 대해 귄터 그라스, 크리스타 볼프, 레아 로쉬 등 저명인사들의 지지가 이어지면서 연방하원이 2002년 5월 17일 175조항 희생자들에 대한 복권, 2003년 12월 12일 추모비 건립을 의결했다. 두 작가 엘름그린 & 드라그셋Michael Elmgreen/Ingar Dragset에 의해 제작된 추모비는 2008년 5월 27일 공개되었다. 추모비 내의 영상은 이스라엘 예술가 야엘 바타나Yael Bartana의 작품이다.

56 "Bundespräsident Steinmeier bittet um Vergebung", Stuttgarter-Zeitung(2018. 6. 3). 슈타인마이어 대통령의 연설은 "Zehn Jahre Denkmal für die im Nationalsozialismus verfolgten Homosexuellen", bundespaesident.de(2018. 6. 3) 참조. 2019년까지 상영 창이 다섯 번 파손되어 CCTV를 설치했다고 한다.

57 엘저의 히틀러 암살미수 사건에 대해서는 Wolfgang Benz의 Der deutsche Widerstand gegen Hitler(München, 2014)와 Im Widerstand: Größe und Scheitern der Opposition gegen Hitler(Bonn, 2019), pp. 129~155 참조.

58 이 기념비는 작가 롤프 호흐후트Rolf Hochhuth(1931~2020) 주도로 추진된 경쟁공모를 통해 선정된 예술가 울리히 클라게스Ulrich Klages의 작품이다. "Georg-Elser-Denkmal in Berlin eingeweiht", Der Spiegel(2011. 11. 8).

59 엄청난 카리스마를 가졌던 것으로 알려진 사상가이자 시인인 슈테판 게오르게Stefan George(1868~1933)를 추종하는 일단의 엘리트주의적 청년들을 '게오르게 서클'로 불렸는데, 슈타우펜베르크 대령도 청소년 시절 형제들과 함께 이 서클의 회원이었고 평생 게오르게의 사상에 큰 영향을 받은 것으로 평가된다. 게오르게의 시 〈비밀독일〉(1928)에서 그린 영적이고 유토피아적인 제국이 '비밀독일'이었다. 또 '크라이사우 서클'은 몰트케Helmuth James von Moltke(1907~1945)를 중심으로 한 수십 명의 반反나치 그룹으로 나치 전복과 권력 확보X-day 이후 변혁과 새로운 국가에 필요한 법제와 정치·사회

이론을 준비하고 있었다. Wolfgang Benz의 앞의 책과 "Widerstand gegen den Nationalsozialismus", *bpb Informationen*, No. 2, 2016 등 참조.

[60] 적지 않은 예술가와 지식인, 특히 '자유독일'을 위한 망명 지식인들, 본회퍼 목사를 비롯한 교회 내 일부 저항 그룹, 조피 숄이 포함된 백장미와 같은 학생 조직과 청소년 그룹, 크라이사우/괴르델러/졸프 서클 등 전문가 그룹, 로테 카펠레와 같은 전통적인 엘리트 그룹, 노동운동 그룹과 사회주의/공산주의 계열 등이 포함된다.

[61] 2006년 '오토 바이트 박물관'이 새롭게 단장되어 베를린 미테 지역에 문을 열었다. 박물관에는 당시 유대인 장애인들을 숨겨주고 탈출시키던 비밀의 방이 전시되어 있다.

[62] 독일 저항 기념관 요하네스 투켈Johannes Tuchel 관장은 2019년 2월 《슈피겔*Spiegel*》지와의 인터뷰에서 '저항'을 이렇게 정의했다. 2019년 저항 기념일 기념사를 통해 메르켈 총리는 나치의 폭압에 맞서 대항했던 모든 형태의 저항과 저항자들을 존경해야 하며, 시대의 불의에 침묵하지 않고 용기를 내어 보편적인 가치를 지키고자 했던 모든 투쟁가들을 존중해야 한다고 강조했다. "Gemeinsam statt allein", *Stiftung 20. Juli. 1944* (2019. 7. 20).

[63] 각 전시회는 www.gdw-berlin.de/de/angebote/ausstellungen/ausstellung/view-aus/unsere-wahre-identitaet-sollte-ve와 www.gdw-berlin.de/angebote/ausstellungen/ausstellung/view-aus/geboren-in-auschwitz 참조.

[64] www.bundestag.de/resource/blob/479212/5c8e2e650a6acc25b4214636e85bd75e/kuppelausstellung-data.pdf에서 사진과 함께 연방하원 의사당의 간략한 역사를 볼 수 있다.

[65] www.bundestag.de/dokumente/textarchiv/2013/45619636_kw45_gedenkstein-213020 참조.

[66] 이에 대해서는 연방하원 홈페이지 www.bundestag.de/dokumente/textarchiv/2016/kw51-kalenderblatt-inschrift-reichstag-484614 참조.

[67] SA Loevy 회사는 당시 베를린 최고의 청동 주물업체로 인정받고 있었다. 로에비 업체의 운명과 그 역사에 대해서는, Helmuth F. Braun &, Michael Dorrmann eds., "*Dem Deutschen Volke*" ―*Die Geschichte der Berliner Bronzegiesser Loevy*(Koeln, 2003) 참조.

[68] Heike Mund, ""Dem Deutschen Volke" ―Reichstagsinschrift vor 100 Jahren angebracht", *Deutsche Welle*(2016. 12. 24).

[69] 한스 하케Hans Haacke(1936~)는 이 책의 5장 로자 룩셈부르크의 바다 추념 조형물을 만든 예술가이기도 하다. 하케의 〈거주민에게〉 관련 논란은 "Umstrittenes Kunstwerk:

Deutschland, deine Völker", *Tageszeitung*(2011. 11. 10) 참조. 국내에 소개된 글은 김인혜, 〈한스 하케의 DER BEVÖLKERUNG: 미술과 정치, 서로 말 걸다〉, 《현대미술관 연구》 제14집, 2003, pp. 218~230 등 참조.

70 이 글은 1935년 4월 잡지 《우리 시대*Unsere Zeit*》에 게재되었다. 글의 일부는 위장 제목으로 독일에서도 출판되었다. 브레히트는 "진실은 구체적이다"라는 헤겔의 문장을 살아생전 서재에 붙여놓고 항상 구체적인 진실을 쓰고자 노력했다고 한다.

71 Doris Neumann-Rieser, *"der staub, den sie bei ihren kämpfen aufwirbeln, das ist die wirkliche materie."*: *Realitätskonzeptionen in Bertolt Brechts Texten*, Dissertation(University of Vienna, 2015), p. 282.

72 카롤린 엠케의 주장이다. Carolin Emcke, *Weil es sagbar ist. Über Zeugenschaft und Gerechtigkeit*(Frankfurt/M, 2013), p. 24. 독일에서는 알라이다 아스만를 비롯해 다양한 분야에서 증언에 대한 학문적 접근이 이루어지고 있다. Aleida Assmann, "Die Last der Vergangenheit", *Zeithistorische Forschungen*, No. 3, 2007; Aleida Assmann, "Vier Grundtypen von Zeugensschaft", *Zeugenschaft des Holocaust*, *Jahrbuch 2007 des Fritz Bauer Instituts*.

73 작가 일제 베버Ilse Weber(1903~1944)에 대해서는 "Die Toten Hosen erinnern mit Klassik an Nazi-Terror", *Der Westen*(2013. 10. 20) 참조.

74 이 책의 1권 1장 〈떠나간 자들과 돌아온 노래들—그루네발트역 선로 17〉 참조.

75 예를 들어, 볼프강 쇼이블레Wolfgang Schäuble 연방하원 의장은 2019년 나치 희생자 추모사에서 이 국가적 과제를 재차 강조했다. www.bundestag.de/parlament/praesidium/reden/2019/003-590098에서 연설문을 볼 수 있다.

76 www.bundestag.de/parlament/praesidium/reden/2020/060-679678. 쇼이블레 연방하원 의장의 2020년 나치 희생자 추모사에서 인용한 기억문화 연구자 얀 아스만Jan Assmann의 언급이다.

77 예를 들어 Stefan Creuzberger, Dominik Geppert eds., *Die Ämter und ihre Vergangenheit Ministerien und Behörden im geteilten Deutschland 1949~1972*(Bonn, 2018) 참조.

78 Susan Neiman, *Learning from the Germans: Race and the Memory of Evil*(New York, 2019). 니먼은 미국 철학자로 2000년부터 독일 포츠담의 아인슈타인포럼 소장으로 재임하면서 독일의 기억문화사를 추적해 왔다. 독일과 미국의 현대사를 비교한 그녀의 책은 큰 반향을 불러일으켰다. 그녀의 홈페이지 www.susan-neiman.de/docs/learning.html에 인용된 수많은 기사와 인터뷰를 참조.

[79] 2010년 3월 베를린 콘체르트하우스 공연에 대해서는 www.berliner-singakademie.de/konzertchronologie/konzertchronologie-2010/paul-dessau-deutsches-miserere/ 참조. 이듬해 초 라이프치히 오페라하우스에서는 아프가니스탄 내 상황 등을 고려해 현대적으로 각색된 작품이 공연되었다. 이에 대해서는 Robert Jungwirth, "Deutsches Miserere: Das(wieder) erbleichende Deutschland", *Klassikinfo*, www.klassikinfo.de/deutsches-miserere 참조.

[80] 나치 연구의 권위자 에른스트 피퍼Ernst Piper는 앞의 책(2018)에서 나치당의 정치운동으로서의 나치와 이데올로기로서의 나치즘을 구분해야 하며, 나치는 항복과 함께 종식되었지만 이데올로기로서의 나치즘은 여전히 건재하다고 경고했다.

[81] 슈타인마이어 연방 대통령이 2020년 아우슈비츠 해방일 75주년 추모식에서 행한 연설이다. 여기서 "민족적 사고"란 독일대안당AfD을 비롯한 극우 단체들의 인종주의적 포퓰리즘을 지칭하고 있다는 게 일반적인 해석이다. 연설문은 www.bundestag.de/dokumente/textarchiv/2020/kw05-gedenkstunde-rede-steinmeier-680402 참조.

5. 다르게 생각하는 사람들의 자유

[1] 베를린 인민극장에 대한 국내 소개 문헌으로는 김화임, 〈바이마르 공화국 초기 베를린 민중극장에서의 '국민극장'의 유산을 둘러싼 논쟁〉, 《독일언어문학》 82, 2018, 207~225쪽.

[2] 호르스트 베셀Horst Wessel(1907~1930)은 18세의 어린 나이에 나치당원이 되고 나치 돌격대SA에 가입한 뒤 가장 악랄했다는 돌격대 5대장을 하다 1930년 초 광장 옆 동네 자기 집에서 공산당원의 습격을 받고 며칠 후 사망했다.

[3] Andreas Conrad, "Rosa-Luxemburg-Platz in Berlin-Mitte", *Der Tagespiegel*(2016. 1. 30). 1929~1931년 사이 광장에서는 6명이 쓰러졌다.

[4] 독일사회주의통일당SED(Die Sozialistische Einheitspartei Deutschlands). 제2차 세계대전 후 1946년 독일 내 소련 군정 지역에서 독일사회민주당SPD과 독일공산당KPD이 통합, 새롭게 창당된 정당으로 1990년까지 동독을 통치한 당이다.

[5] 원문: Wer sich nicht bewegt, spürt seine Fesseln nicht!

[6] 원문: Es ist eine Qual, Schönheit allein zu genießen

[7] 한스 하케(1936~)는 굳이 소개가 필요 없을 정도다. 국내에도 '현대 개념/설치미술의

거장' 등으로 알려져 있고, 광주비엔날레 등에 그의 작품들이 여러 번 전시되기도 했다.

[8] 원문은 "Freiheit nur für die Anhänger der Regierung, nur für Mitglieder einer Partei – mögen sie noch so zahlreich sein – ist keine Freiheit. Freiheit ist immer Freiheit des anders Denkenden"이다.

[9] 물론 이어지는 문장에서 이 자유는 정의에 입각해야 한다는 데 또 다른 방점을 두고 있다. 그리고 맥락과 상황적 배경을 살펴서 달리 해석해야 한다는 주장도 여전하지만, 로자의 사상을 한마디로 응축한 대표적인 문장으로 받아들여지고 있다.

[10] 1997년 당내외 예술계 인사들의 모임인 반反빙하기위원회Anti-Eiszeitkomitee에 의해 로자 동상을 민사당 당사 앞에 설치하려던 계획이 수용되지 않자 반빙하기위원회는 1998년 말부터 공개 토론과 심포지엄, 공청회 등을 통해 여론 수렴과 함께 로자 추념물 설치 캠페인을 벌였고, 관할 구청도 긍정적인 입장을 표명하였다. 이 과정에 대해서는 Elfriede Müller, "Ein Zeichen für Rosa Luxemburg", *kunststadt-stadtkunst*, No. 52, 2005, pp. 14~15; Anna Saunders, "The Luxemburg Legacy: Concretizing the Remembrance of a Controversial Heroine?", *German History*, Vol. 29, No. 1, 2011, pp. 36~56 참조.

[11] Walter Grasskamp, "Vom Gedenken überfordert", *Der Spiegel*, No. 12, 2002 참조.

[12] 당시 공모에서 베를린시의 요청사항은 이외에도 "예술 작업을 통해 로자를 기억할 수 있도록 하되 그녀의 삶과 행위가 지닌 의미와 그녀의 피살이 미친 결과에 대해 이견이 존재함을 염두에 두고 단순히 광장의 이름을 강조하는 방향이 아니라 광장의 역사를 반영하는 방향으로" 로자에 대한 사유/기억의 표식 프로젝트가 이루어질 수 있도록 해달라는 것이었다. Senatsverwaltung für Wissenschaft, Forschung und Kultur, *Denkzeichen Rosa Luxemburg. Auslobung*(Berlin, 2003).

[13] "Die Freiheit des Andersdenkenden: Der Berliner Wettbewerb um das Rosa-Luxemburg-Denkmal ist entschieden", *Deutschlandfunk*(2005. 1. 12); Stefan Endlich, "Rosa Zeiten—Rosas Zeichen!", *kunststadt-stadtkunst*, No. 52, 2005, pp. 15~17.

[14] 하케는 작품 의도를 오늘날의 민주주의 이해와 다소 다른 부분이 있다 하더라도 현재의 우리에게 시사점을 주고 나아가 방향을 제시하고 있는 로자의 사상을, 때론 서로 배치되기도 하는 그녀의 다면성과 모순된 측면을 있는 그대로 펼쳐놓는 것이라고 설명했다. 로자가 가진 역사적 의미를 결론적으로 단정짓거나 로자에 대한 신화적 형상화가 아니라, 예술적 수단을 통해 인간 로자의 다양한 면면과 사상세계를 현재, 그리

고 도시의 일상에 투영시키는 의미가 있다고 보았다. Stefan Endlich(2005).

[15] Senatsverwaltung für Wissenschaft, Forschung und Kultur, *Nähere Erläuterungen über den Fortgang der Planungen Rosa-Luxemburg-Denkmal*(Berlin, 2005. 7. 13).

[16] Riccardo Bavaj, "Memorializing Socialist Contradictions: A 'Think-Mark' for Rosa Luxemburg in the New Berlin", Bill Niven, Chloe Paver eds., *Memorialization in Germany since 1945*(London, 2010), pp. 287~297.

[17] 다양한 시민들이 드나드는 공적 공간에 사유를 촉발하는 표식을 만들어 다음 세대들도 로자에 대해 열린 접근을 할 수 있도록 한 점이 매우 혁신적이라는 평가다. Anna Saunders(2011) 참조.

[18] Rainer Stephan, "Rosa Luxemburg-die große Ruhestörerin", *Süddeutsche Zeitung* (2019. 1. 14). 로자 사후 100주기에 맞추어 출판된 에른스트 피퍼Enrst Piper의 로자 전기에 대한 서평 기사다.

[19] Henry Bernhard, "Rosa Luxemburg. Ein Leben", *Deutschlandfunk*(2019. 1. 14).

[20] Rosa, "Die Ordnung herrscht in Berlin", *Die Rote Fahne*, No. 11, 1919.

[21] 1975년 방대한 로자 전기를 통해 로자의 다양한 면모를 밝혀 주목받았던 프랑스의 길베르트 바디아Gilbert Badia는 로자와 리프크네히트가 계획적으로 살해된 것임을 강조하는 대표적인 로자 전문가다. Gilbert Badia, "Rosa Luxemburg", Etienne François, Hagen Schulze eds., *Deutsche Erinnerungsorte II*(München, 2001), pp. 105~121.

[22] Jürgen Hofmann, "Das symbolische Grab. Rätsel um Rosa Luxemburg: Eine Spurensuche in Berlin-Friedrichsfeld", *Neues Deutschland*(2009. 6. 27).

[23] 그사이 그녀를 살해한 극우 장병들이 체포되었지만, 조사는 지연되었고 재판은 흐지부지되었다. 1920년부터 매년 1월 둘째 주말 묘지에서 열린 추도식과 추모 시위도 자주 금지되었고, 레닌 사후(1924년 1월 21일) 공동 추모 행사인 LLL행사(Lenin-Liebknecht-Luxemburg Demonstration)가 1926년부터 개최되긴 했지만, 이 역시 종종 금지되었다.

[24] Lara Feigel, "The Murder of Rosa Luxemburg review - tragedy and farce", *The Guardian*(2019. 1. 9). 클라우스 기팅어Klaus Gietinger는 로자 살해 사건에 대한 전문가로 1993년 발간한 그의 *Eine Leiche im Landwehrkanal. Die Ermordung Rosa Luxemburgs* (Mainz, 1993)은 몇 차례 증보판이 나왔고, 로자 100주기에 맞춰 2019년 영문판으로도 출간되었다. *The Murder of Rosa Luxemburg*(London, 2019). 그는 2009년 로자 시신의 진위 논란이 벌어질 때 광범위한 사료를 근거로 타당성 없음을 주장했다. Annelies Laschitza, Klaus Gietinger eds., *Die Wahrheit über Rosa Luxemburgs Tod Dokumente und*

Kommentare(Rosa-Luxemburg-Stiftung Sachsen, 2010).

[25] Siobhán Dowling, "'Red Rosa' Luxemburg and the making of a revolutionary icon", *Deutsche Welle*(2019. 1. 14).

[26] Gilbert Bdia(2001), p. 106에서 재인용.

[27] Therese Mausbach, "Revolutionsdenkmal von Mies van der Rohe", *Der Tagesspiegel* (2018. 1. 14); Barbara Könczöl, "»Dem Karl Liebknecht haben wir's geschworen, der Rosa Luxemburg reichen wir die Hand«-Der Wandel des 15. Januar als politischer Gedenktag von KPD und SED(1920 bis 1989)", *Jahrbuch für Historische Kommunismusforschung*(2005), pp. 171~188.

[28] '안식 방해자' 기사의 첫 문장이자 비장한 질문이다. Rainer Stephan(2019).

[29] 로자는 농민 문제, 민족 문제를 비롯해 많은 지점에서 레닌과 생각을 달리한 것으로 알려져 있다. 특히, 혁명과정에서의 민주주의와 전위당의 역할에 대한 로자의 생각은 너무나 달랐다. 레닌이 혁명 직후 제헌의회를 해산하고 언론과 반대파에 대한 통제를 강화하면서 소수에 권력을 집중시키는 국가기구를 만들어나가자, 로자는 감옥에서 이를 강하게 비판했다.

[30] 로자와 리프크네히트 사후 독공당 의장을 맡았던 오랜 친구 레비Paul Levi(1883~1930)가 사퇴 후 로자의《러시아혁명에 대하여》수기를 정리해 1922년 출간하자, 레닌의 정책을 비판한 로자의 생각이 공개되면서 한바탕 소란이 벌어졌다. 레비는 아예 출당당했고, 그의 의도와 달리 로자의 생각은 레닌을 반대하는 반反혁명사상으로 여겨져 독일 공산당의 거리두기가 본격화되었다. 신임 당의장은 1924년 로자의 다른 생각을 "혁명의 매독"이라며 공공연히 폄하하고 모욕했다. 이제 로자는 그저 순교자일 뿐 그 이상도 그 이하도 아니었다. 나아가 레닌 사후 스탈린이 집권한 뒤 대대적인 반대파 숙청과 폭압정치가 심화되면서, 로자의 다른 생각은 위험한 오류로 가득 찬 '로자주의Luxemburgismus'로 규정되었고, 1931년 마침내 스탈린에 의해 로자는 '혁명의 적'으로 낙인찍혔다. Jörn Schütrumpf, "Die Biografin von Rosa und Karl", *Neues Deutschland*(2014. 2. 6)와 2005년 〈로자 룩셈부르크 컨퍼런스〉 발표 자료 "Rosa Luxemburg in ihrem historischen Kontext und ihre Bedeutung heute". www.rosalux.de/fileadmin/rls_uploads/pdfs/Schuetrumpf_RL060304.pdf 참조. 이에 따라 독공당 지도부는 1932년 '반혁명 이론의 플랫폼인 로자주의의 잔재에 대한 치열한 투쟁'을 선언했다. Rainer Stephan(2019).

[31] Jürgen Hofmann(2009). 로자를 연구하는 많은 이들이 그녀가 설사 1919년 살해되지

않았더라도 나중에 스탈린에 의해서든 히틀러에 의해서든 목숨을 부지하기 어려웠을 것이라고 추측하곤 한다. 정말 그녀는 다르게 생각한다는 이유로 몇 번이나 죽임을 당한 셈이다.

[32] Idith Zetral, "Between the Rebel and the Revolutionary: Hannah Arendt and Rosa Luxemburg", Heinrich−Böll−Stiftung ed., *Hannah Arendt: Verborgene Tradition− Unzeitgemäße Aktualität?*(Berlin, 2007), pp. 167~180.

[33] 팝스트의 인터뷰는 "Ich lies Rosa Luxemburg richten", *Der Spiegel*, No. 16, 1962.

[34] 존 피터 네틀John Peter Nettl(1926~1968)의 *Rosa Luxemburg 1/2*(London: Oxford University Press, 1966). Karl Römer가 번역한 독일어본은 *Rosa Luxemburg*(Köln, 1967).

[35] 네틀의 로자 평전에 대한 독일 서평자는 제목을 레닌이 언급한 '군계일학'(원문 그대로 번역하면 군계일취, 즉 닭무리 가운데 한 마리 독수리라는 의미의 Ein Adler unter Hühnern)으로 붙였고, 부제를 20세기 가장 중요한 인물의 한 사람으로 달았다. Richard Schmid, "Ein Adler unter Hühnern. Rosa Luxemburg −eine der bedeutendsten Gestalten dieses Jahrhunderts", *Die Zeit*, No. 41, 1967.

[36] 플렉트하임Ossip K. Flechtheim(1909~1998) 교수의 *Rosa Luxemburg, Politische Schriften, Vol. I−III*(Frankfurt/M, 1966~68).

[37] 서독의 경우 특히 1950년대 말 재무장/핵(무장) 반대 평화운동과 제2차 베를린 위기/1961년 베를린장벽 건설, 사민당의 바트 고데스베르크Bad Godesberg 강령 채택과 노선 변경(1959), 그리고 프랑크푸르트학파와 비판이론의 재발견, 부모세대의 나치 과거사에 대한 문제 제기 등을 들 수 있다. 독일 68학생운동의 배경에 관한 전반적인 논의는 Timothy Scott Brown, *West Germany and the Global Sixties: The Anti−Authoritarian Revolt, 1962~1978*(Cambridge, 2013) 참조.

[38] 두취케는 68학생운동의 주도세력이 된 독일사회주의학생연합SDS 내 반권위주의파의 카리스마적 지도자였다. 그에 대해서는 이 책의 2권 3장 참고.

[39] Karl−Heinz Janßen, "Neue Linke−Aufbruch in die Sackgasse? Der SDS, die aktivste und stärkste politische Studentengruppe in der Bundesrepublik", *Die Zeit*, No. 37, 1966. 여기서 칼은 리프크네히트를, 레오는 트로츠키Leo Trotzki/Leon Trotsky(1879~1940)를 의미한다.

[40] "Wir fordern die Enteignung Axel Springers". *Der Spiegel*, No. 29, 1967. 두취케는 1967년 체 게바라의 〈제2, 제3, 많은 베트남을 만들자〉는 소책자를 독일어로 번역하고 서문을 썼다. 1966년 12월 베트남전 반대 시위와 1967년 6월 서베를린 경찰의 시

위학생 사살 사건을 계기로 전국적인 시위를 주도하면서 학생운동의 "두뇌이자 대변자"로 떠오른 두취케의 영향으로 이제 로자와 체 게바라의 초상화를 든 학생 시위대가 나타나기 시작했다. Marie Bönnen, "Die 68er-Bewegung", *Die Kölner Studierendenzeitung*(2018. 8. 2).

41 Werner Müller, "Bolschewismusskritik und Revolutionseuphorie. Das Janusgesicht der Rosa Luxemburg", Mike Schmeitzner, Gerhard Besier et al., *Totalitarismuskritik von links: deutsche Diskurse im 20. Jahrhundert*(Göttingen, 2007), pp. 29~48. 마이클 리차드 Michael Richards는 70년대 초 로자를 "신좌파의 영웅"이라고 칭하고, 로자가 살아생전에도, 그리고 후에도 다른 혁명가만큼 인정을 받지 못했지만, 구 좌파나 신 좌파 모두에게 전설적인 인물로 남아있다고 평했다. Michael D. Richards, "Rosa Luxemburg: Heroine of the Left", *History Today*, Vol. 22, No. 2, 1972.

42 Iring Fetschered., *Geschichte als Auftrag. Willy Brandts Reden zur Geschichte der Arbeiterbewegung*(Bonn, 1995), p. 43. 브란트는 1982년 자서전에서 "1931년 조직된 SAPD는 많은 젊은 사회주의자들이 '정품' 사회민주주의의 대표자로 여겼던 로자의 사상을 기반으로 한 것"이라고 술회했다. Willy Brandt, *Links und frei. Mein Weg 1930~1950*(Hamburg, 1982), p. 192.

43 리프크네히트-룩셈부르크협회와 베를린공대의 젊은 건축가/학생 모임인 '행동Aktion 507'이 결성되어 혁명 추모비 재건을 위한 모금운동을 벌였다. 행동 507은 판 데어 로에가 설계한 베를린 현대미술관 개관식 날 재건 기공식을 가졌지만, 결국 완공시키지는 못했다. "Stumpfer Stern", *Der Spiegel*, No. 39, 1968.

44 마가레테 폰 트로타Margarethe von Trotta(1942~) 감독의 영화 〈로자 룩셈부르크〉다. 당시 《슈피겔》지는 이 영화가 엄청난 감성적 호소력을 가졌다면서 로자를 전설적 인물로 다루거나 특정한 관점에서 그녀를 설명하거나 정당화하려 하지 않고 로자 스스로가 얘기하도록 했다고 평하고, 로자는 우표든 영화든 일정한 틀 속에 갇힐 인물이 아니라고 지적했다. Cora Stephan, "Der Widerspenstigen Zähmung", *Der Spiegel*, No. 15, 1986.

45 Gibert Badia(2001), p. 118과 Maike Brülls, "Von Rot Zu Rosa"(2019. 1. 15), Kulturmitle.de/von-rot-zu-rosa/.

46 Frederik Hetmann, Rosa L. *Die Geschichte der Rosa Luxemburg und ihrer Zeit*(Weinheim, 1976), pp. 9~16; Badia(2001), p. 118 참조. 《뉴욕타임스》지 보도에 따르면, 당시 연방 우정통신부는 3,000만 장을 발행한 로자 우표가 젊은 층의 수요를 고려할 때 통상 6

개월 정도 소요되는 다른 우표들의 판매 기간에 비해 빠르게 매진될 것으로 예상하고 있었다. Craig R. Whitney, "A Postage Stamp Raises West German Tempers", *The New York Times*(1974. 3. 10).

[47] 로자의 시신이 던져진 란트베어 운하 위 교량 리히텐슈타인교Lichtensteinbrücke가 제2차 세계대전 때 폭격으로 파괴되었기 때문에 베를린시는 재건공사를 추진했다. 1986년 설계공모에 당선된 건축가 부부가 교량 외에 로자 추념 조형물과 리프크네히트 추모 비를 함께 설계해 제안했는데, 논란 끝에 그해 연말 베를린시 의회의 설치 승인을 받았다. 그리고 한 해 뒤 로자의 시신이 잠겼을 지점과 그곳에서 얼마 떨어지지 않은 호수 근처 리프크네히트가 사살된 장소에 이 추념물들이 각각 세워졌고, 로자의 추념 조형물 앞 벽면에는 두 사람의 초상화가 그려지고 추념 동판이 설치되었다.

[48] 물론 이 추념 조형물과 동판도 훼손의 수모에서 벗어나지는 못했다. 최근까지도 훼손 사례가 이어지고 있는 것으로 보도됐다. Wladek Flakin, "Rosa-Luxemburg-Gedenkstätte im Tiergarten geschändet", *Neues Deutschland*(2019.2.26.).

[49] 빌헬름 피크는 나치 치하에서 지하 독공당의 의장으로 선출된 뒤(1935) 소련으로 망명을 떠났다. 1945년 7월 귀국해 1946년 4월 소련 점령 지역의 사민당과 독공당이 통합한 사통당의 공동의장이 된 피크는 1948년 5월 프리드리히스펠데 중앙 묘지에 '위대한 사회주의 지도자 묘역'을 새롭게 조성하는 계획을 확정했다. 후에 서베를린 시장이 된 사민당의 에른스트 로이터Ernst Reuter(1889~1953)가 설계도면을 가져왔지만, 때마침 시작된 서베를린 봉쇄조치에 따른 1차 베를린 위기(1948년 6월~1949년 5월)와 그에 연이은 서독과 동독의 각기 별도 정부 수립의 소용돌이 속에서 공사가 진행되지 못했다.

[50] 다만 이때 혁명 추모비는 재건되지 못했고 대신 이전 독공당 묘역에 스파르타쿠스단 희생자들과 이 추모비를 기억하기 위한 사각벽돌 기둥과 동판이 1983년 설치되었다. 이렇게 동독은 초기부터 로자와 리프크네히트를 중심으로 사회주의자들을 기리는 새로운 '사회주의자 추모 묘역'을 조성하고, 이곳에서 매년 1월 둘째 주말 개최하는 연례 LL 추모 행사를 국가적인 행사로 발전시키면서 이 두 희생자들을 동독의 국가정체성 형성에 핵심적인 요소로 만들었다. Hofmann(2009). Barbara Könczöl, *Märtyrer des Sozialismus: Die SED und das Gedenken an Rosa Luxemburg und Karl Liebknecht*(Frankfurt/M, 2008).

[51] Klaus Taubert, "Luxemburg-Liebknecht-Demo. Gedenkzug in eigener Sache", *Spiegel Geschichte*(2011. 1. 6); Saunders(2011); S. Meuschel, B. Könczöl, "Sacralization of Politics

in the GDR", *Telos 136*, 2006, pp. 26~58.

52 Weber(2003), pp. 12~13. 또 사통당의 최고 이데올로그 역시 같은 해 로자에 대한 "비
판적 전기"를 출간하면서 로자의 투쟁적 삶과 오류가 많은 사상을 구분했고, 1956년
에는 "다르게 생각하는 사람들의 자유"를 위험한 문구로 규정했다. Fred Oelßner,
Rosa Luxemburg. Eine kritische biographische Skizze(Berlin-Ost, 1951).

53 Bernd Faulenbach, "Rosa Luxemburg als Mythos? Zur Bedeutung der historischen Rosa
Luxemburg für die heutige Sozialdemokratie", *Mitteilungsblatt des ISB*, No. 29, 2003, p.
75~88; Barbara Könczöl, "Reinventing a Socialist Heroine: Commemorating Rosa
Luxemburg after Unification", Clarke D., Wölfel U. eds., *Remembering the German
Democratic Republic: Divided Memory in a United Germany*(London, 2011), pp. 77~87;
Weber(2003).

54 1966년 마르크스-레닌주의 연구소IML가 발간한 총 8권의 《독일노동운동사》와 연관
된 논의에서 당시 국가평의회Staatsrat 의장이었던 울브리히트Walter Ulbricht(1893~1973)
는 로자의 오류만 얘기해서는 안 된다며, "그녀는 개량주의와 전쟁(제1차 세계대전), 독
일제국주의에 맞서 싸웠습니다"라고 강조했고, 사통당의 당대학Parteihochschule 학
장도 이 입장을 옹호했다. Institut für Marxismus-Leninismus, *Geschichte der deutschen
Arbeiterbewegung*, Vol. 8.(Berlin-Ost, 1966~1968); Weber(2003), pp. 13~14.

55 로자 전집 발간에는 60년대 초부터 꾸준히 로자와 리프크네히트를 전문적으로 연구
해 온 여성학자 라쉬차Annelies Laschitza(1934~2018)가 중요한 역할을 했다. 그녀가 편집
해 발간한 《로자 전집 1~5》와 《로자 서신집 1~6》는 로자 연구에 귀중한 자료로, 그리
고 《로자 전기》도 탁월한 업적으로 평가받고 있다. 《로자 서신집 1~6》은 Annelies
Laschitza ed., *Gesammelte Briefe*, Vol. 6(Berlin, 1982~84), 《로자 전기》는 Annelies
Laschitza, *Im Lebensrausch, trotz alledem. Rosa Luxemburg. Eine Biographie*(Berlin, 1996).

56 1974년 발간된 로자 전집 제4권에 실렸다. Hermann Weber, "Eine kleine Sensation",
Die Zeit, No. 20, 1975. 그러나 로자의 "다르게 생각하는 사람들의 자유"을 인용하는
것은 여전히 공식적으로 터부였다. Könczöl(2011), pp. 80~81.

57 Weber(2003), pp. 15~16. 일정한 테두리 내에서이긴 했지만 동독에서의 이런 변화는
1960년대 서독과 서유럽 국가들에서의 변화에 상당한 영향을 받은 것이었다. 로자에
대한 새로운 평가와 함께 관련 서적들이 쏟아져 나오자 동독 사통당은 상징적이나마
국가적 의미를 부여해 온 로자에 대해 우선권을 상실하는 듯한 인상을 받았고, 로자
가 서구에서 사통당에 반대하는 증인으로 오용되고 있다는 지적에 나름대로 대응할

필요가 있었던 것이다. Saunders(2011), pp. 41~42 참조.

[58] Robert Havemann,, "Die Partei ist kein Gespenst: Plädoyer für eine neue KPD", *Der Spiegel*, No. 52, 1965. 서독에서 68학생운동의 열기가 몰아쳤을 때 하베만은 재차 로자의 '다르게 생각하는 사람들의 자유'를 인용하면서 동독에 새로운 민주적 사회주의를 요구했다.

[59] 비어만의 정권 비판과 민주화 요구에 대해 동독 정부는 1976년 의도적으로 그의 서독 순회공연을 승인하고서는 동독 입국을 불허하고 시민권까지 박탈해 다시는 동독으로 돌아올 수 없게 만들어버리는 방식으로 대응했다. 하지만 이른바 이 '볼프 비어만 사건'은 서독에서의 비판과 항의는 물론 동독의 많은 지식인과 작가들의 유례없는 구명운동을 불러일으켰다. 이에 대해 동독 정부가 강경책으로 일관하면서 동독체제에 균열이 가속화됐다. 이에 대해서는 이 책의 2권 3장 참고.

[60] 가령 "Wende in der DDR. Wie Rosa Luxemburg das SED-Regime brüskierte", *Spiegel Geschichte*(2013. 11. 6) 참고.

[61] Könczöl(2008), p. 327.

[62] Saunders(2011), p. 40와 p. 44.

[63] 베를린자유대학에서 1990년 이후 로자의 독일 내 사회적 수용과정을 연구하는 율리안 젠텐Julian Genten의 평가다. Brülls(2019)에서 재인용.

[64] Badia(2001), p. 121. 그리고 Brülls(2019)의 기사 제목이 "붉은색에서 분홍색으로"이다.

[65] www.jta.org/2000/01/19/archive/german-readers-dub-nazi-opponent-as-centurys-most-important-woman 참조. 또 독일 기억문화사 연구에서 중요한 저작으로 평가받는 《독일의 기억공간 1~3》는 로자를 몇 안 되는 여성에 포함시켰다. E. François and H. Schulze eds., *Deutsche Erinnerungsorte 1~3*(München, 2001). 위에서 계속 인용된 Badia(2001)의 논문이 《독일의 기억공간 2》에 수록된 로자에 관한 글이다. 나아가 로자는 일반 독자층을 위한 대중서적 《독일 역사에서 가장 중요한 여성 50인》에도 올랐다. Alexander Emmerich, *Die 50 wichtigsten Frauen der deutschen Geschichte*(München, 2011).

[66] Saunders(2011), pp. 38~39.

[67] Maike Brülls(2019).

[68] "Zehn Frauen, die Geschichte geschrieben haben", *Deutsche Welle*(2017. 3. 8).

[69] 많은 예 중의 하나지만 가령 독일 공영 라디오 방송 Deutschlandfunk는 2019년과 2021년 1월 모두 로자와 리프크네히트 기념 특별 프로그램을 내보내면서 로자를 "인간의 얼굴을 한 민주적 사회주의의 아이콘"이라고 설명했다. Tobias Barth, Lorenz

Hoffmann, Hartmut Schade, "Rosa Luxemburg und Karl Liebknecht: „Ein scharfer Wind bläst durch die Lande", *Deutschlandfunk*(2021. 2. 27일자와 2019. 1. 12).

70 "Rosa-Luxemburg-Platz wird Rosa-Luxus-Platz", *Berliner Zeitung*(2008. 5. 30).

71 추념 동판 설치비와 유지관리비는 기부금에서 충당키로 했지만, 모금이 되지 않자 관할 구청은 2018년 추념 동판 대신 새로운 방식의 QR코드 동판을 광장 바닥에 설치했다. QR코드를 찍으면 자동적으로 안내 사이트로 연결되어 그곳에 대한 역사적 설명을 볼 수 있는 방식이다. 이를 두고 추념 동판 설치를 주장했던 측에서는 "이류 추념 형식"인 QR코드가 추념 동판을 대체할 수는 없다며, 구의회 의결사항을 이행하라고 반발하기도 했다. "Ein QR-CODE ersetzt keine Gedenktafel"와 Dirk Jericho, "Gedenken zweiter Klasse", *Berliner Woche*(2018. 10. 5) 등 참조.

72 광장과 인근 건물 내 설치된 기념 동판 등 현황은 www.berlin.de/kunst-und-kultur-mitte/geschichte/erinnerungskultur/berlin-mitte-codes/artikel.501077.php 참고.

6. 아이들의 천국

1 케테 콜비츠Käthe Kollwitz(1867~1945)는 20세기 독일의 가장 위대한 여성 예술가의 한 사람으로 평가되어 왔는데, 2017년 탄생 150주년을 기념해 독일 공영방송 rbb 등의 위탁으로 제작된 다큐 영화 〈케테 콜비츠―열정 속의 삶〉 안내문에서는 "독일 역사상 가장 위대한 여류 예술가"로 소개되었다. "Kollwitz-Ein Leben in Leidenschaft", https://www.dokumentarfilm.info/index.php/dok-mediatheken/48-kollwitz-ein-leben-in-leidenschaft.html 참조. 그녀의 삶과 작품에 대해서는 국내에도 많이 소개되어 있다.

2 베를린 시내의 동북부에 위치한 프렌츠라우어 베르크Prenzlauer Berg는 19세기 중반부터 노동자 밀집 지역으로 도시화되었고, 분단시절 동베를린에 속했다가 통독 후 가장 역동적으로 발전한 지역의 하나다. 하나의 구였다가 2001년 1월 1일부터 베를린 행정 지역 조정으로 판코우Pankow구에 통합되었다. 콜비츠 지구Kollwitzkiez가 프렌츠라우어 베르크의 중심지로 자리 잡고 있다.

3 케테 콜비츠는 여성으로서는 처음으로 1880년대 당시 예술의 중심도시 뮌헨에서 미술을 공부했고, 1906년 빌라―로마나상Villa Romana-Preis을 수상했으며, 1919년 프로이센 예술아카데미 정회원과 동시에 그래픽 마이스터 과정 학과장이 되었고, 1929년

엔 예술부문 국가훈장을 받았다.

4 〈직조공의 봉기〉(1893~1897), 〈농민전쟁〉(1901~1908) 연작물을 비롯한 많은 작품들을 통해 케테 콜비츠는 노동자, 농민 등 하층민과 그 아이들이 처해 있는 끔찍한 현실을 고발했고, 특히 〈농민전쟁〉 연작물 두 번째 작품 등 당시 터부시되어 온 주제까지 적나라하고 충격적으로 표현했다. 케테 콜비츠의 작품 대부분은 1985년 그녀의 사후 40주기를 맞아 쾰른에 설립된 '케테 콜비츠 박물관' 사이트에서 볼 수 있다: www.kollwitz.de/sammlung 참조. 이 장에 사용된 그녀의 작품 사진은 특별한 언급이 없는 한 쾰른의 케테 콜비츠 박물관 사이트에서 갈무리했다.

5 36개국이 자국 식민지 용병까지 동원해 세계적으로 벌인 이 전쟁으로 민간인 포함 총약 1,700만 명이 목숨을 잃었고, 부상자도 2,000만 명 이상에 이르는 것으로 추산되고 있다. 역사학자 Sönke Neitzel은 독일 연방정치교육원bpb이 1차 세계대전 100주년을 계기로 발간한 소책자《세계대전의 시대》에서 그간 1차 세계대전에 대해 약 3만여 편의 연구서와 학술논문이 출간되었지만 여전히 누가, 왜, 무엇을 목적으로 이 전쟁을 일으켰는지 명확히 밝혀지지 않았다고 지적하면서, 평화 유지를 도외시한 5~10명의 유럽 지도자들에 의해 뚜렷한 목적 없이 전쟁이 개시되었다고 평가했다. Sönke Neitzel, *Zeitalter der Weltkriege. Informationen zur politischen Bildung*, No. 321, 2014, p. 10 ff.

6 케테 콜비츠가 1918년 10월 30일자 사민당 기관지《*Vorwärts*》지에 실은 글의 일부다. 원문은 "Es ist genug gestorben! Keiner darf mehr fallen!". www.kollwitz.de/themenkreis-krieg-uebersicht에서 재인용.

7 www.kollwitz.de/folge-krieg-uebersicht 참조.

8 "Die Mütter, Blatt 6 der Folge >Krieg<, 1921/22", www.kollwitz.de/blatt-6-die-muetter.

9 〈살아남은 사람들〉은 www.kollwitz.de/plakat-die-ueberlebenden, 〈니 비더 크릭〉은 www.kollwitz.de/plakat-nie-wieder-krieg 참조. 〈니 비더 크릭〉은 이 책의 1권 2장에도 언급되어 있다. 케테 콜비츠의 포스터들이 정치적으로 사용된 것은 사실이지만, 그녀의 포스터들은 선동 작품이 아니라 일종의 '고백예술Bekenntniskunst'로 평가된다. 목적을 위해 형식과 내용을 만들어낸 것이 아니라 순수하게 내면으로부터 끌어올려져서 만들어진 작품이라는 의미다. Marianne Thoms, "Käthe Kollwitz - Grafikerin und Friedensaktivistin", *Südwestrundfunk2*(2020. 3. 26), p. 10.

10 www.kollwitz.de/folge-tod-uebersicht 참조.

11 〈애도하는 부모Trauern des Elternpaar〉(1914~1932)는 벨기에 블라드슬로Vladslo에 있는 독
일군 묘지에 설치되었다. 지금은 이 작품을 보기 위해 묘지 방문객이 줄을 잇는다고
알려져 있지만, 당시에는 침략국의 군인을 추모하는 작품으로 인식되었기 때문에 반
발이 심했고, 수년간 비난과 배척을 받다 결국 아인슈타인의 중재로 수용될 수 있었
다고 한다. 이에 대해서는 amp.de.buy-com.ru/10493773/1/trauerndes-elternpaar.
html 참조.

12 www.kollwitz.de/bronzeplastik-turm-der-muetter-s-35과 "Käthe Kollwitz: Turm der
Mütter", Lemo(독일역사박물관) 등 참조.

13 케테 콜비츠가 1942년 2월 첫째 아들 한스의 부인에게 보낸 서한의 일부다. 여기서는
Iris Berndt & Isabell Flemming, Käthe Kollwitz in Berlin: Ein Stadtrundgang(Berlin, 2015),
pp. 24~26에서 재인용.

14 Käthe Kollwitz. Die Tagebücher(Berlin, 1999), pp. 704~705.

15 www.kollwitz.de/saatfruechte-sollen-nicht-vermahlen-werden 참조.

16 이에 대해서는 가령 Sönke Neitzel(2014), pp. 68ff 참조.

17 반전박물관Anti-Kriegs-Museum은 1925년 개관 후 1933년 3월 나치에 의해 쑥대밭이
될 때까지 베를린의 중요한 반전 평화센터의 역할을 했고, 설립자 에른스트 프리드리
히Ernst Friedrich(1894~1967)의 전쟁 고발 사진과 함께 케테 콜비츠의 작품과 오토 딕스
Otto Dix(1891~1969)의 작품 〈전쟁〉 등을 전시했다고 한다. 1982년 에른스트 프리드리
히 사후 15주기를 맞아 그의 손자 토미 슈프레Tommy Spree가 베를린에 거의 50년 만에
다시 이 반전박물관을 열었다. 박물관 홈페이지 www.anti-kriegs-museum.de 참조.

18 전후 케테 콜비츠가 한참 동안 거의 잊혔다가 재발견되었다는 평가는 베를린 시립박
물관재단 홈페이지의 문구를 옮긴 것이다. www.stadtmuseum.de/kaethe-kollwitz 참조.

19 이 외에 서독에서 1989년 발행한 '역사의 위인' 우표 시리즈에도 케테 콜비츠가 다시
포함되었다.

20 케테 콜비츠에 대한 1950~1970년대 서독 내 수용에 대해서는 Yvonne Schymura,
Käthe Kollwitz: Die Liebe, der Krieg und die Kunst(Berlin, 2016) 참조.

21 쾰른의 경우 콜비츠 작품을 수집하던 지역저축은행이 박물관 설립자이자 운영주다. 쾰
른 지역에서 활동하고 있던 콜비츠의 손녀가 초대 관장을 맡았다. 서베를린에서는 한
스 펠스-로이스덴Hans Pels-Leusden(1908~1993)이라는 개인 소장가의 역할이 컸다. 1986
년~2022년 초까지 파자넨슈트라세Fasanenstraße 소재 상설 전시관에 주요 작품들이 전
시되다 2022년 9월 베를린의 명소로 꼽히는 샤로텐부르크성의 한 부속건물에 〈케테 콜

비츠 박물관〉이 문을 열었다. 박물관 홈페이지 www.kaethe-kollwitz.berlin 참조. 또 1995년엔 사후 50주기에 맞춰 그녀가 타계할 때까지 말년의 시간을 보낸 모리츠부르크의 거처가 〈케테 콜비츠 하우스〉로 개장했다. www.kollwitz-moritzburg.de 참조.

[22] 헬무트 콜Helmut Kohl(1930~2017) 총리는 후에 자신은 학생시절부터 케테 콜비츠를 우상으로 여겼으며, 그녀의 '니 비더 크릭'을 정치 신조로 삼아왔다고 술회하면서, 〈죽은 아들을 안고 있는 어머니〉 동상을 신위병소에 설치하자는 자신의 제안은 그때도 옳았고, 지금도 옳은 판단으로 생각한다고 술회했다. "Helmut Kohl zur Kollwitz-Pietà: "Die Entscheidung ist und war richtig", *Der Tagesspiegel*(2001. 11. 22) 참조.

[23] 신위병소Neue Wache는 시대에 따라 의미와 용도가 달라진 대표적이고 상징적인 곳이다. 이 책 2권의 1장 참고.

[24] 소련군 중앙 추모관이 조성된 트렙토우 공원Treptow Park에 대해서는 이 책 1권 4장에 간략히 소개되어 있다. 2차 세계대전 당시 소련은 장병 1,300만 명과 민간인 1,400만 명 등 총 2,700만 명이 목숨을 잃은 것으로 추산되고 있다. 베를린 점령작전에서만 약 8만 명이 전사했다. 1949년 5월 8일 종전 4주년에 맞춰 공개된 트렙토우 공원의 소련군 중앙 추모관은 통독 후 1992년 독일-러시아 간 협정을 통해 영구 존치토록 합의되었다. 이에 대해서는 가령, Peter Fibich, "Der Triumph des Sieges über den Tod. Das sowjetische Ehrenmal in Berlin Treptow", *Die Gartenkunst*, 8, 1/1996, pp. 137~152 참조.

[25] 동독 당국은 1952년과 탄생 100주년인 1967년 케테 콜비츠 우표를, 1970년에는 에른스트 발라흐Ernst Barlach(1870~1938)와 오토 나겔Otto Nagel(1894~1967)과 함께 3인의 예술가 우표를 발행했다. 케터 콜비츠 광장의 동상은 1956년 조각가 구스타프 자이츠Gustav Seitz(1906~1969)가 제안해 그녀의 1938년 자화상을 바탕으로 제작한 것이다. 현재도 독일의 중요한 예술상 가운데 하나인 케테 콜비츠상의 역사에 대해서는 www.adk.de/de/akademie/sektionen/bildende-kunst/preise_stipendien/kaethe-kollwitz-preis/geschichte.htm 참조.

[26] 1978년 서독 공영방송 프로그램 'Kennzeichnen D'가 베티나와 그녀의 노래 〈아이들〉을 소개하면서 서독에도 널리 알려져 전설적인 서베를린 베타니엔Bethanien 공연과 음반 제작으로 이어졌다. 베티나 베그너에 대해서는 홈페이지 www.bettinawegner.de 와 www.jugendopposition.de/zeitzeugen/145522/bettina-wegner 등 참조. 1970년대 동베를린 내 저항음악 그룹의 활동에 대해서는 Ehrhart Neubert, *Geschichte der Opposition in der DDR 1949~1989*(Berlin, 1997), pp. 239~246 참조.

[27] Peter Wensierski, "DDR-Widerstandsikone Bettina Wegner: Menschen ohne Rückgrat

gibt es schon genug!", *Der Spiegel*(2015. 10. 1) 참조.

28 음반 제목은 〈아이들〉의 첫 구절인 '이리도 작은 손이 있어요'다. 이 노래가 만들어진 과정에 대한 베티나 베그너의 설명은 "Geschichte eines Liedes" Bettina Wegner über "Sind so kleine Hände", *Der Spiegel*(2015. 10. 1) 참조.

29 게르트와 울리케 포페 부부다. 남편인 게르트 포페Gerd Poppe(1941~)는 젊은 시절부터 반정부 활동을 해온 동독의 민권운동가 중 한 명으로 1989년 평화혁명 후 동독의 마지막 총리 한스 모드로 내각에서 무임소장관직을 맡았다. 통독 후엔 동맹/녹색당 소속 정치인으로 연방하원 의원을 지냈고, 연방정부의 인권정책·인도적 지원 담당 특임관으로도 활동했다. 울리케 포페Ulrike Poppe(1953~) 역시 동독의 대표적인 여성 시민운동가로서 통독 후에는 사통당과 슈타지 과거사 청산 관련 활동을 했다.

30 동독에서는 생후 5개월부터 만 3세까지의 유아들에게 모두 탁아소 자리가 제공되었고, 부모는 식비만 부담하면 되었기 때문에 굳이 별도의 어린이방은 필요 없었다. 그렇지만 당시 동베를린 내 베이비붐으로 인해 보육교사 1인당 아이 9명 수준으로 보육 여건이 악화되었다. 당국에서 지정한 획일적인 보육 목표와 경직된 지침에 대한 거부감도 있었다. 그래서 포페 부부를 비롯한 일부 부모들은 아이를 국영 탁아소에 보내지 않고 자체적으로 공동보육 하기로 뜻을 모으고, 어린이방을 운영했다. 동베를린 어린이방에 대해서는 가령, Pascal Fischer, "Feinde des Sozialismus: Ein Kinderladen-Experiment in der DDR", *Deutschlandradio*(2004. 3. 15) 등 참조.

31 프렌츠라우어 베르크는 동독의 반대 그룹 역사에서 항상 특별한 역할을 한 지역이었다. 1980년대에 이곳은 반대 그룹의 가장 큰 휴식처였으며, 정치적·예술적·문학적 보헤미안들을 위한 피난처였다. 이에 대해서는 가령, Klaus Michael, "Prenzlauer Berg. Streifzüge durch eine Kulturlandschaft", Bernd Wilczek ed., *Berlin. Hauptstadt der DDR. 1949~1989*(Baden-Baden, 1995), pp. 192~215 참조.

32 동베를린 내 하위 반反문화에 대해서는 가령, Klaus Michael, "Zweite Kultur oder Gegenkultur? Zweite Kultur oder Gegenkultur? Die Subkulturen und künstlerischen Szenen in der DDR und ihr Verhältnis zur politischen Opposition", Detlef Pollack, Dieter Rink eds, *Zwischen Verweigerung und Opposition. Politischer Protest in der DDR 1970~1989*(Frankfurt/M, 1997), pp. 106~128.

33 진노베르 극단Theaterensemble Zinnober에 대해서는 가령, Petra Stuber, *Spielräume und Grenzen: Studien zum DDR-Theate*(Berlin, 1998), p. 245 참조.

34 1980년대 중반 콜비츠 광장의 분위기는 동독의 국영 영화사 DEFA의 1986년 단편 다

큐멘터리 〈Kollwitzplatz Berlin〉에서도 엿볼 수 있다.

35 '평화를 위한 여성들Frauen für den Frieden' 그룹에 대해서는 특히 Almut Ilsen & Ruth Leiserowitz eds., *Seid doch laut: Die Frauen für den Frieden*(Berlin, 2019), pp. 11~36과 Kathrin Stern의 단행본 *Die "Frauen für den Frieden/Ostberlin"—Widerstand oder Opposition?*(Oldenburg, 2009) 참조.

36 NATO의 이중결정 전후 유럽 내 핵미사일 배치 관련 논의와 서유럽 평화운동에 대해서는 국내에 소개된 논문 가령, 이동기, 〈유럽 냉전의 개요〉, 《세계정치》 22호, 2015, 17~66쪽 중 43~50쪽과 함택영, 〈유럽에서의 핵 논쟁 사례가 북핵 문제에 주는 시사점〉, 국회입법조사처, 2013, 3장 및 4장 참조. 서독에서는 예들 들어 1979년 9월 1일 (제2차 세계대전 발발 40주년) 반전의 날을 맞아 본에서 약 2만 5,000명이 참여한 국제평화시위가 개최되었고, 1980년 11월 전통적인 평화운동 단체 외에 광범위한 시민사회가 참여해 〈크레펠트 호소문Krefelder Appell〉을 발표했다. 이듬해엔 전통적인 '부활절 평화대행진'이 재개되었고, 10월 30여만 명이 참여한 대규모 평화시위(본Bonn), 11월 전국에서의 평화주간 행사, 11월 21일 제2차 '크레펠트 포럼'(도르트문트) 등이 잇따라 개최되었다. 〈크레펠트 호소문〉은 1년 만에 250만 명이 지지 서명에 동참했다.

37 동독 내 평화운동에 대해서는 Rainer Eckert, "Die unabhängige Friedensbewegung in der DDR", Philipp Gassert et al. eds., *"Entrüstet Euch!" Nuklearkrise, NATO-Doppelbeschluss und Friedensbewegung*(Paderborn, 2012), pp. 200~212과 Ilko-Sascha Kowalczuk, "Streben nach Mündigkeit—Die unabhängige Friedensbewegung", *bpb*(2005. 9. 30), 그리고 Ehrhart Neubert(1997), pp. 335~498 등 참조. 국내 자료로는 특히 최승완의 〈동독의 민주화 세력 연구—1980년대 체제비판적 그룹들을 중심으로〉, 《서양사론》 57, 1998, 55~94쪽을 참고할 수 있다.

38 베르벨 볼라이Bärbel Bohley(1945~2010)는 동독 내 대표적인 여성 민권운동가로 후에 '새로운 포럼'을 설립해 이끈 89평화혁명의 여성 아이콘으로 평가되는 인사다. 서베를린의 여성 평화운동 그룹과 접촉하고 있었던 베티나 베그너도 동베를린의 '평화를 위한 여성들' 그룹 결성에 중요한 역할을 했다. 카탸 하베만Katja Havemann(1947~) 역시 1970년 볼프 비어만의 집에서 로베르트 하베만을 만나 1974년 결혼, 부부가 함께 저항운동을 펼쳤던 대표적인 동독 반정부 인사다. 1982년 '평화를 위한 여성들' 그룹의 결성에 참여했으며, 1986년부터 IFM 회원으로도 활동했고, 1989년 베르벨 볼라이 등과 함께 '새로운 포럼'을 구성해 활동했다. www.bundesstiftung-aufarbeitung.de/de/recherche/kataloge-datenbanken/biographische-datenbanken/katja-havemann 참조.

39 동독 '평화를 위한 여성들' 그룹의 상세한 활동 연혁은 www.havemann-gesellschaft. de/fileadmin/robert-havemann-gesellschaft/archiv/oppositon_bis_89/Chronologie-FfF. pdf 에서 볼 수 있다.

40 유럽핵군축운동END(European Nuclear Disarmament)에 대해서는 버트런드 러셀 평화재 단의 간략한 소개자료 www.russfound.org/END/EuropeanNuclearDisarmament.html 참조.

41 '평화와 인권 이니셔티브Initiative Frieden und Menschenrechte'와 '새로운 포럼'에 대해서는 이 책 2권의 4장에서 좀 더 상세히 소개한다.

42 예를 들어, IFM에 동참한 '평화를 위한 여성들'의 베르벨 볼라이와 울리케 포페 부부 뿐 아니라 베르벨 볼라이와 함께 후에 '새로운 포럼'을 만들고 장벽 붕괴 후 시민운동 대표자의 일원으로 중앙원탁회의에 참석했던 라인하르트 슐트Reinhard Schult(1951~) 와 볼프강 템플린Wolfgang Templin(1948~), '민주주의 지금Demokratie Jetzt' 그룹을 조직 한 루드비히 멜호른Ludwig Mehlhorn(1950~2011) 등이 모두 콜비츠 지구, 특히 토이토 부르거 광장Teutoburger Platz 주변에 살고 있었다. Martin Jander(2009), pp. 20~21 참 조.

43 "Kollwitzplatz", revolution89.de. 베를린 내 〈평화혁명의 자리〉는 총 18개가 세워져 있 다. 이에 대해서는 이 책의 2권의 4장 참조.

44 독일 역사가들은 1989년 동독 평화혁명의 격동기를 대표하는 교회로 라이프치히 월 요기도회를 이끌었던 니콜라이교회Nikolaikirche와 동베를린의 겟세마네교회 Gethsemanekirche를 지목한다. 두 교회 모두 독일 역사상 최초로 이루어진 무혈 평화혁 명에 결정적인 역할을 했으며, "독일의 역사적 정체성의 중심"으로 평가된다. Rainer Eckert & Ilko-Sascha Kowalczuk, "Warum Gethsemanekirche und Nikolaikirche für die deutsche Identität wichtig sind", Berliner Zeitung(2020. 11. 13) 참조.

45 사마리아교회Samariterkirche는 동베를린 교회 평화운동의 중심인물이었던 에펠만 목사 가 조직한 블루스 축제 등으로 알려졌고, 콜비츠 광장에서 멀지 않은 곳에 있는 시온 교회Zionskirche는 '환경도서관'으로 유명하다. 특히, 이 교회 지하에서 매월《환경잡지 Umweltblätter》와 IFM의《경계 붕괴》가 발행되었다. 사마리아교회와 시온교회에 대해 서는 이 책의 2권의 4장 참고.

46 1983/84년 성소수자들도 겟세마네교회Gethsemanekirche 우산 아래 있었다. 이 교회는 1987년 '교회의 날Kirchentag'엔 평화를 위한 기도 및 공개토론회 장소로, 1988년 1월 17일엔 시위로 체포된 베르벨 볼라이 등 구금자 석방을 위한 기도회 및 항의시위 장

소로, 1989년 5월 7일엔 선거부정에 대한 항의시위 장소로, 1989년 6월 4일엔 중국의 톈안먼 유혈 진압 항의시위 장소 등으로 사용되어 1980년대 동베를린 운동 그룹의 성지 역할을 했다. 1989년 10월 2일 이후부터는 밤낮없이 24시간 개방해 수천 명이 모인 가운데 토론회와 모임을 갖도록 했다. 동독의 지도부 사퇴 후에도 수천 명이 모여 촛불을 들고 민주화를 위한 촛불시위를 벌였다.

47 2009년 11월 9일 겟세마네교회에서 개최된 장벽 붕괴 20주년 행사에서 메르켈 총리는 동독 내 교회의 역할에 관해 이렇게 평가했다. "수십 년 동안 교회는 저항을 조직하는 데 중심적인 역할을 해왔습니다. 교회는 저항세력에게 독특한 '쉼터'를 제공하고 민주주의운동의 가치를 강화했습니다." "Merkel würdigt Bürgerrechtler", *Merkur* (2009. 11. 7)와 "Einheit war ein Geschenk Gottes", *Domradio*(2009. 11. 9) 등 참조.

48 또 교회의 남쪽 벽 앞에는 청동상 〈영혼의 투쟁가〉가 교회를 수호하듯 서 있다. 독일의 대표적인 표현주의 조각가 에른스트 발라흐Ernst Barlach(1879~1938)의 1928년 작품이다. 1990년 통독 직후 나치의 분서 만행이 자행된 베벨 광장에 이 〈영혼의 투쟁가〉를 세우려는 움직임이 있었지만, 광장의 규모에 비해 동상이 작다는 이유로 실현되지는 못했다. 그러다 1994년 11월 9일 동독 평화혁명의 정신을 기리기 위해 지금의 자리로 옮겨졌다. 아울러 교회 앞 정원에는 〈저항자 부조Relief Widerstand〉가 설치되어 있다. 베를린 조각가 카를 비더만Karl Biedermann(1947~)의 작품으로 파시즘에 대항한 저항자들을 기념하기 위해 1980년대에 제작되었다가 통일 이후 장벽 붕괴를 기념하기 위해 겟세마네교회에 옮겨 설치되었다.

49 나치가 독일 내 강제노역에 투입한 인원 및 베를린 자료센터에 대한 설명은 이 책 1권 1장 참고. 한편, 교회의 강제노역 수용에 대해서는 Jochen-Christoph Kaiser ed., *Zwangsarbeit in Kirche und Diakonie 1939~45*(Stuttgart, 2005), 그리고 베를린 교회들의 강제노역 수용에 대해서는 "NS-Zwangsarbeit für die evangelische Kirche", www.landeskirchenarchivberlin.de 와 www.bundesarchiv.de/zwangsarbeit/leistungen/direktleistungen/kirche/index.html, "Berlin: Gedenkstätte für NS-Zwangsarbeiterlager der Kirchen", *Neues Deutschland*(2014. 8. 14) 등 참조.

50 베를린 묘지수용소Friedhofslager는 노이쾰른Neukölln 지역 헤르만슈트라세Hermannstr. 84-90에 설치되었다.

51 베를린 주교회 아카이브 홈페이지 www.landeskirchenarchivberlin.de의 "Friedhofslager" 사이트에 링크된 여러 관련 문서 참조.

52 나치 강제노역자 피해 보상을 위해 2000년 8월 연방정부와 관련 기업들이 참여해 설

립한 '기억·책임·미래재단Stiftung Erinnerung, Verantwortung und Zukunft'에도 상당액의 교회 기금을 기부한 것으로 알려져 있다.

[53] 2000년 7월 12일 볼프강 후버Wolfgang Dietrich Huber(1942~) 주교는 설교를 통해 다음과 같이 공개 회개했다. "우리는 강제노역자들의 삶을 조사하기 위해 헌신할 것입니다. 우리는 생존자들이 다시 정상적인 삶의 질을 찾기 전까지 우리의 의무를 멈추지 않을 것입니다. 우리는 스스로에게도 말하지만 공개적으로도 밝힐 것입니다. 시간이 짧습니다. 피해를 당한 강제노역자들은 매일 세상을 떠나고 있습니다. 우리의 아버지와 어머니는 이들에게 일을 강요했습니다. 우리는 할 수 있는 일을 다할 것입니다. 우리의 책임이기 때문입니다." www.landeskirchenarchivberlin.de/wp-content/uploads/2009/12/schuldbekenntnis-zwangsarbeit.pdf 참고.

[54] 이 프로젝트는 당시 프렌츠라우어 베르크 구청의 공모전에 당선된 작가 파트 빈더Pat Binder(1960~)가 진행했다. 상세한 사항은 작가의 홈페이지 pat-binder.de/de/kollwitz/projekt.html와 여기에 업로드된 프로젝트 카탈로그 참조.

[55] 2006년 프로젝트가 끝난 후 이 작품들은 프렌츠라우어 베르크박물관에 소장되었고, 2007년 초부터 파트 빈더의 작품이 케테 콜비츠 집 앞에 설치되었다.

[56] 미술사가이자 딜러였던 힐데브란트 구를리트Hildebrand Gurlitt(1895~1956)의 아들 코넬리우스 구를리트Cornelius Gurlitt(1932~2014) 자택에서 발견된 작품들이었다. 힐데브란트 구를리트는 나치 정권이 '퇴폐예술품' 처분을 위임한 처분자 중 한 명이었다. 작품의 상당수가 나치 몰수품의 일부로 여겨지면서 사건은 "나치의 예술품 약탈"이라는 측면에서 국제적인 관심을 끌었다. 또 이 사건은 과연 코넬리우스 구를리트가 피해자인가 아니면 가해자인가를 둘러싼 논란을 불러일으켰다. 특히, 압수된 작품들이 2017년 11월 공개되면서 다시 그가 유명 예술작품들을 건져낸 보존자인지 아니면 불법 소유자인지를 두고 토론이 이어지기도 했다. "Ein Thema für Untersuchungsausschüsse", *Süddeutsche Zeitung*(2017. 11. 8) 등 참조.

[57] 당시 전시된 작품들에 대해서는 universes.art/de/pat-binder/kollwitz-leuchtkasten/werke 참고.

[58] 'Taskforce Schwabinger Kunstfund'로 명명된 특별 조사팀이 2016년 1월 발표한 최종 보고서는 www.taskforce-kunstfund.de/fileadmin/_downloads/Bericht_TFK_9-2-2016_Druckfassung.pdf에서 볼 수 있다. 최근 발간된 《구를리트의 예술작품들*Kunstfund Gurlitt. Wege der Forschung*》(2020)을 통해 당시 압수된 예술작품에 대한 출처 등의 연구가 대부분 마무리된 것으로 알려져 있다. 이에 대해서는 "Gurlitt-Recherchen beendet",

Süddeutsche Zeitung(2020. 5. 26) 참고. 한편, 확정적인 불법 증거가 없는 작품들은 2014
년 코넬리우스 구를리트의 사망 이후 그의 유언에 따라 스위스 베른미술관재단에 기
증되었다.

[59] "Türm der Mütter. Käthe Kollwitz Museum Köln", *Westdeutscher Rundfunk*(2014. 1. 7)

[60] "Vor 80 Jahren: Ausstellung "Entartete Kunst"", *bpb*(2017. 7. 17).

[61] 케테 콜비츠는 베를린의 프리드리히펠데 중앙묘지Zentralfriedhof Friedrichsfelde에 있는
가족묘지에 묻혀있다. 그녀의 묘비 옆에 베를린시의 명예묘지 표지도 함께 서있다.

[62] "Ruht im Frieden seiner Hände" 1935/1936. www.kollwitz.de/bronzerelief-ruht-im-
frieden-seiner-haende-s-30.

[63] 원문은 "Gottes ist der Orient!/Gottes ist der Okzident!/Nord-und südliches Gelände/
Ruht im Frieden seiner Hände". 괴테의 "West-Östlicher Divan"이라는 시 첫 번째 단
락을 인용했다.

[64] 괴테가 친구 라바테르Lavater에게 쓴 편지에서 인용했다고 한다. "Die Wahrheit der
fünf Sinne", *Frankfurter Rundschau*(2015. 4. 21). 케테 콜비츠 작품과 문학과의 연관성에
대해서는 장미영, 〈케테 콜비츠의 예술과 문학적 상상력〉,《외국문학연구》 54, 2014,
233~259쪽 참조.

[65] Anna Seghers, *Die Kraft der Schwachen. Neun Erzählungen*(Berlin, 1965).

[66] 케테 콜비츠를 기려 1988년 8월 13일 우주에는 '소행성 콜비츠(Asteroid Kollwitz: 8827)'
라는 별자리가 생겼고, 2017년 탄생 150주년엔 유네스코가 그녀를 세계 기념 인물로
선정했다. en.unesco.org/celebrations/anniversaries/2017/all.

[67] 2013년 에른스트 프라이베르거재단Ernst-Freiberger-Stiftung의 후원으로 이 거리가
조성되면서 '칼 없는 영웅Helden ohne Degen'을 상징하는 위인들이 선정되었다. 전쟁이
나 무력을 통하지 않고 인류에 기여한 인물들을 기리기 위해 붙여진 말이다.

[68] "Kohl und das Denkmal einer besonderen Beziehung", *Die Welt*(2013. 6. 25).

[69] 독일 남부 바이에른주에 위치한 유네스코 문화유산도시 레겐스부르크Regensburg의 도
나우강 강변 언덕에 세워진 발할라는 바이에른 공국 루드비히 1세의 요청에 따라 아
테네의 파르테논 신전을 모델로 건축가 클렌츠Leo von Klenze에 의해 만들어졌다. 1842
년 개관 때부터 대리석 흉상과 명예동판의 영예를 부여받은 중요한 인물들이 전시되
어 있다. www.schloesser.bayern.de/deutsch/schloss/objekte/walhalla.htm 참조.

[70] 이 천사상의 얼굴은 케테 콜비츠의 얼굴을 하고 있는데, 에른스트 발라흐가 우연히
'실수'로 자신과 친분이 깊었던 그녀의 얼굴로 만들었다고 한다. 발라흐는 1928년 한

지인에게 쓴 편지에서 "의도한 게 아닌데 케테 콜비츠의 얼굴이 천사 안으로 들어갔다. 만약 의도했다면 작품은 아마 실패했을지도 모른다"고 적었다. www.ernst-barlach-stiftung.de/ernst-barlach/plastiken/guestrower-ehrenmal에서 재인용.

71 〈떠있는 천사Schwebender Engel〉 동상은 1927년 청동으로 제작되었다.

72 Volker Probst ed., *Ernst Barlach. Das Güstrower Ehrenmal*(Güstrow, 1998), p. 86.

73 Studien zur Stadtgeschichte der Barlachstadt Güstrow(1941)와 발라흐 천사상 연대기 www.stadtgeschichte-guestrow.de/9-%C3%BCber-den-dom/9-2-studie-%C3%BCber-den-schwebenden-chronologie-der-ereignisse-wer-was-wann-wo 참조.

74 귀스트로가 동독 북부 지역의 인권·평화운동 중심지가 된 데는 하이코 리츠Heiko Lietz(1943~)에 힘입은 바 크다. 60년대 후반 병역의무를 거부해 구속된 전력이 있는 그는 1970~1980년 귀스트로교회 목사로서 평화운동에 참여했다. 1989년 9월 '새로운 포럼' 창립 멤버로서 북부 지역 대변인을 맡아 '원탁회의'에 참석하고, 동독 녹색당에 참여하면서 정치에 발을 들여놓기도 했다.

75 2014년 1차 세계대전 발발 100주년을 맞아 영국 런던박물관British Museum이 개최한 특별전시회 〈독일. 국가의 기억들Germany. Memories of a Nation〉에 〈떠있는 천사상〉이 전시된 바 있다. 이때 〈떠있는 천사상〉을 두고 "20세기 독일의 기억을 대표하는 동상"이라는 평가가 제시되었다. "Der Schwebende geht auf die Reise nach London", *Ostsee Zeitung*(2014. 6. 21)와 "Schwebender in London gelandet", *Schweriner Volkszeitung* (2014. 10. 8) 등 참조.

76 케테 콜비츠가 1944년 보낸 서한 중에 포함된 문장이다. 원문은 "Der Pazifismus ist eben kein gelassenes Zusehen, sondern Arbeit, harte Arbeit." www.wilpf.de/wp-content/uploads/2017/05/IFFF-Rundbrief_Dez2008.pdf, p. 2에서 재인용.

찾아보기

베를린이 역사를 기억하는 법
글·사진 장남주
2
냉전 반세기
푸른역사
글·사진 장남주
NO
WAR
베를린이
역사를
기억하는 법
푸른역사
2 냉전 반세기

베를린이
역사를
기억하는 법

❶ 나치 과거사

2023년 8월 26일 초판 1쇄 발행
2023년 9월 25일 초판 2쇄 발행
글쓴이   장남주
펴낸이   박혜숙
디자인   이보용 김진
펴낸곳   도서출판 푸른역사
  우) 03044 서울시 종로구 자하문로8길 13
  전화: 02)720－8921 (편집부) 02)720－8920(영업부)
  팩스: 02)720－9887
  전자우편: 2013history@naver.com
  등록: 1997년 2월 14일 제13－483호

ⓒ 장남주, 2023

ISBN 979－11－5612－260－9 04900
ISBN 979－11－5612－259－3 04900(세트)